北大知识产权评论
Peking University Intellectual Property Review
（2016）

张平 ◎ 主编

图书在版编目(CIP)数据

北大知识产权评论.2016/张平主编.—北京：北京大学出版社，2017.8
ISBN 978-7-301-28061-4

Ⅰ.①北… Ⅱ.①张… Ⅲ.①知识产权—研究—文集 Ⅳ.①D913.04-53

中国版本图书馆CIP数据核字(2017)第024705号

书　　　名	北大知识产权评论（2016） BEIDA ZHISHICHANQUAN PINGLUN（2016）
著作责任者	张　平　主　编
责 任 编 辑	孙战营
标 准 书 号	ISBN 978-7-301-28061-4
出 版 发 行	北京大学出版社
地　　　址	北京市海淀区成府路205号　100871
网　　　址	http://www.pup.cn
电 子 信 箱	law@pup.pku.edu.cn
新 浪 微 博	@北京大学出版社　@北大出版社法律图书
电　　　话	邮购部 62752015　发行部 62750672　编辑部 62752027
印 刷 者	北京京华虎彩印刷有限公司
经 销 者	新华书店 730毫米×980毫米　16开本　15.25印张　299千字 2017年8月第1版　2017年8月第1次印刷
定　　　价	40.00元

未经许可，不得以任何方式复制或抄袭本书之部分或全部内容。
版权所有，侵权必究
举报电话：010-62752024　电子信箱：fd@pup.pku.edu.cn
图书如有印装质量问题，请与出版部联系，电话：010-62756370

目 录

互联网开放创新的专利困境及制度应对 ………… 张　平　001

聚合链接行为定性研究 ………………………… 杨　明　009

禁止权利滥用原则在知识产权领域中的适用 …… 易继明　025

论专利侵权纠纷行政处理的弊端：历史的选择与
　再选择 ………………………………………… 刘银良　054

著作权"合理使用"制度立法模式探讨
　——以《著作权法》修订为视角 ……………… 张　今　071

论科技资源的共享模式 ……… 张金平　赫运涛　范治成　078

涉及深度链接的侵害信息网络传播权纠纷问题研究
　……………………………………………………… 冯　刚　090

兄弟一样
　——物与符号 ………………………… 邓　卓　王　玮　104

论专利制度的异化及因应对策
　——基于高通诉魅族案的分析 ………………… 徐慧丽　114

网络音乐作品版权产业的现有模式及其进路 …… 李一笑　124

专利行政执法问题研究 ………………………… 石　丹　135

浅议标准必要专利的禁令救济规制的路径选择 … 连　冠　148

论署名权的行使方式
　——兼评《著作权法(修订草案送审稿)》相关规定
　……………………………………………………… 王玉凯　165

论追续权之客体
　　——兼评我国《著作权法》修改草案 ………… 戴　哲　180

我国专利默示许可制度评析
　　——以《中国专利法修改草案(送审稿)》第85条
　　为基础 ………………………………………… 曾　田　193

搜索引擎网页快照法律问题研究 ……………… 崔若男　204

商业方法专利保护的风险分析与建议
　　——从商业方法与商业方法专利的界定出发
　　…………………………………………………… 郑淑凤　214

《马拉喀什条约》为视障者获取作品适用著作权限制
　　制度的启示 ……………………………………… 龙明明　224

编后记 …………………………………………… 张　平　235

互联网开放创新的专利困境及制度应对[*]

张 平[**]

【摘要】 开放创新在全球范围内已成必然趋势,然其自由、开放、共享的理念与保护私权至上的现代专利制度格格不入。来自反叛专利制度的开源技术领域终究抵挡不住企业申请专利和专利诉讼的洪流,亦开始聚集专利权人构筑专利长城。在专利权与开源许可证层层叠叠的复杂关系面前,创新与市场竞争异常残酷,专利诉讼频率和数量成井喷式增长,诉讼标的动辄数十亿美元。人们开始反思专利制度的社会功能。本文通过互联网开放创新中面临的专利困境,结合中国专利法第四次修改探讨专利制度如何在互联网时代修正与完善。

【关键词】 互联网;开放创新;专利

引言

互联网开放创新展示着无限的发展空间,从自由软件理念开始发展到开源软件的广泛应用:安卓系统手机全球普及以及私家车经济(Uber/滴滴/快的)、私人住房经济(Airbnb/ GoVocation)都是开放创新的结晶。开放创新成就了一批共享经济企业借助互联网经营着每个人的资源。在中国政府提出"万众创业、大众创新"的口号下,自由、开放、共享的创新理念更是促进实现这样目标的原动力。

然而,开放创新也面临着巨大的知识产权困扰,其开放、共享的创新理念与以保护私权至上的现代知识产权法律制度截然不同。

早期,自由软件为了规避"专利丛林"而强烈排斥专利申请,但是发展到开源软件

---

[*] 本文原载于《知识产权》2016 年第 4 期。
[**] 张平,北京大学法学院雅虎—方正讲席教授,北京大学法学院互联网法律中心主任。

产业化时，为了守卫自由的 Linux 世界，众多专利权人聚集百万件专利以构建专利长城①，却依旧秉持不收费、不起诉的主旨，表现出何等的专利纠结。

互联网服务商（ISP）在提供分享软件和云存储服务时也遭遇到前所未有的著作权挑战，从 P2P、BT 到各种云盘，即使著作权法中为其设立了"通知—删除"义务的"安全港"原则，缓解了音乐、视频、图片、文档等分享网站的著作权侵权风险，但 ISP 们在接到"通知"后终究还是无法彻底"删除"侵权作品，在海量诉讼面前，ISP 们已经没有了所谓的"安全港"。今日，"微信"类的通讯软件更是面临著作权困境：对于微信公众号还可以由服务商介入直接删除未经授权的传播内容，而对于朋友圈之间的微信传播可以说每时每刻都在传播他人的作品，但服务商已经无法净化这片空间了，这些"非法"复制件在微信中的传播能否逃避著作权法的"利剑"？

互联网开放平台亦遇到严重的商标侵权风险，亚马逊、阿里巴巴、唯品会这类经营网站以及各类"海外代购"的经营模式一直被平行进口的商标侵权问题所困扰，在贸易全球化和互联网+时代，是否还存在着平行于商标权人"第一市场"的"灰色市场"？全球电子商务环境下是否还有"水货""行货"的问题？

基于开放创新理念的 Uber/滴滴/快的们更是与传统出租车、公交车开展一场拉拢乘客之战，各种折扣、红包、免费已经引起全球规模的市场准入及反不正当竞争之诉。

……

开放创新成就的共享经济在带给人们便利的同时也卷入了无尽的知识产权纠纷。本文限于篇幅，仅以开放创新带来的专利问题展开讨论，期望法律能在私权保护与产业发展的平衡之中寻求一种共赢的制度设计。

一、从"专利丛林"到"许可证丛林"

在信息技术领域，由于创新的激烈竞争，一件产品往往汇集了成百上千件专利，涉及众多的专利权人，所谓的"专利丛林"就是指制造一件这样的产品所涉及的专利越来越密集，众多专利之间互相纠结、制约，专利权人之间无法达成一致的谈判条件以至于最终不能顺利实施这些专利产品，这些相互纠缠的专利形成"灌丛"，不仅阻止后续发明，也让后发企业在商业竞争中寸步难行。"专利丛林"现象对软件技术的开发和应用尤为明显，所以，在软件领域首先开始反叛现代知识产权制度，反对软件著作权和软件专利保护，诞生了著名的以自由软件为标志的开源许可证 GPL（General Public License）许可证。

GPL 强烈排斥专利，为避免开源软件的再传播者以个人名义取得专利授权而使程

---

① 开放创新网络 OIN（Open Invention Network），集合了全球 1500 余家公司的 160 余万件专利和专利申请筑起了一道围绕开源操作系统的专利长城，该组织在全球范围内开展让 Linux 远离专利诉讼的活动。正所谓是"恨也专利，爱也专利"。参见 http://www.openinventionnetwork.com/，2017 年 6 月 3 日最后访问。

序专有化的风险,GPL 始终提醒利用开源资源的人们不要去申请专利。如果取得专利,GPL 许可证亦要求:任何专利权人都必须为了他人自由使用而开放许可,否则就不应申请专利。可见,基于 GPL 许可证开发的软件,要么不申请专利,要么申请专利后免费许可给所有用户。②

然而,在商业社会里,完全洁身自好的开放社区是不存在的。随着应用程序的开发,开源软件越来越多地和商业软件结合,生长出上百种不同条件的许可证。③今天,互联网公司提供开放平台,当大家都利用底层代码的开放资源,而在接口和上层应用程序中依然允许部署专利,并且有不同条件的许可证发布,一定会导致后来者在编程接口、组合产品中无法厘清众多复杂的许可证关系,使其掉进"许可证丛林"。"专利权和许可证在法律结构上层层叠叠互相覆盖。弄清两者对开源软件的作用就像是穿越雷区。"④如果说商业软件是专利权和著作权许可、收费的一种显性竞争,那么,基于开放创新技术的法律风险是隐性的许可证冲突和违约责任与侵权责任混交在一起的法律大战。

美国法官波斯纳在其博文中反思专利权和著作权是否过度使用时指出:"软件领域专利过度保护带来的问题是最有利的说明。这是一个充满发明的、先进的、有活力的产业。但是在药品领域中存在的专利保护必要性在软件这里消失了。现在,大部分的软件创新是由一段代码来体现,软件创新逐渐变得支离破碎,不是一个整体,而是很多个零件,以至于某个软件设备(手机、平板电脑等)或许有成千上万件理论上可以申请专利的独立零件(一段软件代码或者一组硬件)。结果就是庞大的专利灌丛,给市场主体创造了无数的机会提出侵权诉讼、质疑专利的有效性。"⑤

基于开放创新的技术在产品转让和公司兼并中发生的权利义务转移也会改变开源软件的许可规则。2010 年 8 月,甲骨文公司指控谷歌公司在构建 Android 系统时非法使用了 JAVA 程序的代码,侵犯了其拥有的 7 项与 JAVA 有关的专利权及其相关版权,要求赔偿 60 亿美元。这七项专利包括:US6,125,447;US6,192,476;

---

② 参见 Open Source Initistive 网站 GPL 许可证,http://opensource.org/licenses/gpl-2.0.php,2017 年 6 月 3 日最后访问。中文翻译可参考百度百科词条 GPL 许可证。

③ 开源许可证的种类可分为,以使用开源软件的代码再散布(redistribute)时,源码也必须以相同许可证公开有:GPL,AGPL;以使用开源软件的代码并且对开源代码有所修改后再散布时,源码必须以相同许可证公开的类别有:LGPL,CPL,CDDL,CPL,MPL;以使用开源软件的代码(包括修改)再散布时,没有特殊限制,只需要明确标记的许可有:ASL,BSD,MIT 等,资料来源于开源运动 OSI(Open Source Initiative)网站:http://opensource.org/,2017 年 6 月 3 日最后访问。

④ 参见 Jack M. Germain 文:Defending the Free Linux World,http://www.linuxinsider.com/story/Defending-the-Free-Linux-World-81512.html。

⑤ 来源:波斯纳法官博客,Becker-Posner blog,Do patent and copyright law restrict competition and creativity excessively? 见 http://www.becker-posner-blog.com/2012/09/do-patent-and-copyright-law-restrict-competition-and-creativity-excessively-posner.html。

US6,530,080；US6,910,205；US6,061,520；US7,426,720；USRE38,104。实际上这些专利是甲骨文早在收购太阳微系统公司（Sun Microsystems）时从太阳公司取得的。太阳公司作为 JAVA 程序的开发者，也是开源框架的最大拥趸，其始终为客户提供有关开放 JAVA 源代码的免费版本，但是依旧维持着专利权的有效性。在甲骨文公司收购太阳公司之后，部分代码的开放许可证被甲骨文公司终止，甲骨文公司利用收购的专利和著作权对互联网公司发起了诉讼。谷歌的 CEO 曾在太阳公司任高级经理数年，帮助把开源软件的理念引入了谷歌，并在 Android 系统中使用了 Java 技术，一些科学家、软件工程师也都指责甲骨文公司违背了诚信和契约，甲骨文公司可以对其收购之后的改进技术申请专利，但是对收购之前已经确立的开放许可证应当继承其法律义务，这些证据让谷歌最终避免了专利侵权，但是在是否构成著作权侵权方面法官存在分歧。⑥ 无论该案结果怎样，互联网公司已经被复杂的知识产权授权产生的"许可证丛林"所捆绑。

二、来自传统 IT 厂商对互联网企业的专利威胁

新兴的互联网企业往往没有很雄厚的专利储备，特别是新近崛起的电商，他们在纠结各种开源许可的法律关系时，更无法应对传统 IT 厂商的专利威胁。

以 Facebook 为例，在其商业经营如日中天的时候，专利诉讼也接踵而来，仅在其提出 IPO 申请前后，Facebook 就遭遇了 5 件专利诉讼：3 个来自于 NPEs（Non-Practicing Entities，非专利经营实体），一个来自于其他公司，另一个则来自于雅虎，同时 Facebook 也遭到了亚马逊的诉讼。实际上，这均是由于 Facebook 的专利基础较为薄弱造成的。一些著名的咨询公司如埃森哲公司在网络社交/电子商务领域也拥有相当多的专利权，根据美国专利和商标局公布的数据，埃森哲拥有 2700 多个专利组合，在电子商务相关的专利中，其数量已经超过 eBay。随着 Facebook 与其他公司的专利战不断升温，不排除埃森哲、高盛等咨询公司也会加入其中⑦。

2009 年以来，B2B 网站 eBay 又卷入一些重大专利纠纷，如 Actus 诉 eBay、Amazon.com、花旗集团、苹果等 15 家公司专利侵权案，计算机澄明公司诉 eBay、波音公司、爱普生美国公司等 44 家企业专利侵权案，PartsRiver 公司诉 eBay、PriceGrabber.com、雅虎、微软等 5 家公司专利侵权案等。美国著名电子商务网站 Autotrader.com 也被 GraphOn 公司两度控告专利侵权。Cars.com 仅在美国联邦地区法院就曾卷入十多起专利诉讼。

2009 年 4 月，平行网络公司起诉 Google、亚马逊、Kayak 软件公司侵权，涉案专利为

---

⑥ 参见 May 9, 2014 Decided, UNITED STATES COURT OF APPEALS FOR THE FEDERAL CIRCUIT, ORACLE AMERICA, INC., Plaintiff-Appellant, v. GOOGLEINC., Defendant-Cross-Appnt. ella,

⑦ 毕春丽、李梅：《Facebook 频遭专利诉讼的启示》，资料来源中国信通院知识产权中心网站，http://ipc.catr.cn/zjsd/201303/t20130304_908069.htm，2017 年 6 月 3 日最后访问。

US6446111,该专利主要保护客户端与服务器端之间的通信方法,包含 27 项权利要求,其权利要求几乎覆盖所有的互联网公司的基本业务。

2009 年 4 月,Actus 公司控告 Google、美国银行、Visa 公司、万事达卡国际公司、沃尔玛超市、迪斯尼公司、M&T 银行、Javien 数字支付方案公司等 20 家企业侵权。涉案专利有 4 项,全部保护用电子令牌实施电子商务交易的方法和设备。

2009 年 5 月,API 技术公司控告 Google、Amazon.com 公司、Amazon 网络服务公司、美国在线、百思买公司、汤姆森—路透公司、雅虎等 24 家企业专利侵权。涉案专利是一种在数据传播网络上通过机器执行的服务数据的提供方法。[8]

互联网企业遭遇的专利纠纷,大部分与上述已有案件相同或来自相同专利家族。这些集通讯软件及商业方法于一体的专利,其保护范围之大,让后续的创新很难在现有的技术路径上超越。

软件专利权人还有一个更强的控制力,就是将软件专利与技术标准结合或者形成行业习惯。他们一旦在某个领域捷足先登,就意味着在互联网空间有了制定技术规则的权力,而如果再将其专利以国际标准的面目出现,就有了进行全球许可的平台,或许现在存在的侵权现象有可能还是培育市场的绝好途径,20 年的专利保护期足以让他们在市场发育良好后坐收标准必要专利的许可使用费。

面对专利短板带来的威胁,互联网公司不得不在关键技术领域如社交网络服务、搜索服务、地理位置服务、安全保障、云计算等方面展开专利布局,试图通过用户粘度的优势与传统 IT 企业来一场专利博弈。[9] 但这也仅是近几年才开始的专利申请。在我国,号称是高新技术公司的互联网企业,在其核心业务方面的基础专利也远弱于之前的 IT 公司,IBM、甲骨文、诺基亚、微软、华为、中兴等公司在文件管理、存储、安全保障方面的专利比互联网公司在专利的积累上具有绝对的优势,他们一旦进入移动互联网业务,传统的互联网公司是没有专利招架之力的,这也是为什么会出现互联网公司近年来大量收购专利的现象。一方面壮大了自己的实力,另一方面也为应对法律诉讼,尤其是应对近年兴起的众多专利经营公司(NPE)的诉讼,做了防御性储备。

三、NPEs 对互联网企业的专利攻击

NPEs 是近年开始活跃的专利经营实体,相对于之前的"专利蟑螂"(patent troll)来说,NPE 更是指那些专利巨无霸。[10] NPEs 让专利领域中的创新活动成为一种商业投资

---

[8] 前述发生的案例资料整理来源于笔者主持的研究项目"开源软件知识产权及法律风险研究报告" 2011 年、2015 年。

[9] 参见本文作者主持的研究项目:北京大学法学院互联网法律中心 2014 年《互联网技术创新观察报告》,http://www.cneip.org.cn/emphasisshow.aspx? CateID = 19&ArticleID = 13222,2017 年 6 月 3 日最后访问。

[10] 参见 TOM EWING & ROBIN FELDMAN 发表在《斯坦福大学科技法评论》2012 年第 1 期的文章:The Giants Among Us. http://stlr.stanford.edu/pdf/feldman-giants-among-us.pdf,2017 年 6 月 3 日最后访问。

行为,向发明投资与向其他领域投资一样可以直接从市场盈利。但是,聚集了成千上万件专利"资本"的巨人们在专利应用的模式上都不同于传统的专利授权方式。这种"投机"性创新总是伴随诉讼以用来回收其前期投资,于是在激烈的市场竞争中搅起了寻租式的诉讼浑水。

NPEs 并不进行生产制造或产品销售,它主要是针对市场行情,选择竞争活跃的技术领域,从其他公司或个人手上购买专利,或者看好"猎物"之后有针对性委托研究获得专利,然后通过诉讼索要高额专利赔偿予以牟利。美国财富杂志 2014 年 2 月报导:2013 年被 NPE 攻击的公司排名(在美国被诉)情况如下:AT&T 70 次;Google 43 次;Verizon 42 次;Apple 41 次;Samsung/ Amazon 39 次;Dell/ Sony 34 次;Huawei 32 次;BlackBerry 31 次。上述公司每十二天至少被诉一次。2013 年 NPE 起诉了 4800 个被告,诉讼数量是 2008 年的六倍,占全部专利诉讼的 67%。

NPEs 通过市场分析进行的选择创新活动,使原来既有的创新市场发生了变化,也改变了同业竞争者的专利战略方向。专利正在成为一种可流通的大宗商品,至于其中的技术是否核心、是否有重大创新价值,已少有人关心。

NPEs 的惯常做法是:

1) 找到能够应用到多个公司的产品和服务的专利
2) 在同一个诉讼中起诉数十甚至上百家公司
3) 诉状通常只包括适用于每个被告的通用主张
4) 主张被告故意侵权以获取多倍的赔偿金
5) 支付尽可能少的诉讼费,律师风险代理
6) 执行统一的取证计划
7) 提出的和解数额大大低于诉讼费用和支出
8) 起诉之后马上联系被告要与之和解
9) 先拿大公司开刀,取得战绩后,再陆续以此为威胁找其他厂商收取相关费用
10) 连带威胁向厂商合作的客户提出警告
11) 对与之较早达成和解的被告提供比较优惠的条件,以便对其他要和解的被告提供动力
12) 与为潜在陪审员所知悉的著名被告达成和解,以便给人以该专利很强的印象
13) 总是强调,"大"公司 正在利用"弱小发明人"的技术赚得大量金钱却不肯为该技术付费。

在美国这样法律繁复、诉讼冗长的国家,NPEs 不惜破耗大量时间、金钱策动诉讼,足以看出其一旦专利侵权成立的严重后果给当事人带来的威胁以及起诉之后迅速和解的"轻松"盈利的模式是非常诱人的。在技术频繁更新的 IT 界和互联网领域,NPEs 更喜欢在关键时期抛出专利武器攻击对手。

NPEs 的行为使专利权完全脱离产品,独立地被交易和货币化。大量资金流入早期阶段投机性的科技公司,投资者也乐于抬高此类公司的价值,以期这些公司的专利能被证明具有市场前景。这种非理性的专利繁茂导致大量创新泡沫,科技产业像股票市场那样动荡不安,产品制造商也因为忌惮 NPEs 提起专利权诉讼而退让,从而引发专利所有者与使用者脱节、制造业被 NPEs 控制的尴尬局面。⑪

四、专利制度的修正与完善

基于开放创新诞生的互联网企业具有极强的专利追赶能力。腾讯、阿里、百度等企业已在国内提交数千篇有关电子商务、安全管理的专利申请。许多专利已经与传统 IT 领域的专利构成互补竞争,如:信息商品交易模式、音乐消费行为分析方法、采用第二代身份证绑定银行卡进行支付的方法、侵权作品甄别汇报方法、数字产品奖励方法等。在这样的专利竞赛下,企业之间的专利纠纷亦必然加剧。2015 年,我国在北京、上海、广州设立了专门的知识产权法院,专利诉讼已经成"井喷"势头,以海外 NPEs 对中国市场的觊觎以及中国"专利大跃进"效应,如果没有一个理性的制度应对,将会严重影响我国经济和科技进步的效果。这一点,美国波斯纳法官的预言应当引起我们的重视:

当专利保护给发明者提供的更多是一种与竞争的隔离,而非发明人需要的充分激励,那么结果将是市场价格高于生产效率,引起资源分配的扭曲;并将出现大量浪费性的专利竞赛,这里说浪费性,是因为重复的劳动与无法激励发明(尽管这些竞赛提升了发明的速度);

"高效、优质的专利制度不仅能够有效激励本国创新,还能够遏制专利海盗公司的滥诉以及其他不正当竞争行为。实践中,应严格控制授权标准,提高专利质量,防止专利海盗公司利用垃圾专利威胁企业正常经营活动。慎用专利禁令,在发明所有人为非专利实施主体的情况下,应综合考虑案件具体情况以作出是否发布专利禁令的决定;

软件领域进一步阻碍专利机制发挥效力的障碍包括:缺乏具备必要技术背景的专利审查员、有限的技术型法官与陪审团、产品某部分而不是全部产品的侵权损失难以计算,以及软件产业自身技术活跃性带来的不稳定性,这种技术活跃性同时激励了专利申请与侵权,这就造成了司法成本的增加;

迄今为止,虽然在社会利益与专利保护成本的问题上,药品与软件产业仅是两个极端。但我认为,大量的学术研究证实专利保护整体过度,重大的

---

⑪ 参见笔者 2012 年主持的研究项目:"开放平台的知识产权问题",参加者:何为、沈冲、陈佳佳、刘永伟。

改革势在必行。[12]

美国政府针对专利应用中出现的这些问题,已经采取了应对措施。2013年6月4日,奥巴马政府宣布采取5项行政措施和7项法律措施:提高专利审查和诉讼的透明度、清晰度;减轻消费者和终端用户的专利侵权责任;加重败诉方的诉讼成本;修订ITC专利侵权禁令规则等。美国在专利法修改时也考虑到计算机软件和生物基因专利保护带来的不良后果,在专利审查方面更加严格。但是,这些措施发布以来并没有看出美国的NPEs行为有减弱的趋势,大公司的专利竞争更加严重,对进入美国本土的外国公司起诉依然猛烈,美国在海外的专利政策也与其国内不尽相同,依然以专利强保护的势头对其他国家施加压力。

2014年,德国马普所向全世界发出《专利保护宣言》,该《宣言》序言写道:"作为创新市场的框架性规章,专利制度应当与其为之服务的创新进程以及赖以运行的竞争环境相适应。为了确保专利制度作为一项发明政策工具能够发挥其有效的功能,专利权应该在参考社会经济成本与收益的前提下,加以界定、证成以及不断反思"[13]。马普所的这份《专利保护宣言》从TRIPs协议第7条与第8条出发,强调WTO成员在制定知识产权制度时拥有高度的自由裁量权来调整国内的创新市场,特别是在具体的制度设计:可专利性与公开、专利保护范围的确定、权利用尽、专利权限制于例外、强制许可、政府使用、专利侵权救济、临事过境、形式责任等方面,WTO成员都有立法的自由选择权。

尽管在TRIPs协议中这些内容都有白纸黑字的陈迹,但是,在实施TRIPs的过程中,似乎人们已经忘记了这些政策空间,完全被引导至"专利神圣不可侵犯"的道德遵从。马普所的《专利保护宣言》让人们从盲从中"清醒",让专利制度回归初衷。也提醒那些专利保护过度膨胀的国家回归到TRIPs协议的国际规则上来,不要期望在知识产权保护方面另辟区域协定(如TPP等)、双边协定(如FTA),要充分给本国创新和竞争留有发展空间。

中国《专利法》正值第四次修改,一方面,要解决多年来专利保护不力的问题,另一方面也要考虑蔓延全球的专利恶性竞争,尽可能遏制那些准备在中国"大干一场"的NPEs发动的寻租诉讼。

开放创新已经成为互联网技术的发展趋势,不使用开源软件已经成为行业内不可能的事,开源社区丰富的开发者及软件资源是每一个互联网企业不可忽视的创新源泉,基于封闭的工业革命诞生的专利制度在开放的互联网时代进行根本的变革是大势所趋。

---

[12] 来源:波斯纳法官博客:Becker-Posner blog, Do patent and copyright law restrict competition and creativity excessively? http://www.becker-posner-blog.com/2012/09/do-patent-and-copyright-law-restrict-competition-and-creativity-excessively-posner.html,2017年6月3日最后访问。

[13] 德国马普所的《专利保护宣言》由马普创新与竞争研究所所长Reto Hilty主持拟订,中文译本:张文韬、肖冰译,林秀芹校,资料来源于2015年7月8日中国人民大学《专利保护宣言》研讨会。

聚合链接行为定性研究*

杨 明**

【摘要】 在深度链接基础上发展起来的视频聚合服务,已成为当下著作权法领域最受关注的商业模式,理论界和实务界就"聚合链接应当如何定性"的问题展开了激烈的辩论,观点鲜明且对立。如果紧扣聚合链接的技术本质,那么自然会认为设链者至多构成著作权间接侵权;但如果紧扣问题的本质——著作权的边界——来定性聚合链接,设链者则有可能构成著作权直接侵权。由此可见,聚合链接的定性问题反映了著作权直接侵权与间接侵权的界分,但在当前的诸多探讨之中,更为根本的著作权的本质与边界问题常常被忽略了。

【关键词】 著作权侵权;聚合链接;传播行为;提供

搜索引擎是为网络用户提供信息检索服务的系统,随着计算机技术的飞速发展,深度链接方式已然成为当下互联网信息检索的主要形态。正是在深度链接技术的推动下,聚合服务这一新兴的商业模式迅速发展起来,我们可以看到,聚合链接的商业内涵不再仅限于信息检索,无论是聚合平台或是聚合 APP 软件,该商业模式从其本质上来说与内容服务提供已无二致。① 基于此背景,在聚合链接的定性问题上,搜索服务提供商与内容服务提供商之间产生了激烈的争论,学界、实务界也在这一问题上存在着显著分歧。需要明确的是,持不同观点者均承认"聚合链接的技术本质仍然是信息检索",分歧主要体现在,"究竟是技术本质还是商业模式决定着聚合链接模式的性质",继而,对聚合链接与著作权边界之间的关系,产生了"直接侵权"与"间接侵权"的对立

---

* 本文原载于《知识产权》2017 年第 4 期。
** 杨明,北京大学法学院教授,法学博士。
① 所谓与内容服务无异,是从商业模式和互联网服务的实质角度而言的,在产业界看来,聚合链接是典型的技术实质与商业模式的性质发生偏离的实践形式。

观点。表面上,相关争论反映的是对"信息网络传播权的含义""侵权判定标准"的不同理解,而实际上,其体现的是对著作权本质的不同认知和解读。此外,笔者认为还需强调一点,即"聚合链接的定性"与"如何正确适用现行法律规定"是两个层面不同的问题,但时下各界的多数争论却忽略了这一前提和基础。

一、关于聚合链接定性的争议梳理

聚合链接已成为当下互联网版权产业中最受人关注的一种商业形态,尽管是一个新概念,不过它在技术层面上仍然是深度链接。就深度链接与著作权侵权之间的关系问题而言,司法界似乎已形成了共识,我们通过《北京市高级人民法院审理涉及网络环境下著作权纠纷案件若干问题的指导意见(一)(试行)》(2010年,以下简称《北京高院指导意见》)第4条[②]、《最高人民法院关于审理侵害信息网络传播权民事纠纷案件适用法律若干问题的规定》(2013年,以下简称《最高院司法解释》)第3条第2款[③]即可见一斑,其所确立的"服务器标准"成为界定信息网络传播行为性质的明确标准。不难发现,该标准的确立和适用,与聚合链接之前的网络产业实践是相适应的。然而,随着聚合服务的兴起,设链行为是否依然毫无疑问地应适用"服务器标准",各界的看法则有着较大的分歧,由此也产生了诸多新的标准,例如:实质呈现标准、新公众标准、实质替代标准、播放器标准、专有权标准,等等。[④] 归纳起来,这些不同学说体现了关于聚合链接的直接侵权与间接侵权之争,从更深层次的角度来看,其反映出持不同观点者对于著作权边界以及著作权侵权的不同认知。

新近"腾讯公司诉北京易联伟达公司案"(以下简称"腾讯"案)受到广泛关注,其终审判决被认为是"一锤定音"地解决了聚合链接的定性问题,一如二审法院所要传递出的价值理念,应不容置疑地适用"服务器标准"。为了论证自己的观点,二审判决书中不惜笔墨地批驳了一审判决所主张的"实质替代标准"[⑤],着重强调了对信息网络传

[②] 该条规定:"网络服务提供者的行为是否构成信息网络传播行为,通常应以传播的作品、表演、录音录像制品是否由网络服务提供者上传或以其他方式置于向公众开放的网络服务器上为标准。原告主张网络服务提供者所提供服务的形式使用户误认为系网络服务提供者传播作品、表演、录音录像制品,但网络图服务提供者能够提供证据证明其提供的仅是自动接入、自动传输、信息存储空间、搜索、链接、P2P(点对点)等服务的,不应认为网络提供者的行为构成信息网络传播行为。"

[③] 该款内容为:"通过上传到网络服务器、设置共享文件或者利用文件分享软件等方式,将作品、表演、录音录像制品置于信息网络中,使公众能够在个人选定的时间和地点以下载、浏览或者其他方式获得的,人民法院应当认定其实施了前款规定的提供行为。"

[④] 关于各种标准的介绍和评论,已有研究甚多,可参考的代表性文献如:崔国斌:《加框链接的著作权法规制》,载《政治与法律》2014年第5期;崔国斌:《得形忘意的服务器标准》,载《知识产权》2016年第8期;北京知识产权法院(2016)京73民终143号判决书;王迁:《论提供"深层链接"行为的法律定性及其规制》,载《法学》2016年第10期;刘家瑞:《为什么历史选择了服务器标准》,载《知识产权》2017年第2期。

[⑤] 该案一审判决请参见北京市海淀区人民法院(2015)海民(知)初字第40920号判决书。

播行为的认定"属于事实认定范畴",而"服务器标准与信息网络传播行为的性质最为契合"。⑥所以归纳起来,该案终审判决的论证逻辑是,技术的实质决定了信息网络传播行为属于同一事实,因而行为的性质就不应当有差异。⑦尽管笔者亦不赞同"实质替代标准",但仍然认为二审法院在推理上存在着一定的逻辑断裂,即"信息网络传播行为属于事实认定"与"被诉行为是同一行为"之间并没有逻辑当然性:首先,这里所说的"事实"究竟是客观事实抑或法律事实?如果是前者,我们显然不能认为所有的设链行为都是基于相同的技术,否则就不会有深度链接、嵌入链接和加框链接之别了;如果是后者,仅仅强调法律事实的客观性也是没有意义的,其所会导致的法律后果才是人们最关心的,而在这方面当然涉及价值判断的问题。其次,即便技术实质决定信息网络传播行为的性质,由于不同的设链行为在技术上是有区别的,因而,与不同之设链行为相对应的信息网络传播行为也不会是同一事实;如果说技术实质相同就决定了行为的性质相同,那么所有互联网环境下的行为都应属于同一事实了,因为所有行为均是依托于互联网技术的,而这些技术的实质都一样——如果我们从运算方法的角度来看的话。

概言之,链接技术当然属于客观事实,但不能说所有的设链行为都是同一事实,因为其所利用到的技术不可能是完全一样的。那么,利用不同的链接技术对作品进行网络传播的行为自然也不应该是同一事实,这正是进行定性分析的意义之所在。法律上所谓的定性,就是对一项被认定的事实做出法律上的价值判断,因此,定性的前提和关键是事实认定清楚,而这往往是非常困难的。结合著作权侵权判定来说,就是首先应认定被告实施了怎样的行为,但是应当明确,"认定事实"与"找出其技术实质"是不能划等号的,事实与实质就像是分子与分母的关系,分析技术实质其实是提取公分母的过程。"腾讯"案的二审法官有些想当然地确立了一个前提——各种设链行为系"同一行为",这是典型的技术决定论,而实际上,技术实质的相同与行为事实的性质之间出现不一致的例子,即使仅在著作权法领域中也比比皆是,例如:著作权侵权行为与合理使用行为,许可使用中著作权人主张一定价格的许可费与著作权人的定价构成垄断高价,等等。

按照"服务器标准",由于技术实质相同,所以各种链接行为在性质上(即著作权法上的评价)并无差别,进而,聚合服务的设链行为没有直接侵犯著作权人的信息网络传播权。形成鲜明对比的是,该观点所反对的"实质呈现标准"更加深入地分析了设链

---

⑥ 该案终审判决请参见北京知识产权法院(2016)京73民终143号判决书。

⑦ 正如该案终审判决书中所写:"针对同一行为,不可能出现一个案件中被认定构成信息网络传播行为,但另案中却构成链接行为的情形。但如适用实质性替代标准,把损害及获益作为认定信息网络传播行为的依据,则在损害及获益因素发生变化的情况下,即便被诉行为本身并无任何变化,对被诉行为性质的认定同样会发生变化。这显然与信息网络传播行为这一事实认定的属性不相契合。"出处同上注。这里,法官所做"同一行为""被诉行为本身并无任何变化"之表述,显然是表达了其关于"技术实质相同"的认知。

行为的技术实质,但其并没有就此即对"是否构成直接侵权"的问题做判断,而是在技术基础上进一步探讨设链行为与著作权边界的关系问题,然后才做出判断。显然,这样的分析路径在逻辑上更加合理。有趣的是,"腾讯"案的终审判决尽管详尽批驳了"用户感知标准"和"实质替代标准",但却完全没有回应"实质呈现标准"。而来自学界的持"服务器标准"观点者对后者的批评则有不少,最核心的有两个方面:其一,对深度链接进行定性时,首先要看其是否属于传播行为,而传播行为应以客观形成"传播源"为构成要件,但深度链接未形成传播源,因而"实质呈现标准"不符合传播源理论,即"未形成传播源的深度链接与信息网络传播行为无关"[8]。其二,聚合链接所指向的文件并不都可被实质呈现或展示,而且,以"实质呈现标准"作为判断网络传播行为的准绳,很可能会不合理地扩大直接侵权的范围。[9]

关于"传播源"作为构成要件的问题,赞成者认为这一要求来自于对《伯尔尼公约》和《世界知识产权组织版权公约》中有关传统传播权之规定的解读。[10] 但在笔者看来,这种解读不无疑问:首先,搜索引擎技术的出现和发展始于20世纪90年代,显然,前述两个公约在制定时根本不会考虑互联网技术对作品传播将产生什么样的影响,更不用说聚合链接这种模式了,因此,即使在公约制定时传播源作为构成要件是合理的,也不代表在当下聚合链接的问题上依然要坚持"传播源"要件。其次,传播源理论并没有追踪传播学的最新发展,互联网技术的发展使得传播行为呈现出"去中心化"的技术特征,这在一定程度上颠覆了拉斯韦尔的经典5W传播模式,互联网环境下的传播行为由过去的"双核"(内容和渠道)转变成"单核"(渠道),坚持传播源要件实际上是与传播学的理论发展相脱节的。再次,信息网络传播行为究竟是仅指"初始行为"、抑或也包括"二次行为",这是个价值判断问题,我们可以说区分初始行为与二次行为的关键因素是传播源,但不能说信息网络传播行为就是形成传播源的行为,这与合理使用、保护期限等制度在著作权法中的确立是一样的,举例来说,某项行为被认定为合理使用,并不代表该行为"天然地"就应当是合理使用。何况,"传播源"并没有明确的定义,如果说收音机、电视机可成为传播源是因为其能实现接收信号、转换信号的过程,但难以解释的是,为何扩音器(最简单的扩音器就是喇叭)可成为传播源,而望远镜就不能成为传播源?笔者认为,"传播源"对于著作权的边界与保护来说并不是一个必要的概念,即使需要这一概念,其范围的大小实际上也涉及价值判断。

至于说聚合链接如果构成直接侵权会不合理地扩大后者的范围,笔者认为,该观点恰好说明了聚合链接的定性问题是一个价值判断,在这一点上,笔者与其一致,只是价值判断的结果不同。由此可见,主张"服务器标准"的学者实际上也存在着不同的观

---

[8] 参见王迁:《论提供"深层链接"行为的法律定性及其规制》,载《法学》2016年第10期,页29—33。
[9] 参见刘家瑞:《为什么历史选择了服务器标准》,《知识产权》2017年第2期,页29。
[10] 王迁,见前注[8],页30。

点,多数人认为信息网络传播是一个事实问题,但也有学者认为这其中蕴含着价值判断。下文,笔者将从著作权的本质与边界角度阐述自己的价值判断过程,即探讨聚合链接行为是否会直接侵犯著作权,此处不再展开。

通过对有关聚合链接的最新司法实践和理论探讨的梳理,我们不难发现,这场"标准之争"其实蕴含了不同层面的问题,但既有研究的展开常常忽略了一个重要前提——应首先明确讨论对象,这决定了大家的争论是否在针对同一个问题。由此造成的局面就是,很多论战因缺乏一致的前提而更像"关公战秦琼"了。笔者认为,聚合链接行为的定性问题涉及两个不同层面的分析:第一个层面是从立法论和解释论的角度进行探讨,聚合链接是否构成对信息网络传播权的直接侵犯?如果答案是否定的,那么是否有可能构成直接侵害《著作权法》第 10 条第 17 项所说的"其他权利"?第二个层面是从应然性的角度进行探讨,聚合链接是否可能构成著作权直接侵权?如果回答是肯定的,那么应如何使其落实到具体制度之上——即现行《著作权法》第 10 条关于著作财产权的规定应当如何修改才能与之相适应?对这个问题的回答,必须回到著作权的本质和边界上来,否则立法就会疲于应对科技的发展。

由此可以看出,理论界和实务界关于聚合链接定性的标准之争,其实就是在上述第一个层面展开的,本质上就是如何解释《著作权法》第 10 条第 1 款第 12 项⑪所规定的"信息网络传播权"这一概念,只有"实质呈现标准""专有权标准"触及了上述第二个层面的问题。在聚合链接的定性问题上,"服务器标准"与"实质呈现标准"的根本区别在于,前者重在分析聚合设链是否构成对信息网络传播权的直接侵害⑫,而后者则是从著作权的本质涵义出发,分析聚合链接(深度链接)是否构成著作权直接侵权,并认为应改造现行法中的信息网络传播权,或者重新组合现有的信息网络传播权、表演权、放映权和广播权。⑬ 在笔者看来,依照《著作权法》对"信息网络传播权"给出的定义,特别是其关键词"提供",如果著作权人以直接侵犯该项权利为由提起诉讼,法院遵循"服务器标准"判定其败诉并没有什么不妥。但这并不是对聚合链接行为在著作权法上的定性问题的根本解决,笔者难以认同"服务器标准"是处理聚合设链与著作权之间关系的唯一正确结论。正是基于这个原因,本文将从应然性的角度展开,通过对聚合链接的定性,继而分析应如何恰当界分著作权直接侵权与间接侵权。

为实现这一目标,本文实际上就是要回答两个方面的问题:其一,聚合设链行为是

---

⑪ 该项规定为:"信息网络传播权,即以有线或者无线方式向公众提供作品,使公众可以在其个人选定的时间和地点获得作品的权利。"

⑫ 实际上,从"服务器标准"的论证之中可以看到,其所主张的"设链行为不构成直接侵权"不仅针对信息网络传播权,实际也是在整个著作权法意义上来说的,从而得出结论,著作权人只能从侵权法或反不正当竞争法上寻求相应的救济。具体请参见前注⑥所示之判决书。此外,王迁教授在其《论提供"深层链接"行为的法律定性及其规制》一文(载《法学》2016 年第 10 期)中也从应然性的角度进行了分析。

⑬ 崔国斌,见前注④。

否直接触及著作权的权利边界?其二,如果可能构成对著作权的直接侵害,是否可以具体化地界定哪项权利内容受到了侵害?当然,如果第一个问题的答案是否定的,则自然没有回答第二个问题的必要了。笔者主张,对第一个问题的回答,其始点在于如何理解著作权的本质,借此才能确立适当的方法来判断著作权的边界,进而在此基础上,我们才能探讨聚合链接行为是否直接触及了著作权的边界(即著作权侵权的实质内涵)。所谓著作权的本质,简言之即是权利主体所享有的是怎样一种性质和特点的权利,其与著作权制度的立法宗旨——著作权法究竟要保护什么、该法律保护要实现何种目标——密切相关。众所周知,著作权是在作品上产生的绝对权,作为一项排他性的权利(exclusive right),著作权人得以对特定之利益进行控制(专有),那么,明晰这里所谓之"特定利益"就成为问题的关键。长期以来,鲜有研究关注"作品"和"著作权"这两个基本概念,以及二者之间的关系,想必很多人认为这是十分简单明了的,然而,笔者认为这方面的研究还十分缺乏,也因此才导致了前述之诸多争议。

二、著作权的边界

用产权规则来保护知识产权,是对"在高交易费用的情况下如何对一项法定(entitlement)权利进行保护"[14]这一问题的回应,著作权当然不会例外。具体来说,产权规则下的著作权法可以被看作是一项对作品传播所生之利益进行分配的机制[15],产权保护模式意味着,著作权人对于侵害权利之排他性的行为享有禁止权,在这一点上,制度经济学的"产权理论"与大陆法系霍菲尔德的"私权构造理论"[16]是内在一致的。因此,我们在论及著作权保护的问题时,首先须厘清的即是该权利之排他性究竟及于何种范围,这是关系到著作权本质的核心问题。

从利益分配机制的角度来看,著作权的边界应当是描述性的,如此理解才能应对因科学技术发展带来新的作品传播方式而产生的利益分配问题。但是,我国《著作权法》第10条以列举的方式规定了著作权的诸项具体权利,这势必造成理解上的困惑,著作权的权利内容应当是封闭式的吗?一方面,《著作权法》并未对"何谓著作权"进行概括式地定义,似乎著作权等于17项权利内容相加之集合;但另一方面,该条第1款第17项规定的"应当由著作权人享有的其他权利"又显然具有开放性。当然,无论是哪种理解,都无法有效揭示著作权究竟是一种什么样的权利,如何认识它的内涵和

---

[14] Guido Calabresi & A. Douglas Melamed, Property Rules, Liability Rules, and Inalienability: One View of the Cathedral, 85 Harvard Law Review 1089, 1972, p.1092.

[15] 经济学上通常将知识产权制度看作是一种对利用知识产品所生之利益的分配机制,著作权自然可以照此理解,代表性的文献如:Richard A. Posner, Intellectual Property: The Law and Economics Approach, Journal of Economic Perspectives, Vol.19, 2005, p.57。

[16] 有关该理论的介绍,参见Thomas W. Merrill & Henry E. Smith, The Property/ Contract Interface, 101 Columbia Law Review 773, 2001, pp.780—789。

外延。鉴于权利本质与著作权制度的立法宗旨是密切联系在一起的,我们不妨在《著作权法》第1条中寻找答案,按照该条之规定,保护著作权是为了"鼓励作品的创作和传播",因而,将著作权理解成一个与创作行为和传播行为相关联的法律制度是恰当的:创作决定了著作权的产生,传播则是权利行使和实现的表现形式。很有意思的是,从著作权法立法宗旨中概括出来的权利本质,与经济学上对著作权的解释(利益分配机制)也是完全契合的。

也正因为如此,《著作权法》规定的权利内容不能割裂地看待,它们实际上都是服务于作品传播的。[17] 于是,如何理解"传播"就显得非常重要了。笔者认为,是否构成作品传播、作品以何种方式进行传播,不单单是个技术层面的问题,我们必须看到融入传播内涵之中的市场要素,离开"市场"来讨论作品传播问题是没有著作权法意义的。这是因为,利益的产生基础在于交易,而交易只能在市场中进行。申言之,作为一项基本的激励机制,著作权法赋予创作者以一定期限的排他权,目的在于鼓励更多的作品被创作出来,而要实现该目的,应当保障已有作品更多地被传播、从而使得权利人能够从中获取相应的收益[18],我们也因此可以得到"作品—传播—交易—市场"这样一条清晰的逻辑脉络。归纳起来,著作权的本质决定了著作权法中的所有理论、具体制度和规则都必须结合"市场"之要素来理解和适用,任何时候我们都不能脱离市场的环境来讨论著作权的产生与保护问题[19],否则,我们很容易将需要法律调整的社会关系与不需要法律介入的纯粹私人领域(例如纯属个人爱好的阅读行为)混淆在一起。[20]

对于著作权本质的认知,学界存在着一种哲学味道的解读,即从作者与客体(作品)之间的内生关系来解读著作权的本质,认为作品有着很强的人身依附性,因而著作权不单纯是一种利益分配机制,还要注重其人格利益的内容。这种观念古已有之,至今仍有众多信仰者,其形成与兴盛典型地是因为受到德国先验唯心主义哲学的影响,

---

[17] 在《著作权法》第10条规定的诸项著作权财产权中,有不少权利的内涵是存在交叉的,例如复制权、表演权、放映权、信息网络传播权等,这充分说明了权利列举的目的在于描述而非类型化。

[18] See Mark A. Lemley, The Economics of Improvement in Intellectual Property Law, 75 Texas Law Review 989, 1996—1997, p.1013.

[19] 正如Peter Drahos所言:"知识产权是从市场中产生的,也只能在市场中存在",参见Peter Drahos: A Philosophy of Intellectual Property, Dartmouth Publishing Company Ltd., 1996, p.199. Mark Rose 也曾谈到:"文学财产的问题,在本质上是围绕商业竞争而展开的",参见Mark Rose: Authors and Owners: the Invention of Copyright, Harvard University Press 1993, p.5. 另外,Lyman R. Patterson和Stanley W. Lindberg在其名著"The nature of Copyright: A Law of User's Right"中也谈到了著作权保护的"市场原则"——"copyright protects the marketing of work", University of Geogia Press, 1991, p.64. 可见,几位学者的认识是一致的,从他们的表述中可以推出:如果不考虑市场中的作品传播,即使有技术上可被称为复制的行为,也没有著作权法上的任何意义。当然,对"市场"的正确认知是非常关键的。

[20] 实际上,这种混淆在我国《著作权法》中已然发生了,例如该法第22条第1款第1项之规定。

例如康德、黑格尔的著作中针对作品的一些分析，就是此种认知的代表。[21] 随着著作权法律制度在我国的继受和建立，人格权理论对相关基础理论的构筑和具体制度的适用均产生了极其深远的影响。但必须澄清的是，先验唯心主义哲学只不过是解释著作权正当性的路径之一，而且，权利的正当性与权利的本质也并不是一回事。实际上，关于作者与作品之间的关系，其著作权法上的意义应解读为，基于二者的结合，著作权法因此而得以成为一个完整、封闭的体系。[22] 立足于作品的人身依附性，我们很容易理解著作权权利内容的二元体系及其作为绝对权、排他权的权利属性，只不过，著作权法缘何得以作为激励机制存在，前述之哲学解读难以给出有力的解释。

大陆法系传统财产权法中的绝对权理论也是通过主体与客体之间的关系来体现绝对权的属性，此种"权利观"强调的是权利主体对客体的控制和专有，权利边界通常被描述为是对权利客体的占有、使用、收益和处分，所有权即为典型。著作权与所有权的权利属性相同，其排他性表现为权利人对作品的控制和专有，所以，我们在讨论著作权的边界时，如果仍然套用"占有、使用、收益和处分"的表达语式，实际上即是对作品传播之可及范围的描述。借此，我们同样可以通过作品的传播行为来描述著作权的边界，有趣的是，这与经济分析的解释路径和结论完全一致——"传播"是著作权的核心概念，传播行为所及之范围即是著作权的边界体现。

概言之，著作权本质上就是权利人控制作品之传播的权利，"传播"是著作权的核心概念；因而，所谓的著作权侵权或有侵害之虞，可以被界定为是对作品的未经授权的传播，或是行为人为作品的传播进行了实质准备——传播行为的即将发生具有高度盖然性。《著作权法》第10条尽管规定了权利人所享有的诸多财产性权利，涉及复制、发行、表演、广播、信息网络传播等不同行为，但实际上如果紧扣"市场"要素进行分析、整体性地看待作品利用行为，"传播"这一概念就能将它们全部涵盖。《著作权法》列举的诸项著作财产权可划分为两类：第一类权利，涉及向公众提供作品的行为，即是传播作品的行为，如发行、表演、广播、信息网络传播等；第二类权利，涉及向公众提供作品的准备行为（或称过渡行为），如复制、改编、翻译等。具体到某一部作品的传播来说，其既可以是直接行使第一类权利的结果，也可以是第一类权利与第二类权利共同作用的结果，然而，如果行为人仅仅实施了复制、改编或翻译等演绎行为，而没有任何后续的向公众提供作品（即涉及市场）的行为，那么在著作权法上讨论该演绎行为是没有意

---

[21] See Peter Drahos, A Philosophy of Intellectual Property, Dartmouth Publishing Company Ltd., 1996, pp.74—75.

[22] See Brad Sherman & Lionel Bently, The Making of Modern Intellectual Property Law: The British Experience 1760—1911, Cambridge University Press, 1999, pp.35—42; Debora J. Halbert, Intellectual Property in the Information Age, Greenwood Publishing Group, Inc., 1999, p.121.

义的。㉓而且,除非采取技术措施防止公众接触作品,否则著作权人并不能防止他人实施第二类权利所对应的行为。㉔

值得注意的是如何理解"有侵害之虞的行为"。不妨设想一种情形:行为人未经授权大量复制了他人的作品,但尚未将这些非法复制件投入市场即被著作权人发现。该行为表面看起来仅实施了复制行为而没有后续提供作品的行为,那么,其是否仍属于前述之没有在著作权法意义的行为?答案当然是否定的,该行为构成"有侵害之虞",权利人得寻求相应之救济,原因在于,行为人虽尚未将复制件投入市场,但其制作复制件的数量显然超出了自己使用的必要限度,已经能够认定这些非法复制件被投入市场具有高度盖然性,因而成立侵害之虞。当然,著作权人须举证证明该大量复制行为的存在。与之相对照的是,如果行为人只制作了一个复制件,比如行为人在家里将他人的文字作品抄写了一遍,就没有必要在著作法的框架下讨论该行为的性质,这是因为,无论行为人是否有打算将该复制件投入市场,此时尚不能认定"行为人有侵害之虞"具有高度盖然性㉕,更何况,著作权人实际上也不可能证明这种抄写行为的存在。

综上所述,著作权人的诸项财产权内容在逻辑上并不是平行的,对于前述分类中的第一类权利所对应的行为,可以提取公分母而得到"传播"的概念,其核心要素即为"市场",只有构成作品的传播(而无论行为人是否实施了前述分类中第二类权利所对应的行为),著作权法才有予以调整的意义和必要。由此可见,著作权的边界所及之处,均系通过作品的传播来实现的,也即是说,通过对作品传播行为的判定,能够描述出著作权的边界。基于此我们也能明白,为何要强调著作权的一切问题都是围绕"市场"而展开的。既然作品的传播行为就是著作权权利边界的外在表现形式,那么,探讨

㉓ 申言之,如果非权利人未经著作权人同意直接实施了第一类权利涉及的行为(如信息网络传播),因为该行为发生于市场之中,自然涉及著作权侵权的问题;但如果非权利人只是单纯地实施了第二类权利涉及的行为而无任何后续的其他行为,因为此时尚不涉及市场、未构成作品的传播,也就没有必要分析该行为是否构成著作权侵权。《法国知识产权法典》对于"复制"的定义就非常明确地揭示了这一点,即该法第 L.122-3 条:"以一切方法将作品固定在物质之上,使之可以以非直接方式向公众传播作品"。参见〔法〕克洛德·科隆贝:《世界各国著作权和邻接权的基本原则》,高凌瀚译,上海外语教育出版社 1995 年版,第 56 页。本文有关两类著作财产权的划分,正是为了更好地说明著作权与市场之间的紧密关系。

㉔ 对此有学者认为:"一个人如果在家中对他人作品进行未经许可的拍摄、翻译、改编或汇编,均属于合理使用,不可能构成对拍摄权、翻译权、改编权或汇编权的侵犯。"参见王迁:《版权法保护技术措施的正当性》,载《法学研究》2011 年第 4 期,第 94 页。笔者不同意这一看法,前述行为之所以不构成著作权侵权,根本原因在于其是脱离市场的,如果认为这些行为涉及著作权侵权,但又认为行为人不应当承担侵权责任,那就只能寄希望于合理使用制度来平衡各方主体之间的利益。其实,如果紧扣"市场"因素来分析,可以使问题变得简单得多。在这一点上,我国《专利法》比《著作权法》要处理得好得多,《专利法》第 69 条明确表明了"不视为专利侵权的行为"与"合理使用"不是一回事。

㉕ 关于"高度盖然性"的判断,参见〔日〕综合研究开发机构、高桥宏志编:《差止请求权の基本构造》,商事法务研究所 2001 年版,第 114 页;Hooper v. Rogers,[1975] Ch. 43, see J. A. Jolowicz, Damages in Equity: A Study of Lord Cairns' Act, The Cambridge Law Journal, vol.34(2), 1975, p.224.

著作权的边界问题就可转换成如何理解"传播行为"的问题,或言,问题可转化为判断什么样的行为构成传播。于是,确定著作权的边界实际上就是对两个核心概念进行判断——"市场"和"传播",因而这也就决定了,著作权侵权的判定,无论是直接抑或间接,从来就不仅仅是事实层面的问题,因为著作权的边界本身就涉及价值判断,当然,具体的判断只有在个案中才能获得具象。

三、聚合链接行为的定性分析

根据上文对著作权本质的分析可知,著作权对于权利人的核心意义在于其对作品传播的控制,那么,具体到聚合链接,界定该行为之性质的关键词应当是"传播"而非"提供"。但是,我国《著作权法》关于"信息网络传播权"的定义却将重心放在"提供"之上了,如果我们追溯该定义的立法来源——《世界知识产权组织版权条约》(WCT)关于"向公众传播"(Communication to the Public)的界定[26]——可以发现,我国著作权法对"提供"的强调是一种独具特色的做法,而将重心从"传播"转移到"提供",信息网络传播权所"覆盖"的范围也就缩小了。如果不能通过解释"应当由著作权人享有的其他权利"来弥补由此而产生的"缝隙",著作权人的权利范围也就相当于被不适当地缩小了,这与著作权的本质——控制作品传播——是不相契合的。

比较"传播"与"提供"这两个概念,我们不难发现,它们受科技发展的影响是不一样的。对于著作权来说,科技发展会带来诸多方面的影响,作品的传播方式是其中非常重要的一点,从而影响到著作权人的利益实现,而"提供"似乎距离技术发展更远一些。考虑到传播与技术之间的内生关系,如果信息网络传播的界权重心落在"传播"上,那么著作权侵权的判断、包括直接侵权与间接侵权的界分,就不会因技术的发展而频繁"摇摆"(尽管存在着传播行为是否必须具有传播源的争论);但如果界权重心一直放在"提供"上,技术发展给前述问题会带来更多的麻烦,我们需要频繁地判断在一个新的技术条件下什么样的行为算是"提供"。

当然,这里有个逻辑问题,"提供"是否为"传播"的必要条件?"服务器标准"的倡导者显然是这么认为的,但他们并没有区分"提供"是一切传播行为的必要条件,抑或仅仅是行使"信息网络传播权"所需要的。如果属于后者之情形,那么,当著作权人以信息网络传播权直接侵权为由起诉聚合链接的设链者时,法院依据现行法中该权利的定义判决原告败诉是没有任何问题的。当然,这里其实还蕴含着另外一个问题,即司法实践中,法院会要求著作权人在提起侵权之诉时必须明确被告究竟侵犯了哪些具体

---

[26] "向公众传播"定义的原文是:... authors of literary and artistic works shall enjoy the exclusive right of authorizing any communication to the public of their works, by wire or wireless means, including the making available to the public of their works in such a way that members of the public may access these works from a place and at a time individually chosen by them.

权利,但是在专利侵权或商标侵权诉讼中,权利人不会被要求这么做。此做法的根由就在于著作权法对权利内容的列举,从而造成人们不是整体性地,而是割裂地看待著作权,这其实是与著作权的本质不相吻合,由此也造成,在涉及聚合链接的侵权诉讼中,一旦法院认定不构成对信息网络传播权的直接侵犯,相当于判定被告不构成任何的著作权直接侵权,而实际上我国现行法中的信息网络传播权,其概念所涵盖的范围是非常有限的。于是我们将看到,无论互联网技术如何发展,信息网络传播权的内涵"我自岿然不动",这显然是不合理的。

能提供,自然可以传播,这没什么问题。但是,没有提供,就不能传播了吗?广义上来讲,传播就是指信息的传递[27],即甲主体能够从乙主体那里获得特定的信息,对于甲来讲,他关心的是自己能不能从乙那里获得特定信息,而并不会在意这些信息在乙那里是处于何种状态。打个比方,甲想获得位于 A 处的信息,但甲距离 A 处太远而不可得,这时乙用一面镜子通过反射使得甲在原来的位置就能获得该信息。在这个例子中,我们能够说乙没有传播信息吗?我们进一步假设,A 处的信息本身就处于公开的状态,任何人都可以前往 A 处去获得该信息,那么问题来了,对于甲而言,我们能因为信息本来就处于公开状态、可自由获得而否定乙向甲传播了信息吗?甲前往 A 处获得信息与其通过乙而获得该信息难道是一回事?笔者认为,这个例子最为关键之处在于,乙的行为使得甲能够完整、同质地获得位于 A 处的信息,否则就谈不上乙向甲传播了该信息。

显然,在上述例子中,传播(communication)与内容(meanings)是相对应的,而在 WCT 关于"向公众传播"的定义中,communication 的内涵则要狭窄一些。那么,对于作为法律调整对象的"传播行为"来说,哪一种有关"communication"的解释更为合理呢?换言之,对于聚合链接行为,我们是否还要坚持 WCT 的界定?笔者不认为这里应该有个纯粹的客观标准,立法如何取舍是一个典型的价值选择问题。被链作品存储于被链网站的服务器、而并没有存储在设链网站的服务器之上,这的确是客观事实,不过,是否强调客观事实与公众获得作品之间的一致性,涉及法律上如何给设链者进行定位问题(在前述例子中就是对乙的法律定位),如果认为设链者构成传播,那即是说,传播的法律意义不在于谁来提供信息,而在于受众能够接收到信息这一结果。实际上,尽管多数"服务器标准"的支持者认为信息网络传播行为是单纯的事实问题,坚决反对其中蕴含价值判断,但也有赞同"服务器标准"的学者认识到了这里的价值判断问题,认为:"如果网络用户能够在被告自身的网页或用户界面上直接打开相关文件,背景无需跳

---

[27] 按照维基百科的定义,Communication is the act of conveying intended meanings from one entity or group to another through the use of mutually understood signs and semiotic rules. 来自 https://en.wikipedia.org/wiki/Communication,最后访问日期 2016 年 10 月 23 日。

转到第三方网页,可推定被告构成直接网络传播行为"㉘。类似的价值判断问题(表面看起来像是事实问题)在著作权法里比比皆是,例如:间接侵权制度中的代位侵权(替代责任),同样是缺乏责任人实施了侵权行为的客观事实,但其仍然需要承担侵权责任;在涉及合理使用抗辩的侵权诉讼中,究竟是侵权还是合理使用可能会有不同的判定,这说明同样的客观行为可能有不同的法律认定。

关于作品的传播行为,WCT的《基础提案》强调,"向公众传播"的内涵中最有意义的是使作品被公众获得的初始行为,而并不在于单纯提供空间、通讯连接或为信号传输提供便利。㉙ 这里的"最有意义"很难讲就是指传播的客观事实,何况,强调客观事实对于信息的受众来说是没有意义的,因为他们只在乎信息接收的结果。笔者认为,《基础提案》所说的"最有意义"其实就是一种法律上的价值判断,这只能说明,WCT起草之时"作品被公众获得的初始行为"才能算得上是传播行为。而且,对传播行为的这一界定与条约起草之时所依赖的经济社会现实是相符合的,聚合链接行为显然不是《基础提案》那个时代就有的商业实践,也难以预见得到。因此,在那个时候,强调初始行为是对传播者与著作权人之间法律关系的恰当设置,但在当今之互联网技术背景下,作品可以平台聚合的方式为公众所获得时,如果仍然强调初始行为就未必妥当了。何况,设链者也并不是"单纯提供空间、通讯连接或为信号传输提供便利",公众可以完整地、同质地从设链者那里获得作品,这还算是"单纯"吗?

一如前述,著作权制度是作品传播所生之利益的分配机制,这里所说的分配,就是在著作权人与传播者之间进行的。毫无疑问,聚合链接行为是否构成传播,直接关系到著作权人与设链者之间的利益关系,因此,理解"传播"至关重要。归纳起来,我们可以从两个不同维度来理解"传播":一是技术(technology)层面,另一是市场(marketing)层面。上文的讨论正是从技术层面的分析过渡到市场的层面,即从客观事实到价值选择。对播放进行市场层面的理解,也就是需要梳理设链者、被链网站、著作权人之间的关系,如果由此形成的商业模式已经与之前的实践发生了根本性的变化,那么对聚合链接行为的定性就不能固守不变。

传播是降低公众获取作品的搜寻成本的行为,对传播所产生的收益的具体估值,即是公众获取作品的边际成本降低的数值,通常以价格的形式表现出来。是否实施聚合设链行为,围绕作品而产生的著作权交易结构是完全不一样的,因为从市场的角度来看,设链行为相当于是增加了作品的传播方式,理由很简单,有无聚合链接,网络用

㉘ 刘家辉,同前注⑨,页32。该作者同时还写到:"在未来虚拟现实(virtual reality)和增强现实(augmented reality)技术下,当我们走过天安门和故宫博物院,眼前的用户界面就会通过深层链接,不时跳出相关历史事件和人物图文并茂的介绍以及珍贵的历史镜头,这样令人心动的技术未来,我们忍心将其判定为直接侵权吗?"价值判断的意味不言自明。

㉙ See WIPO, Doc. CRNR/DC/4,1996.

户利用作品的成本是有很大差别的,包括时间成本、错失有用信息的机会成本,因此,聚合链接会导致被链网站的访问量下降(流量仅与网站访问量有关,与哪个服务器上的资源被调用无关),而用户流量的变化直接影响着网站的商业利益和价值。聚合链接这一商业模式的价值也正是基于这一点,在传播者同质的前提下,设链与未设链相比,同一作品要获得相同的传播范围(以市场需求来衡量),前者比后者的边际成本更低。如果著作权法上不认为设链者实施了传播行为,那么,前述边际成本降低的收益就不会归属于著作权人,而是被设链者和网络用户分享了,这显然是不合理的。

从经济学的角度看,如果作品没有有效的著作权保护,所造成的根本问题是作品的市场价格下降、直至复制行为的边际成本[30],而并非无人再愿意进行创作。聚合链接是否有可能构成直接侵权是同样的原理,否认这种链接行为构成直接侵权的可能性,不会导致无人愿意再以合法授权的方式上传作品,而是导致被链网站销售广告的价格下降(假设网络用户无需付费)、直至商业推广的边际成本,被链网站租值耗散的部分由设链网站和网络用户分享。如果肯定聚合链接有可能构成直接侵权,其结果不过是,因作品传播方式增加而产生的著作权租值的增值部分全部归属于权利人,而设链网站、网络用户的收益状况并不会变差,因此,社会整体效率是提升的。赞成"服务器标准"的学者所担心的,聚合链接若可能构成直接侵权将导致设链者"遭受毁灭性的打击""极大地阻碍搜索技术的发展,利益平衡荡然无存"[31],既缺乏实证支撑、亦不符合经济学原理。

综上分析,聚合链接有可能构成著作权直接侵权,其构成要件是,网络用户可以在设链者的网页或界面上直接地、完整地、同质地利用(与在被链网站上利用相比)相关作品。基于此,我们不妨再来审视一下美国、欧盟的相关判例:

(1)美国 Perfect 10, Inc. v. Google, Inc. 案和 Perfect 10, Inc. v. Amazon.com, Inc. 案。这两个案件被认为是"服务器标准"得以确立的代表性案例。谷歌案的二审判决认为:"谷歌并没有任何附着作品的物质载体,以使该作品能够被感知、复制或其他形式的传播。"[32]基于此,法官认为谷歌不构成直接侵权。在这一点上,亚马逊案的二审判决完全同意谷歌案的观点,并进一步指出"被告对于侵权网站是没有控制力的"[33]。首先要明确的是,此处不讨论两个案件中涉及缩略图的部分,仅仅分析链接第三方网站的问题。笔者认为,两案中的被告并非没有传播图片,法院认为被告只是向网络用户传播了被链作品的网址,有失偏颇;实际上,真正需要考量的是被告的行为是

---

[30] See William M. Landes & Richard A. Posner, The Economic structure of Intellectual Property Law, The Belknap Press of Harvard University Press, 2003, p.40.
[31] 王迁:《网络环境中版权直接侵权的认定》,载《东方法学》2009年第2期,页16—17。
[32] 416 F. Supp. 2d 828 (C. D. Cal. 2006).
[33] 487 F. 3d 701 (9th Cir. 2007).

否满足前述之构成要件——"直接""完整""同质",如果回答是肯定的,就应当判定被告构成直接侵权。法院强调"服务器标准"更符合网络技术的互联互通属性,却没有论证设链者和网络用户获得的收益是否大于被链网站因此而遭受的租值耗散,因而是不符合著作权本质的。

(2) 欧盟法院的 Svensson v. Rtriever Sverige AB 案和 GS Media BV v. Sanoma Media Netherlands BV 案。Svensson 案提出了"新公众标准"来判断是否构成"向公众传播的行为",而该案被告的设链行为并没有指向新公众。[34] GS Media 案的判决则认为:"如果第三方网站上载的为侵权作品,而被告明知或应知该作品侵权却仍然提供链接,就可以构成侵犯公众传播权的行为。"[35] 由此推知,如果没有证据证明被告明知或应知,设链行为就不构成直接侵权。笔者认为,"新公众"概念的提出因其内涵的模糊性很容易遭到批驳,界权成本过高而不具有可操作性,如果不是从主体的角度,而是从行为的角度——即前述之构成要件——进行分析,所得之结论会更有说服力。至于 GS Media 案,则又回到了探讨被告主观过错的老路上,法官实际上已经将被告不构成直接侵权作为既定的前提,通过分析被告的主观状态来判定其是否应当承担损害赔偿责任。而且,这一思路混淆了著作权侵权判定与侵权损害赔偿责任的判定,前者仅与著作权边界和被诉行为的违法性有关,而后者才涉及被告的主观状态。

最后,我们不妨再从被链网站的预防成本的角度,探讨聚合链接的定性问题。首先假设讨论的情境是,被链网站是著作权人或是有合法授权的网站。如果聚合链接的设立使得网络用户能够从设链者的搜索结果页面直接、完整、同质地利用相关作品,被链网站自然是不希望被如此链接的。接下来的问题就是,对聚合链接的不同定性,将对被链网站的行为选择产生何种影响:

(1) 如果设链行为构成传播,被链网站的预防成本就仅仅是制作、发出禁止被链的声明(这也才符合产权规则的权利保护模式),其预防成本是非常低的。而且,在此前提下,合同机制的功能就能得到充分的发挥,即双方当事人可以在充分考量自身成本—收益的情况下,通过合同机制来安排因设立聚合链接所导致的成本分担与收益分配。所以,即便聚合链接行为有构成著作权直接侵权的可能,也不会导致设链者为了规避法律风险只能选择彻底关闭聚合链接服务,从而阻碍链接技术的发展。网络传播的法律调整是个综合治理的架构,我们不能仅仅将眼光盯在著作权法上,而忽视了其他法律机制的作用发挥。如果设链者无法与著作权人、被链网站形成合意,不过是使得网络用户无法在设链者的网页或界面上直接地、完整地、同质地利用相关作品,而这对网络用户的影响几乎可以忽略不计。高级搜索的核心功能是使搜索结果所包含的信息更加详细、准确,我们不能认为,网络用户得以直接利用相关作品也必须是高级搜

---

[34] ECJ, C-466/12, 2014:76.
[35] ECJ, C-160/15, 2016:644.

索必不可少的功能。㊱

（2）如果设链行为不构成传播,禁止声明显然就不够充分了,被链网站需要额外地支付一定的预防成本(例如采取特殊的技术措施),但这本质上属于沉淀成本,因为该成本不能增加作品传播的收益,被链网站也无法通过其他方式收回该成本。实践中,越来越多地被链网站采取技术措施以禁止设链者建立聚合链接,就是因为法院所持之"设链行为不构成传播"的态度。然而,即便如此,依然有设链者实施破坏技术措施的行为、强行设立聚合链接,这进一步加大了被链网站的沉淀成本。与此同时,合同机制在这一情形下也难以发挥作用。

如果被链网站上载作品并没有获得授权,其自然不会支付预防成本,但是,在设链行为不构成传播的情形下,同样会导致作品传播所生之社会整体收益下降。道理很简单,此时著作权人的维权成本会高于未设链时的情形,而损失之填补的程度相较于未设链时则更低。

由此可见,对聚合链接行为的定性,直接关系到被链网站与著作权人的市场风险。无论设链行为是否构成传播,著作权人都可以通过许可的方式来转移侵权风险,但对于被链网站来说,聚合链接行为构成传播与否存在着巨大差异,当下的商业实践也与上述的成本—收益分析是一致的。因此,聚合链接行为不构成传播实际上会对被链网站产生逆向激励,即被链网站缺乏获取合法授权的激励,以及,即使在传播作品的收益足够大、被链网站愿意支付一定的预防成本来防范设链行为时,社会整体效率也是下降的。应当看到,提供聚合链接服务的网络平台是一个典型的双边损害市场㊲,因而,立法上需要为被链网站和设链者双方都设定恰当的谨慎义务之标准。而且,将聚合链接行为定性为传播行为,也是"最低成本避免者"之义务分配规则㊳的体现。

四、结语

可能是为了司法之便利,人们在讨论聚合链接的定性时喜欢"选边"——选择某项"标准"作为自己的判断思路。但实际上,这样的做法反而会束缚我们的思路,忽略从

㊱ 持"服务器标准"观点者对此有不同看法:搜索技术的发展使得用户可以在不脱离设链网站的情况下欣赏他人作品,这才能实现利益平衡,如若不然,就属于阻碍搜索技术的发展;如果认为聚合链接行为可能构成直接侵权,其打击范围将超出视频聚合服务的范围而扩大至其他正当行为和商业模式,例如博客或教学网站上嵌入作品链接、微信朋友圈的转发。参见王迁,见前注⑧,页27—28。但相关学者并没有对此展开充分的论证,这些看法也缺乏方法论的支持。

㊲ 关于双边市场的理论介绍,可参见 David Evans, Platform Economics: Essays on Multi-Sided Business, Competition Policy International 2011, pp.4—9.

㊳ 经济学上认为,能以最低成本避免损失的当事人应当承担损害的赔偿责任,该问题的实质就是相关主体之间预防成本的比较。See William M. Landes & Richard A. Posner, The Economic Structure of Tort Law, The Harvard University Press, 1987, p.88. 具体到聚合链接行为,如果设链网站不负担任何的注意义务,作品网络传播所产生的社会整体效益就无法实现最佳的状态。

更加本源的角度(本文中即为著作权的本质)去分析问题。知识产权的排他性是以知识产品的公开性为对价的,所以,全部的知识产权议题可以归结为"激励(incentive)"与"接触(access)"之间的一种交换。就著作权制度而言,其一方面通过促进作品的传播而激励更多的作品被创作出来,另一方面要给社会公众留下接触作品的足够充分的路径,此即对价理论的具体体现,侵权与合理使用的界分是如此,直接侵权与间接侵权的界分亦是如此。

从解释论意义上来说,我国现行《著作权法》中的"信息网络传播权"是不能涵盖聚合链接行为的,因为法条明确用"提供",而不是"传播"来界定该权利,所以,我国的"信息网络传播权"实际上比 WCT 中的"向公众传播的权利"内涵更窄。但是,聚合链接行为并非就不构成对著作权的直接侵害,无论是结合市场因素来理解播放,还是在著作权交易结构下按照"最低成本(预防成本)避免者规则"进行分析,聚合链接行为都可能构成直接的传播行为。

我们还应当看到,按照上述之规制思路,虽然能解决问题,但毕竟效率不高,因而有必要在立法论意义上重新设计深度链接的法律调整。具言之,就是要使权利内容的设置能够涵盖"网络用户在设链者的网页上能直接地、完整地、同质地获得作品"之情形,而不论设链者的服务器(无论是多么广义的服务器概念)上是否储存有该作品。至于权利的名称,笔者认为并不重要,仍然为信息网络传播权、抑或改成向公众传播的权利均可。再次强调,并不是所有的深度链接都会构成直接侵权,但也不是绝对不构成。

禁止权利滥用原则在知识产权领域中的适用[*]

易继明[**]

【摘要】 禁止权利滥用原则滥觞于罗马法,大陆法系在近现代法上相继确立了该原则。在知识学上,费希特的行为哲学构成了禁止权利滥用原则的理论基础。这一原则在知识产权领域的适用,尤其是英美法系上,经历了从抗辩事由到一般原则之转化,表现出与大陆法系传统私法理论不同的特质。目前,知识产权滥用行为主要表现为以权利的绝对性、权利的相对性以及程序性权利为基础的三大类型;对其具体行为加以界定及判断,又因各国及其不同时期的知识产权政策或反垄断政策之不同,而各有不同。对于知识产权滥用行为的具体分析与判断,可以建立行为与市场的二元分析框架,由此采取两种基本的判断标准:(1)行为本身的违法性判断;(2)行为在相关市场之下的妥当性判断。鉴于知识产权之私权本质和市场属性,既要关注私法上禁止权利滥用原则的适用,也不能忽视公法性质的规制。

【关键词】 禁止权利滥用原则;行为哲学;知识产权;不洁之手;反垄断法

一、引言

在美国,知识产权滥用问题产生于知识产权法与反垄断法的交叉。"专利法与反托拉斯法均规制着发明、竞争和商业的某些方面。"因此,在其交叉部分,任何一个被诉

---

[*] 原载《中国法学》2013年第4期,原发表时有删节,这里恢复原文发表。
[**] 易继明,北京大学法学院教授,《私法》主编。

侵权的人都会以此进行抗辩。① 诚如王先林教授所说,反垄断法在特定情况下适用于知识产权的行使,"并不意味着对知识产权本身作为垄断权的基本性质的否定,而是在承认和保护这种权利的同时,防止和控制其被滥用"②。实践中,国家工商总局试图通过反垄断执法对知识产权滥用行为进行规制,正在加紧制定《关于知识产权领域反垄断执法的指南》③;与此同时,2013年3月又形成了《工商管理机关关于滥用知识产权排除、限制竞争行为的规定(征求意见稿)》。④ 诸多学者也从反垄断角度研究知识产权滥用问题,以致知识产权滥用问题几乎就是知识产权领域中的反垄断问题。⑤

不过,费安玲教授主持下的研究,视野似乎开阔一些:从"权利滥用"(Rechtsmissbrauch, abus de droit)的角度,提出了要建立一套防止知识产权滥用的法律机制。⑥ 这一维度,就是从私法上禁止权利滥用原则出发所进行的某种追问和制度设计。的确,优士丁尼《法学阶梯》确立了一项罗马法上的规则:"事实上,任何人不得恶用自己的财产,是国家利益之所在。"⑦徐国栋教授说,这一规定虽然是针对自权人与他权人的,但这却是罗马法上最早提出的禁止权利滥用原则。⑧ 罗马法谚,"愈泥于法律,愈不公正"(Summum jus summa injuria),盖尤斯(Gaius)用以说明浪费人要宣告禁治产,禁止

---

① 参见〔美〕Martin J. Adelman, Randall R. Rader, Gordon P. Klancnik:《美国专利法》,郑胜利、刘江彬主持翻译,知识产权出版社2011年版,页208。
② 王先林:《知识产权与反垄断法:知识产权滥用的反垄断问题研究》(修订版),法律出版社2008年版,页79。
③ 笔者所见最新的修改草案,是2012年上半年出台的《关于知识产权领域反垄断执法的指南》之起草修订第5稿。该稿共5章26条,依次为:《总则》6条,第1条至第6条;《知识产权领域反垄断执法的基本分析框架》6条,第7条至第12条;《一般类型的知识产权行使行为的反垄断分析》8条,第13条至第20条;《若干特定类型的知识产权行使行为的反垄断分析》4条,第21条至第24条;《附则》2条,第25条至第26条。
④ 这一部门规章草案文本共18条,目前正在向有关部门、专家学者征求意见。相关资讯,国家工商行政管理总局反垄断与反不正当竞争执法局任爱荣局长在北京大学法学院召开的"竞争与创新:知识产权领域的反垄断政策"研讨会上有所介绍,北京大学法学院、北京市第一中级人民法院2013年4月28日联合主办。任爱荣局长的主题发言,后在期刊上发表,参见任爱荣:《关于滥用知识产权排除、限制竞争行为规制的初步探索》,载《科技与法律》2013年第4期,页6—12。
⑤ 例如,王先林、吕明瑜、张伟君、张韬略、郭德忠等学者多有著述,诸多博士或硕士学位论文也以此作为研究议题。参见,王先林:《知识产权与反垄断法:知识产权滥用的反垄断问题研究》(修订版),法律出版社2008年版;张伟君、张韬略:《知识产权与竞争法研究》,法律出版社2012年版;郭德忠:《专利许可的反垄断规制》,知识产权出版社2007年版;赵启杉:《论知识产权行使之反垄断判定》,北京大学法学院2012届博士学位论文;吕明瑜:《知识产权垄断呼唤反垄断法制创新》,载《中国法学》2009年第4期。
⑥ 参见费安玲主编:《防止知识产权滥用法律机制研究》,中国政法大学出版社2009年版。
⑦ See I. 1, 8, 2. 中文译本,〔古罗马〕优士丁尼:《法学阶梯》,徐国栋译,中国政法大学出版社1999年版,页37。
⑧ 参见徐国栋:《优士丁尼〈法学阶梯〉评注》,北京大学出版社2011年版,页72—73。

奴隶主虐待其奴隶。⑨ 循此脉络,大陆法系在近现代法上相继确立了禁止权利滥用这一基本原则。诚然,尽管倡扬权利的法国大革命产物《拿破仑法典》并未明文规定这一原则,"然学说及判例,承认权利滥用之原则"⑩。例如法国 1855 年"假烟囱案"或称"妒忌建筑案"⑪颠覆私权之绝对性理念,意义重大,被称为近代民法上禁止权利滥用原则之滥觞。⑫ 现代民法在社会化思潮影响之下,相继在民法典中明确规定了这一原则。继 1900 年《德国民法典》⑬和 1907 年《瑞士民法典》⑭之后,在大陆法系国家中,除了意大利等少数国家以外,绝大多数国家都效仿德国或者瑞士的立法例,在本国民法典中确立了禁止权利滥用原则,如《日本民法典》开宗明义即有此规定。⑮ 1930 年《中华民国民法》第 148 条规定:"权利之行使,不得违反公共利益,或以损害他人为主要目的。"⑯1986 年我国《民法通则》第 7 条规定:"民事活动应当尊重社会公德,不得损坏社会公共利益,扰乱社会经济秩序。"这一条规定,确立了"禁止权利滥用是我国民法基本原则"。⑰ 2006 年 12 月才全部出台的《俄罗斯联邦民法典》,设"智力活动成果和个别化手段的权利"即知识产权专编;该法典在"总则"编中,第 10 条规定了"民事权利实现的界限";该条分三款,表述得十分清晰:"(1) 公民和法人不得实施仅以致人损害为目的的行为,也不得以其他形式滥用权利。不准许为了限制竞争的目的而行使民事权利,也不准许滥用市场上的优势地位。(2) 在本条第 1 款规定的要求未得到遵守的情

---

⑨ 参见〔法〕若斯兰:《权利相对论》,王伯琦译,中国法制出版社 2006 年版,引论页 2—3。
⑩ 史尚宽:《民法总论》,中国政法大学出版社 2000 年版,页 714。
⑪ 1855 年 5 月 2 日,卡尔曼法院判决的"假烟囱"案或称"妒忌建筑"案是法国适用禁止权利滥用原则的第一个判例。该案中,一个房屋所有人在他的屋顶上竖起一个庞大的烟囱,这烟囱于其毫无用益,目的只在于遮挡邻居的光线,其邻居引用权利滥用理论起诉并获得胜诉,假烟囱遂被拆毁。
⑫ 参见郑玉波:《权利滥用之研究》,载郑玉波:《民法总则》,中国政法大学出版社 2003 年版,附论页 569;又参见〔日〕菅野耕毅:《诚实信用原则与禁止权利滥用法理的功能》,傅静坤译,载《外国法译评》1995 年第 2 期。
⑬ 在德国,《德国民法典》第 226 条被称为"禁止权利滥用"(或译为"禁止恶意刁难")的条款。该法典第 1 次、第 2 次草案中,尚未对禁止权利滥用进行一般性规定。第 3 次草案时开始规定:"所有权之行使,不得专以损害他人为目的。"到国会审议时,又将禁止权利滥用的要求从所有权扩大到一切权利。最后,《德国民法典》第 226 条规定:权利行使,不得以损害他人为目的。
⑭ 《瑞士民法典》第 2 条规定:"(1) 任何人都必须以诚实、信用的方式行使其权利和履行其义务。(2) 显系滥用权利时,不受法律保护。"《瑞士民法典》,殷生根、王燕译,中国政法大学出版社 1999 年版,页 3。
⑮ 《日本民法典》第 1 条规定基本原则:"(1) 私权必须适合公共福祉。(2) 权利行使及义务履行必须遵守信义,以诚实为之;(3) 权利不许滥用。"渠涛编译:《最新日本民法》,法律出版 2006 年版,页 3。
⑯ 此条为"权利滥用之禁止"条目,立法解释称:"权利人于法律限制内,虽得自由行使其权利,然其目的,要以保护自己之利益为必要,若专以损害他人利益为目的者,其权利之行使,实为不法行为,自为法所不许。此本条所由设也。"林纪东、蔡墩铭、邱聪智、郑玉波、古登美、苏永钦编纂:《新编六法参照法令判解全书》,台湾五南图书出版股份有限公司 2002 年修订版,页 2—41。
⑰ 参见顾昂然:《新中国民事法律概述》,法律出版社 2000 年版,页 17;又参见梁慧星:《中国民法经济法诸问题》,中国法制出版社 1999 年版,页 14。

况下,法院、仲裁法院或公断庭可以驳回当事人保护其权利的请求。(3)如果法律规定民事权利的保护取决于这些权利的实现是否善意和合理,则推定民事法律关系参加者行为的合理和善意。"[18]

诚然,人们并不否认知识产权是一项私权;相反,如TRIPS协定《序言》所言,"认识到知识产权是私权"[19]。但是,在这一领域中,私法上的禁止权利滥用原则是否具有适用空间呢?或者说,我们是否可以认为企业的垄断行为本身就是一种权利滥用,我们在规制垄断行为时本身就是在适用禁止权利滥用原则呢?同样的,对知识产权领域中的垄断行为或者知识产权滥用行为进行规制时,我们是否就是在适用禁止权利滥用原则呢?回答这样的问题,首先涉及如何认识"知识产权滥用"。李琛教授说,目前我们还缺乏对这一概念及其现象的清晰梳理,以致学术界出现了两种极端现象:一是"知识产权滥用"的概念本身被"滥用";另一种极端则是轻率地否定禁止知识产权滥用的意义,认为大多数知识产权类型基本上不存在滥用的可能性。[20] 其实,这两种极端现象的产生,最根本的原因是:禁止权利滥用原则本身尚未在知识学上建立起自己的理论基础;由此而衍生的禁止知识产权滥用原则,自然也就成了无本之木。

本文试图在知识学上寻找禁止权利滥用原则的理论基础;并以此分析其在知识产权领域中的适应性,为禁止知识产权滥用原则提供理论支撑,用以规制知识产权领域中的权利不正当行使问题。

二、禁止权利滥用原则的理论基础

一个否定性的命题是否能够成为一项基本原则,在知识学或逻辑学上可能存在一定的困扰。因为人们往往认为这种表达形式没有能够从所要表达的事物内部出发,表达出事物的内在价值和基本原理。同时,有的学者认为,"权利滥用"的提法,本身就是一个自相矛盾的伪命题。因为一旦法律赋予了个人以某项权利,那么个人在法律规定的权利项下行使权利就不应该被指责为又违反了法律,即普拉尼奥尔(Planiol)提出的命题:"一种行为不可能既符合法律又违反法律"(以下简称"普氏命题")。[21] 另外,这种为权利设限的做法,与近代自然法运动所奉行的"自然权利""天赋人权""人人生而

---

[18] 《俄罗斯联邦民法典》,黄道秀译,北京大学出版社2007年版,页39。

[19] 石广生主编:《中国加入世界贸易组织知识读本(二):乌拉圭回合多边贸易谈判结果:法律文本》,人民出版社2002年版,页384。

[20] 参见李琛:《禁止知识产权滥用的若干基本问题研究》,载《电子知识产权》2007年第12期。

[21] 参见〔法〕雅克·盖斯旦、吉勒·古博:《法国民法总论》,陈鹏、张丽娟、石佳友、杨燕妮、谢汉琪译,谢汉琪审校,法律出版社2004年版,页702。

平等"等启蒙哲学和个人主义信条,显得有些背离。②

不过,这可能只是我们对事物认知的一个误区。事实上,我们认识事物总是从"正"和"反"两方面入手,才能达到或接近事物的真实。在费希特的行为哲学里,就是"正题"和"反题"之后,由此而形成的"合题";这也就是其知识学上的三条基本原理:第一条,"自我"设定自己的同一命题,是一个正题;第二条,自我设定"非我"的矛盾命题,是一个反题;第三条,自我设定可分割的非我与可分割的自我相对立的根据命题,是一个合题。"这是一个发展过程。全部知识学就是按正,反,合的步骤找出自我及其必然行动中包含的矛盾,逐步加以解决的。旧矛盾解决了,又产生新矛盾,又加以解决,这样不断发展前进,构成了知识学的严密统一的逻辑体系。"㉓费希特继承康德的法权观念和行为哲学思想,为一个否定性命题成为一项基本原则提供了知识学上的理论支撑。

(一) 行为哲学

费希特认为:"法权概念是关于理性存在者之间的一种关系的概念。因此,只有在考虑这些存在者的相互关系的前提下,这个概念才会发生。单纯谈论对于自然事物、耕地、牲畜之类的东西本身的权利,单纯谈论对于在这些东西与人之间设想的关系的权利,是毫无意义的。"㉔在费希特的法权概念演绎过程中,自我首先从设定它自己出发,自我能动的,通过自己的行动成其所是:"只有我本身把一个确定的理性存在者作为一个理性存在者加以看待,我才能要求这个存在者承认我是一个理性存在者"㉕。然后通过自我设定非我,由自我建立、创造一个非我与自我相对立,通过非我来限制自我;相应地,对于自我之外的理性存在者提出要求:"我必须在一切可能的情况下,要求所有在自我之外的理性存在者都承认我为一个理性存在者"㉖。由此,在自我与非我之间,就建立起了一个理性存在者之间具有对应或对立,但却具有相互性的关系。最后,自我在自身中设定一个可分割的非我与一个可分割的自我相对立,使得自我和非我在同一个绝对无限的自我之内对立地同时存在。这样,在合题中得出结论:"我在一切情况下都必须承认在我之外的自由存在者为自由存在者,就是说,我必须用关于他

㉒ See George Gordon & Robert J. Hoerner, "Overview and Historical Development of the Misuse Doctrine", in ABA Section of Antitrust Law, Intellectual Property Misuse: Licensing and Litigation 4 (2000); see also Adam Mossoff, "Who Cares What Thomas Jefferson Thought About Patents? Reevaluating the Patent 'Privilege' in Historical Context", 92 Cornell L. Rev. 953 (2007); see also Strait v. National Harrow Co., 51 F. 819 (C. C. N. D. Y. 1892).

㉓ 参见〔德〕费希特:《全部知识学的基础》,王玖兴译,商务印书馆2009年版,译者导言页8。

㉔ 〔德〕费希特:《自然法权基础》,谢地坤、程志民译,梁志学校,商务印书馆2009年版,页57。

㉕ 同上书,页46。文中的着重号,为原著所加。以下同。

㉖ 同上书,页47。

的自由的可能性的概念去限制我的自由。"㉗

在正题和反题中,"自我的行动"就取代"人的行为",自我通过自己能动的行为去设定自我和非我,由此所推演出的法权关系是一个不断发展的关系:"每个理性存在者都必须在自己用另一理性存在者的自由限制自己的自由的条件下,用那个关于另一理性存在者的自由的可能性的概念,来限制自己的自由"㉘。在行动的基础上,费希特进一步演绎了康德的法权概念。康德眼中的权利,虽然也是一条普遍的自由法则,但它却同样是建立在"人的行为"基础上的:"不可以也不应该被解释为行为的动机原则"㉙,而是存在一些具体条件,其自我有意识的行为,应该"确实能够和其他人的有意识的行为相协调"㉚的。这一法权定理告诉我们,"甚至尽管我心中还想去侵犯他的自由,但我并没有以我的外在行为真去违犯他的自由。然而伦理学加给我的一种责任,是要把权利的实现成为我的行动准则"㉛。即人们通常所说的那样,"道德统治人的内心动机,人出于良心而做自己认为是正确的事情。法统制人的外部行为,而不问其动机如何。"㉜

既如此,我们可以假设这样一个命题,即我有一项权利,以我为中心,我环顾四周,我的目光之所及,即为我之所有。那么,这项权利的边界在哪里呢?是我的目光所及之处吗?这种回答,显然难以避免同义语的反复。并且,如果上升到抽象的权利来说,这种解答显然只能指出具体实例中的情况,而不能弄清普遍性的问题。以康德的理论来解释上述命题,根据普遍的自由法则,通过我的"环顾"来确定"目光所及"的边界,即用我的行为来实现我的意志自由,通过我的"环顾"行为和任何其他人的"环顾"行为来协调各自的意志自由(目光之所及)。费希特在行为的基础上,赋予我一种实践性,并在我的(自我设定)行动中体现出来,我通过我的"环顾"行为来设定我为一个理性存在者;我之所以为理性存在者,正是因为我的这种设定,所以我的这种设定("环顾"行为)本身就是要证明的这样一种法权概念。同样,通过自我设定非我,我设定了在我之外存在着其他理性存在者,这些其他理性存在者也必是以各自的他为中心:他环顾四周,他目光之所及,即为他之所有。那么,自我和非我,我和他,我的"环顾"行为和他的"环顾"行为,我的权利和他的权利就成为了一个相对立或相对应的合题。也就是说,法权关系的矛盾按正、反、合的步骤被确立,然后被解决;再产生新矛盾,又被解决;这样不断地向前发展,形成了一个不断发展的法权概念。而在这个发展的过程中,

---

㉗ 〔德〕费希特:《自然法权基础》,谢地坤、程志民译,梁志学校,商务印书馆2009年版,页54。
㉘ 同上。
㉙ 〔德〕康德:《法的形而上学原理——权利的科学》,沈叔平译,林荣远校,商务印书馆2009年版,页44。
㉚ 同上书,页42。译者注:这里所说的权利的定义,也可以理解为康德关于法律的定义之一。
㉛ 同上书,页43。
㉜ 曹磊:《德国古典哲理法学》,法律出版社2006年版,页26。

权利的边界也无限趋近于确定。

(二) 权利行使的边界

从以上论述可见,行为哲学克服了道德权利中的模糊、虚幻及无用,走向了实践中的精确、真实及有用,用"相对"替代了"绝对",实际上是一种孔德所说的实证主义理论。㉝ 行为哲学旨在告诉我们,权利具有相对性,权利存在着来自外在的限制,权利的行使存在着具体的边界。因此,对它的界定应该是一个动态的平衡,是"一条从无限性出发,通向有限性的道路"㉞,是一个向前发展、寻找永恒边界的过程。如果静止地看待这个问题,那么如康德所说,"纯粹经验性的体系㉟(对理性的原则是无效的)就像费德拉斯童话中那个木头的脑袋那样,尽管外形很像头,但不幸的是缺少脑子"㊱。这也进一步印证了法律的实践性品格。

在费希特的逻辑体系里,自我的行为能动地设定着权利的边界;这种设定权利边界的行为,其实就是权利的行使。当我们通过经验获得知识时,我们所采取的主要逻辑通道是归纳法。我们所有的知识都是这样来的,比如什么叫马,世界上只有白马、黑马、母马、公马、老马、小马……我们说什么是马,那么抱歉,我们永远找不见那匹现实中的具体的马。可是,你要知道马是什么,你又必须抽象,必须知道了马,你才能知道公马、小马或黑马……因此你必须先抽象为一个普遍,你才会认为你有了知识。同样,费希特对于人类的知识,也"要求由个别的特殊性直接上升到普遍,把握最一般的规律。唯有通过这种直观,才能把握那个最高的原理"㊲。并且在他的循环论证里,作为人类知识之基础,"事实行动本身同上述命题一起得到了认定"㊳。所以,在法权关系中,有限理性存在者的自我设定,即先抽象出一个普遍性的权利概念,然后通过自我的行动,也即权利的行使,从普遍性推演出特殊性,从而得到具体的权利,以区分权利的边界。

其实,行动事实为权利行使设置边界,也直接地回答了"普氏命题"。约瑟朗曾指出,法语上的"法律"和"权利"均为同一个词"droit"。对"普氏命题"中前后两个"法律"的含义,应当重新解读为:一种行为可能符合主观的权利,而违反客观的法律。㊴这就涉及主观权利和客观法的问题。与法语"droit"一样,大陆法系国家中,拉丁语

㉝ 参见〔法〕奥古斯特·孔德:《论实证精神》,黄建华译,商务印书馆1996年版,页29—31。
㉞ 梁志学主编:《费希特著作选集》第2卷,商务印书馆1994年版,页116—117。
㉟ 译者注:据德文本,不是"体系"而是"法学理论"——即权利。
㊱ 〔德〕康德:《法的形而上学原理——权利的科学》,沈叔平译,林荣远校,商务印书馆2009年版,页41。
㊲ 张东辉:《论费希特演绎法权概念的方法》,载《哲学研究》2008年第12期。
㊳ 〔德〕费希特:《全部知识学的基础》,王玖兴译,商务印书馆2009年版,页7。
㊴ 参见〔法〕雅克·盖斯旦、吉勒·古博:《法国民法总论》,陈鹏、张丽娟、石佳友、杨燕妮、谢汉琪译,谢汉琪审校,法律出版社2004年版,页703。

"ius"、意大利语"diritto"和德语"Recht"均既表示法律,又表示权利。在主观权利和客观法之间,大多数学者从实体规则角度理解客观法,但对于主观权利则众说纷纭。客观上讲,主体多样、主观多元、意志不确定性等因素,导致主观权利的内涵极为丰富。因此,有些学者认为,权利源于人性本身,故必须承认权利相对于法律的优势地位;相反,也有学者认为,权利只是社会规则的个体结果,人们应当接受客观法的至上性。[40]

研究表明,"康德关于权利和法之间关系的理论已经开始影响到潘德克吞学派的法学家们"[41]。萨维尼和温特沙伊德在此基础上区分了主观与客观两种意义上的法:"将主观权利定义为意志的力量。当然需要马上明确,是客观法认可的意志力量。"[42]萨维尼所认为的客观法的状态,"就是承认存在一条看不见的边界,该边界的存在和效果在于,边界内的个人有一个安全、自由的空间。确定这一边界并确定该自由空间的规则,就是法"[43]。从客观方面去理解法,体现在其能够得到实现的外在强制机构即国家的保障。这也萨维尼所处的时代很多人对于法的认识,"从客观的方面去理解法,因此非常强调法的强制力"[44]。但在私法的层面上,生物人相互之间的接触在大多数的情况下并不需要国家的直接介入,这也是私法的精髓——意思自治的体现,因而从一个主观的角度来理解法,应该从主观权利的角度来理解生物人相互之间的接触。在萨维尼之后,从主客观角度理解法或权利的概念,已成为德国法学家们的共识。在这种意义上,耶林认为客观意义上的法是生活的制定法秩序,而主观法即权利的本质即为利益。[45]温特沙伊德更是明确指出,主观权利有两层含义:第一种意义的主观权利体现在非常态状况下,是指主体的特定行为受到不法侵害,主体主张客观法并使之变成他的法律的意志力量。第二种体现在常态状况下的主观权利,是指在没有遇到外部障碍时,主体实施某一特定行为的意志力量。在第一种意义上,"正是客观规范确定行为准则,但这些准则的实施则服从于受益者的意志"[46],意志的力量是决定是否有行使权利的自由;而第二种意义上意志的力量,是决定其处分的自由,包括行使权利的方式等。然而,"无论是在何种情况下,赋予意志的自主空间都是构成主观权利的构成要素",而不属于客观法的范畴,故而这种意志的自主空间即是主观权利在客观法基础之上的一

---

[40] 参见〔法〕雅克·盖斯旦、吉勒·古博:《法国民法总论》,陈鹏、张丽娟、石佳友、杨燕妮、谢汉琪译,谢汉琪审校,法律出版社2004年版,页128。

[41] 方新军:《权利概念的历史》,载《法学研究》2007年第4期。

[42] 〔法〕雅克·盖斯旦、吉勒·古博:《法国民法总论》,陈鹏、张丽娟、石佳友、杨燕妮、谢汉琪译,谢汉琪审校,法律出版社2004年版,页133。

[43] 参见 Federico Carlo di Savigny, Sistema del Diritto Romano Attuale, Volume Primo, Traduzione di Vittorio Scialoja, Torino 1886. p.335. 转引自方新军:《权利概念的历史》,载《法学研究》2007年第4期,页93。

[44] 方新军:《权利概念的历史》,载《法学研究》2007年第4期。

[45] 同上。

[46] 〔法〕雅克·盖斯旦、吉勒·古博:《法国民法总论》,陈鹏、张丽娟、石佳友、杨燕妮、谢汉琪译,谢汉琪审校,法律出版社2004年5月版,页133。

个增量。㊼由于权利是由权利的行使来设定的,所以就使得权利行使同样也成为意志力量的表现形式。

(三) 禁止权利滥用原则之确立

费希特的行为哲学在知识学上解决了"反题"所具有的价值内涵;而主观权利与客观法之间的关系分析,为私权行使设定了边界。由于一直以来主观权利概念的模糊性,权利的概念在很多情况下都被扩大了,出现了一种权利的"通货膨胀现象"㊽,甚至难以与自由相区分。在意思自治的私权理念之下,主观权利是一个外延很不确定的一般性概念。"法律未加以禁止的,因而被视为法律所许可的作为(或不作为),其界定状况是极其不同的。"㊾一部分主观权利由于主体意志力量的自主性,他的意志的自由就会通过权利的行使延伸到一些未知的领域。这个延伸的过程,就体现为客观法通过意志力量往主观权利量变的过程。在这个过程中,权利行使一旦突破了权利的内部限制,就抵达到了另外的一个领域:在这个领域里,权利的正当行使开始转变为权利的滥用。"很多人为了发现法的概念,都是从'不法'的概念出发。所谓不法就是他人自由对某人自由的破坏,对这种破坏的防卫就是法。"㊿换句话说,一种防卫免受侵害的权利,本身也是一种权利。尽管近代私法典以保护本我之权益为中心,但其并未完全忽视这一问题。《德国民法典》第 226 条所确立的禁止权利滥用原则,就是从保护他人之法益出发的;这一原则,及于该法典其他条款,如第 823 条第 2 款规定:违反以保护他人为目的的法律的人,担负同样的损害赔偿义务。[51]《瑞士民法典》第 2 条直接通过两款对应性地表达:第一款正面表达了诚实信用原则;第二款则反面表述了禁止权利滥用原则。因此,施启扬教授说,"禁止违反公益、禁止权利滥用及诚信原则,同为行使权力及履行义务的指导原则,三者的基本精神相同,关系甚为密切。……严格而言,权利滥用及违反公益就是违反诚信原则的具体形态,尤其是禁止权利滥用实为'加重违反诚信原则'的表现。三项原则的理念相通,但在适用范围及要求方式上各不相同"[52]。

《欧洲示范民法典草案》在这方面更进了一步。在第一卷"一般规定"中,第 1-1:103 条关于"诚实信用与公平交易"的两款规定,从正题和反题两方面衡量之外,出现

㊼ 参见〔法〕雅克·盖斯旦、吉勒·古博:《法国民法总论》,陈鹏、张丽娟、石佳友、杨燕妮、谢汉琪译,谢汉琪审校,法律出版社 2004 年版,页 134。

㊽ ROUBIER,《意志在创设权利和义务中的作用》,载《法哲学家档案》(1957),p.1 及以下;《法律权利》,载《法哲学档案》(1960 年),p.65 及以下;《主观权利即法律情形》,载《法哲学家档案》(1963),p.47 及以下。转引自〔法〕雅克·盖斯旦、吉勒·古博:《法国民法总论》,陈鹏等译,法律出版社 2004 年版,页 706。

㊾ 〔法〕雅克·盖斯旦、吉勒·古博:《法国民法总论》,陈鹏、张丽娟、石佳友、杨燕妮、谢汉琪译,谢汉琪审校,法律出版社 2004 年版,页 706。

㊿ 方新军:《权利概念的历史》,载《法学研究》2007 年第 4 期。

[51] 参见陈卫佐译注:《德国民法典》(第 3 版),法律出版社 2010 年版,页 78 及其注释、304。

[52] 施启扬:《民法总则》(增订 10 版),台湾三民书局 2001 年版,页 379。

了融合即带有合题性质的规范。第1款规定:"'诚实信用与公平交易',是一种行为准则。这一行为准则具有以下特征:诚实、公开并考虑到相关交易或法律关系的对方当事人的利益。"[53]这一规定,明确说明行使权利时要考虑相对方的利益。第2款指出:"特别是,一方当事人违背对方当事人已经对之产生合理信赖的在先陈述或行为,从而损害对方当事人利益的,即构成对诚实信用与公平交易原则的违反。"[54]这一规定,强调了法律关系当事人之间彼此的合理信赖利益。这两款规定中,相对方的利益、彼此信赖利益都直接表述在条文中,实则更多地从合题角度进行的规范。这样,通过一步步的剥离,权利滥用的取向及其适用范围逐渐清晰起来。一句话,权利的外部限制和内部限制,主观权利与客观法,两者相互作用,共同构建起禁止权利滥用的理论。意志的自主性通过权利行使找到内部界限,主观权利本身通过权利行使设定自身的外部界限。行使权利的行为就是这样影响并决定着禁止权利滥用原则;虽然权利的外部界限在不断地自我设定中,权利内部限制也仍然模糊,但是至少我们确定的是,存在着这样一个空间,需要我们去关注,让权利不被滥用。

其实,在法律影像学(legal iconology)中,自我与他者始终是法律现象研究的重点;两者的紧张关系,几乎主宰了规范法律学的研究。例如对于国家权力的规训技术,就构成了宪政理论的基础。只不过,因为公权力与私权利的对抗与博弈,让我们往往忽视了私权利本身也可能形成一种力量(私权力),对他者形成或构成某种伤害。禁止权利滥用原则就是基于这样一个辩证的思维得到确立的:正题是权利的正当行使,反题是权利不得滥用,相互对立的正题和反题在合题中得到了统一,按照否定之否定的发展规律,共同维系着法律或权利所维系的那份正义。

三、禁止知识产权滥用:从抗辩事由到一般原则

禁止权利滥用原则与民法上的诚实信用原则相对应地发展而来,正反而合,其依附于大陆法系传统私法理论,发展路径也符合近现代社会的转换。特别是,它配合了20世纪以来社会化运动的兴起。不过,这一原则在知识产权领域中的适用,则又契合了美国判例法上发展的一套规则。特别是,这其中经历了由较为被动的抗辩事由向具有主动性的诉因之转化,我们亦可套用称之为具有一般意义的"禁止知识产权滥用原则"。当然,在具体的司法适用中,法官们较少直接以"知识产权"为抽象名词进行司法适用,往往会具体提及"专利权滥用"(或称"专利滥用")、"著作权滥用"(或称"版权滥用")、"商标权滥用"(或称"商标滥用")或"技术秘密滥用"等用语。

---

[53] 欧洲民法典研究组、欧盟现行私法研究组:《欧洲示范民法典草案:欧洲私法的原则、定义和示范规则》,高圣平译,中国人民大学出版社2012年版,页149。

[54] 同上。

(一) 抗辩事由

衡平法上有一种"不洁之手"(Unclean Hand)理论,即对于实施不公平或不正当行为的当事人,法官不给予禁令或损害赔偿等救济。[55] 也正因如此,知识产权滥用理论最初是基于诉讼中的"不洁之手"理论在知识产权领域中的某种延伸,它只是被告据此答辩的一种抗辩事由。当然,专利滥用抗辩规则的形成,源自一系列的案例。1917 年 *Motion Picture Patents Co. v. Universal Film Manufacturing Co.* 一案[56]被视为专利权滥用抗辩规则之始作俑者,美国联邦最高法院没有对原告给予救济,只是因为原告在销售其具有专利技术的电影放映机时,要求购买者同时购买该放映机放映的电影拷贝这一非法搭售行为。在 1933 年 *Keystone Driller Co. v. General Excavator Co.* 一案中,联邦最高法院指出,必须维系衡平法上"不洁之手"这一基础性原则。[57]

在判决书中首次使用"misuse"[58](滥用)一词的,是 1942 年 *Morton Salt Co. v. G. S. Suppiger Co.* 一案。[59] Morton Salt 案中,涉案专利技术涉及 G. S. Suppiger 公司生产的一种其拥有专利权的盐片沉淀机器。专利权人并非销售其拥有专利技术的机器,而是附条件地出租其机器设备,但却要求租赁经营者只能从权利人那里购买其机器所使用的沉淀罐装食品的盐片剂。一审被告 Morton Salt 公司以低价方式向专利权人(即一审原告 G. S. Suppiger 公司)的客户(承租人)销售盐片剂,被指帮助或辅助租赁经营者侵权,从而引发纠纷。事实上,原告和被告均生产盐片沉淀机器及其盐片剂。自然,这种盐片剂并非专利产品,也显然不是其拥有专利技术的机器之不可分割的一部分。一审法院据此认为,G. S. Suppiger 公司的行为是一种非法搭售行为,抑制了非专利产品盐片剂的市场竞争,属于专利滥用行为,因此驳回了其诉讼请求。尽管联邦第七巡回上诉法院推翻了一审法院的判决,但联邦最高法院还是支持了一审法院,认为 G. S. Suppiger 公司利用其专利权进行搭售,试图在非专利授权领域的盐片剂市场获得更大的利益,即意在将其专利权保护的范围扩大至相关的非专利产品上,这一做法既不符合专利法意在促进科技进步的公共政策,也违背了反垄断法所要维护的竞争市场之自由精神。美国最高法院指出:授予发明人特权,符合促进科学技术发展的公共政策;而公共政策从授予的特权中排除了发明所未包含的部分,它同样禁止利用专利获取专利

---

[55] 闫文军:《美国专利滥用原则评价》,载国家知识产权局条法司编:《专利法研究(2005)》,知识产权出版社 2006 年版,页 445。

[56] See 243 U. S. 502(1917).

[57] See 290 U. S. 240, 244(1933).

[58] 从英文原意来看,"misuse"应该翻译为"误用",而"滥用"一词所对应的英文应是"abuse"。不过,从司法判例及中文含义之表达来说,"滥用"外延更广,包括了"误用"的情形。因此,汉语学界多用"滥用"一词。

[59] See 314 U. S. 488(1942).

局没有授予的专有权或是有限的垄断权。(60) 法院最终确认,将享有专利权与不享有专利权的部分搭售,构成权利滥用。

总的来说,美国法受到了英国法的影响,对专利权人的搭售行为依据衡平法的"不洁之手"理论作为专利侵权的抗辩,由此创立了美国专利法中特殊的专利滥用抗辩规则,并进一步扩展至版权、商标等领域。(61) 随着案例积累、实务与学理的发展,美国法院对知识产权滥用的理解达到新的高度,这尤其体现为 1990 年 *Lasercomb America, Inc. v. Reynolds* 一案。(62) 在 Lasercomb 案中,法院第一次将权利滥用原则适用于版权领域。原告和被告是彼此竞争与合作的关系。原告在许可被告使用其软件时,要求被告在 100 年之内不得以此为基础进行后续开发,设计竞争性产品。审理该案的第四巡回法院并未认定被告破解原告技术措施并制作侵权软件复制件的行为构成侵权,而是认可了被告提出的版权滥用抗辩,因为原告版权人"试图通过其行使版权的行为在权利保护范围之外限制竞争"。(63) 法院还特别指出,虽然"基于禁止版权滥用原则提出的抗辩充满了不确定性",但是,"禁止版权滥用原则天然地存在于版权法中,正如禁止专利权滥用原则天然地存在于专利法中那样"(64)。而判断是否构成版权滥用的标准是,"权利行使方式是否与授予版权的公共政策考量相违背"(65)。在 Lasercomb 案中,法院认为,"其中的问题并不在于是否以不符合反垄断法的方式来行使其版权,而是在于是否以违反了版权许可内所蕴含的公共政策的方式来行使其版权"(66)。因此有人评析说,法院在这里是"带着批判的眼光,强调了禁止权利滥用原则的衡平法基础,而非反垄断法基础"(67)。因为版权法最终服务于扩大人类知识储量的目的,而该案版权人的行为在非常长的时间(100 年)之内限制竞争性产品的开发,不可避免地抑制了他人的创新,故而构成权利滥用。与此同时,在授权许可案例中呈现了这样一种趋势:如果知识产权人并未阻止被许可人使用或独立开发竞争性产品,那么法院一般会认为权利滥用抗辩不成立。(68) 这一阶段的判例中,法院在判定某一行为是否构成知识产权滥用时,一方

(60) See 314 U. S. 488, 492 (1942).

(61) ABA Section of Antitrust Law, Intellectual Property Misuse: Licensing and Litigation, p. 14(2000).

(62) See 911 F. 2d 970 (4th Cir. 1990).

(63) Ibid.

(64) 911 F. 2d 970, 972—973(4th Cir. 1990).

(65) 911 F. 2d 970, 978(4th Cir. 1990).

(66) Ibid.

(67) William E. Ridgway, "Revitalizing the Doctrine of Trademark Misuse", 21 Berkeley Tech. L. J. 1547, 1552 (Fall 2006).

(68) See e. g., Triad Systems Corp. v. Southeastern Express Co., 64F. 3d 1330, 1337(9th Cir. 1995); Service & Training, Inc. v. Data General Corp., 93 F. 2d 680, 690(4th Cir. 1992); Supermarket of Homes, Inc. v. San Fernando Valley Board of Realtors, 78 F. 2d 1400, 1408(9th Cir. 1986); Microsoft Corp. v. BEC, 818 F. Supp. pp. 1316—1317.

面关注权利行使是否超出权利的边界,另一方面重点关注知识产权立法之根本目的,以权衡权利行使的方式及行为对他人或社会所产生的影响。

可见,禁止知识产权滥用原则从衡平法上"不洁之手"理论之抗辩规则发展而来[69],它禁止权利人以其享有的知识产权为手段来获取知识产权法未赋予的其他排他性权利。[70]通过司法判例确立起来的权利滥用抗辩规则,一定程度上影响到了美国联邦立法政策。1952年,美国国会大幅度地修改了《专利法》,该法第271条d款规定了三种不属于专利滥用的情形。经过1988年的修改,又增加了两种情形。这样,美国现行《专利法》第271条d款排除了五种可能被司法上视为专利滥用的情形,这在一定程度上限制了权利滥用抗辩规则的适用范围。现行美国《专利法》第27条d款规定,专利权所有人有权因专利侵权或共同侵权获得救济,而不能因其有下列一种或一种以上的行为被剥夺获得救济的权利,或者被认为滥用或不法扩大其专利权:(1)专利所有人从若非经过其同意即构成对专利权帮助侵权的行为中得到收入;(2)专利所有人授权他人实施若非经过其同意即构成对专利权帮助侵权的行为;(3)专利所有人针对企图侵害其专利权的行为或帮助侵权行为强制实施其权利;(4)专利所有人拒绝授权或利用专利权;或(5)专利所有人以获得另一项专利或购买额外的产品作为专利授权许可或许可销售专利的前提,除非从具体情况来判断,专利所有人在作为授权许可或授权销售前提的相关专利市场或专利产品市场具有市场影响力。[71]

(二)从诉因到一般原则

美国联邦立法政策上的改变,虽然缩小了以专利滥用作为抗辩事由的适用空间,但却通过成文立法逐渐确立起来了一套具体规则,为其发展成为一项基本原则奠定了基础。在1952年修订《专利法》之后,1975年美国司法部颁布了"九不规则"(The Nine No-Nos),确立了九种"本质滥用行为"(Per Se Patent Misuse);符合其中之一者,即构成专利滥用。这种做法,套用了美国反垄断法上的行为"本身违法原则"[72],将其适用于相关专利技术许可或专利产品交易之中。这些行为涉及专利许可及专利产品交易市场,为本身违法原则在专利领域适用,即判断是否构成专利滥用行为(即本质滥用行为),提供了反垄断法上的依据。这九种行为包括:(1)在许可协议中,将购买非专利

---

[69] See Microsoft Co. v. Computer Support Services of Carolina, Inc. and Don Perera, 123 F. Supp. 2d 945, 955(2000).

[70] See 911 F. 2d 970, 977—979 (4th Cir. 1990).

[71] 《美国专利法》,易继明译,知识产权出版社2013年版,页94。

[72] 美国反垄断法上的两项基本原则即为"本身违法原则"和"合理原则"。关于本身违法原则的介绍,参见文学国:《滥用与规制:反垄断法对企业滥用市场优势地位行为之规制》,法律出版社2003年版,页70—78。

产品作为许可条件,即搭售;(2)在许可协议中,附加回授条款[73];(3)限制购买者转售专利产品;(4)限制被许可人在专利范围之外的自由经营;(5)专利权人与被许可人订立不再授权予第三方的协议;(6)强制性的一揽子许可;(7)没有合理理由,将许可使用费用与被许可人的销售额绑定;(8)限制被许可人对以专利方法制造的产品的使用;(9)限定专利产品的最低转售价格。从专利政策上讲,这些规定以专利权作为垄断性权利,对其权利行使加大了限制力度,专利滥用理论的适用范围又扩大了。美国司法部和联邦贸易委员会1995年4月6日联合发布《知识产权许可的反垄断指南》(*Antitrust Guidelines for the Licensing of Intellectual Property*)则强调了这样一种观点:一个行为即使没有违反反垄断法,即没有达到垄断行为所要规制的水平,但仍可能构成专利滥用。在Morton Salt案中,美国最高法院对此持同样的见解:知识产权滥用判断独立于反垄断法上的判断,即便知识产权人的行为不违反反垄断法的规定,也可能构成权利滥用。[74]这种观点说明,构成专利滥用的行为并不一定要达到反垄断法所规制的标准,专利政策是一项独立于反垄断的公共政策。[75]而另一方面,美国反垄断法也成为规制知识产权滥用行为(限制竞争行为)的另外一个重要的手段,甚至逐渐影响到了侵权抗辩中对知识产权滥用行为的界定,导致知识产权滥用的抗辩和反垄断法对于知识产权滥用行为的界定逐渐趋向一致。[76]

Morton Salt案之所以成为经典案例,除了它第一次使用"misuse"一词,体现了专利法与反垄断法两种取向的价值融合之外,还因为它"允许完全未受过错行为影响的一方当事人以不公平作为衡平抗辩,是极不寻常的"。[77]该案中,最高法院明确指出:"无论本案中特定的被告是否因权利滥用行为而受到损害,原告都会因胜诉而给公共利益带来的不利影响以及其行为方式的不正当性,而丧失继续诉讼的资格。"[78]这一点,一定程度上突破了大陆法系侵权理论中对于实际损害后果的强调,这与美国侵权法较为开放的侵权行为理论相适应。例如美国法上承认知识产权间接侵权,一审原告G. S. Suppiger公司诉一审被告Morton Salt公司,就是基于其销售盐片剂的行为是对其提出所谓的"间接侵权"。有了这种开放的理论背景,权利滥用很快就由一种单纯的较为被

---

[73] 一般来说,回授分独占性回授、排他性回授和开放性回授三种。开放性回授不会引起反竞争问题,而独占性回授和排他性回授是一种新技术的分配方案,属于强制性回授条款,也是妨碍技术进步的条款。参见吴玉岭、张长琦:《专利滥用的反垄断规制——美国经营与中国借鉴》,载《南京工业大学学报(社会科学版)》2010年第4期。

[74] See 314 U. S. 488, 494(1942).

[75] 参见王先林:《知识产权与反垄断:知识产权滥用的反垄断问题研究》(修订版),法律出版社2008年版,页127—128。

[76] Jay Dratler, Licensing of Intellectual Property, volume 1, 5—127, Law Journal Press, 2005.

[77] 〔美〕Martin J. Adelman, Randall R. Rader, Gordon P. Klancnik:《美国专利法》,郑胜利、刘江彬主持翻译,知识产权出版社2011年版,页209。

[78] See 314 U. S. 488, 494(1942).

动的抗辩事由,发展成为一种诉因。因为这其中,诉讼当事人享有相应的法益,由此也就具备了适格的诉讼主体资格。

例如,在企业知识产权策略中,某些知识产权权利人发出对方侵权或涉嫌侵权的警告函之后,并不积极与被警告人解决所谓的"侵权纠纷",其意在打压或排挤竞争对手,给第三人或市场造成竞争对手可能存在侵权的假象,以实现自己的商业利益(包括、但不限于垄断市场)。这种情形,可以说是一种"商业骚扰"行为。美国法上有一种宣告式判决制度,给予被警告人一种主动的权利,即提起确认不侵权之诉。1934 年美国《联邦宣告式判决法》(*Federal Declaratory Judgment Act* of 1934)已纳入《美国法典》第 28 章,是被控侵权人提出确认不侵权之诉、消除权利人滥用权利所带来的不利益的主要法律依据。在知识产权领域、尤其是在专利领域,被控侵权人得以援引该法第 2201 条及第 2202 条的规定,主动提起请求法院确认其行为不构成专利侵权的诉讼。[79] 确认不侵权之诉与大陆法上的确认之诉一样,或者说是确认之诉的一种形态,在禁止知识产权滥用行为中十分重要。美国联邦巡回法院在一份判决中指出,《联邦宣告式判决法》颁布之前,专利权人可以肆意挥舞专利侵权诉讼的大棒,威胁竞争对手,使对方处于不确定和不安全的气氛之中,从而迫使对方屈从于自己的利益。该法颁布之后,竞争者不再坐以待毙,他可以提起确认不侵权之诉,确认其行为或者即将作出的行为是否构成侵权,从而清除这种不确定的法律风险。[80]

中国属大陆法系,专利法上的"确认不侵权之诉"的发展也有自身特点。1984 年《专利法》第 62 条[81]对于"非故意"的使用或销售侵权产品的行为不视为侵犯专利权,导致专利权人为防止被告人以此抗辩,通常会向被告发出停止侵权的警告。由此过犹不及者,警告信、律师函等大量出现,随后成为专利权人滥用权利、打击竞争对手或垄断市场之手段。那么,此时的被告人是否具有诉讼之法益呢?司法实践中,最高人民法院曾讨论以此确立"确认不侵权诉讼"的问题。2008 年《民事案由规定》将"确认不侵犯专利权纠纷""确认不侵犯注册商标专用权纠纷"及"确认不侵犯著作权纠纷"三种纠纷作为确认不侵权纠纷,列为第 152 个案由。此类纠纷,就是指利益受到特定知识产权影响的行为人,以该知识产权权利人为被告提起的,请求确认其行为不侵犯该知识产权的诉讼。最终,最高人民法院 2010 年 1 月 1 日施行的《关于审理侵犯专利权纠纷案件应用法律若干问题的解释》(以下简称《审理专利权纠纷案件解释》)第 18 条规定:"权利人向他人发出侵犯专利权的警告,被警告人或者利害关系人经书面催告权

---

[79] 参见张广良:《确认不侵权之诉及其完善》,载《人民司法》2008 年第 11 期。

[80] See Arrowhead Industrial Water, Inc. v. Ecolochem, Inc., 846 F. 2d, 731, 736, 6 U. S. P. Q. 2d (BNA)1685, (Fed. Cir.1988).

[81] 1984 年《专利法》是中国第一部专利法,第 6 届全国人大常委会第 4 次会议通过,次年 4 月 1 日施行。该法第 62 条第 2 项规定,使用或者销售不知道是未经专利权人许可而制造并售出的专利产品的,不视为侵犯专利权的行为。

利人行使诉权,自权利人收到该书面催告之日起1个月内或者自书面催告发出之日起2个月内,权利人不撤回警告也不提起诉讼,被警告人或者利害关系人向人民法院提起请求确认其行为不侵犯专利权的诉讼的,人民法院应当受理。"[82]这一规定不仅确认被告之法益,而且明确了具体行使诉权之规则,有针对性地制约了此种专利滥用行为,平衡了权利人与其相对人之间的利益。

事实上,从知识产权国际条约产生之日起,针对知识产权滥用的规范就受到关注。《保护工业产权巴黎公约》第5条A(2)规定:"本联盟各成员国都有权采取立法措施规定颁发强制许可证,以防止由于行使专利所赋予的独占权而可能产生的滥用,例如不实施专利权。"这一条款,主要是指各成员国可以针对专利权的滥用行为,通过立法的形式采取强制许可的方式加以规制。由于《巴黎公约》在国际知识产权立法上的重要影响,后来的有关条约中基本上都有针对专利权滥用的规制措施进行相应的授权性规定。不过,这一规定是要求各国将此规制内化为其本国制度的一部分。

TRIPS协定第一部分"总则和基本原则"中,第8条是关于防止知识产权作为一种专有权被滥用的原则性规定。[83]该条第2款明确授权各成员国:"只要与本协定的规定相一致,可能需要采取适当措施以防止知识产权持有人滥用知识产权或采取不合理地限制贸易或对国际技术转让造成不利影响的做法。"[84]TRIPS协定第二部分"关于知识产权效力、范围和使用的标准"之第8节,题为"对协议许可中限制竞争行为的控制",只有一个条文即第40条。"制定这一条的目的是防止知识产权权利人在缔结合同的谈判中滥用自己的专有权。"[85]该条第2款规定:"本协定的任何规定均不得阻止各成员在其立法中明确规定在特定情况下可构成对知识产权的滥用并对相关市场中的竞争产生不利影响的许可活动或条件。如以上所规定的,一成员在与本协定其他规定相一致的条件下,可以按照该成员的有关法律法规,采取适当的措施以防止或控制此类活动,包括诸如排他性返授条件、阻止对许可效力提出质疑的条件和强制性一揽子许可等。"[86]从以上国际条约的具体条款中我们发现,国际知识产权共同规则实际上都宣示了禁止知识产权滥用的原则,并明确规定、且允许各成员在其国内立法中采取适当

---

[82] 《最高人民法院关于审理侵犯专利权纠纷案件应用法律若干问题的解释》(法释〔2009〕21号),资料来源:http://www.court.gov.cn/qwfb/sfjs/201001/t20100129_759.htm;更新时间:2010-01-29 15:06:00;访问时间:2013年4月18日。

[83] Thomas Cottier, The Prospects for Intellectual Property in GATT, 28 Common Market Law Review 383 (1991).

[84] 石广生主编:《中国加入世界贸易组织知识读本(二):乌拉圭回合多边贸易谈判结果:法律文本》,人民出版社2002年版,页388。

[85] 郭寿康、万勇:《中国外贸法限制知识产权滥用措施制度研究》,载《法学家》2005年第5期。

[86] 石广生主编:《中国加入世界贸易组织知识读本(二):乌拉圭回合多边贸易谈判结果:法律文本》,人民出版社2002年版,页405。

措施来控制知识产权行滥用行为。

（三）小结

总之,在美国法上,禁止知识产权滥用原则的轮廓已在司法实践中逐步明晰化,已经从一种被动的抗辩事由,转化为一种诉因,形成了一般性理论。事实上,大陆法系中,自抗辩权理论滥觞于罗马法,即从反题的角度平衡着市民权利。"罗马法上的抗辩（exceptio）乃是市民法的调节工具,当权利的发生或行使在客观上有违诚实守信原则时,目的在于张扬法律规范的本旨。"[87]而国际知识产权共同规则从形成之初开始,就意识到权利人可能会不正当地行使自己的垄断性权利,即着意规制那些形式上符合知识产权行使样态但却实质上违背知识产权制度设置目的的行为,通过平衡现在与将来可能的知识创造者的利益,维系知识产权制度的正常运转。因此,如李琛教授所说,"知识产权滥用是权利滥用的一种类型"[88];在知识产权领域,民法上的权利滥用原则亦同样适用。

四、知识产权滥用行为及其规制

目前,对知识产权滥用行为进行类型化研究还是一件艰难的事情。这不仅是因为它还是一个亟待深入研究的新领域,还在于从全球范围来看,国家、企业或个人层面都在大力推进以自身利益为本位的知识产权战略（或策略）,权利人或潜在的侵权人都在充分利用规则以谋求自身更大的利益,其行为和手段早已似脱缰之野马。[89] 同时,对知识产权规则的利用,并未局限于实体的民事权利;行政或诉讼规则、消费心理、市场因素等之运用,使得知识产权已经成为一种地地道道的政策工具。就"知识产权权利滥用"一语而言,虽然其与"知识产权制度滥用""知识产权规则滥用"等用语有着不同的含义——例如,利用专利横向协议布下一个"专利池"（或称"专利联营""专利联盟"等）,或者利用专利复议与诉讼制度而"滥用诉权"等,其滥用行为之重心在于知识产权的制度或诉讼规则的滥用,而不是实体权利本身;但实践中,我们又很难说利用市场行为的搭售是权利滥用,而利用申请制度或合同规则形成的专利池或专利联营就不是权利滥用。更何况,知识产权这一权利本身就是由法律制度或规则虚拟而成的一个构造物。因此,本文除限于篇幅不去讨论有关滥用诉权的问题之外,更多的是从较为宽泛的角度分析知识产权滥用问题。

（一）知识产权与反垄断法规制

有一种认识的表象,认为知识产权是一种垄断权,所以要适用反垄断法进行规制。

---

[87] 申海恩:《抗辩权理论研究——实体与程序之间》,中国社会科学院法学研究所博士后研究工作报告,合作导师孙宪忠研究员,2011年8月,页11。

[88] 李琛:《禁止知识产权滥用的若干基本问题研究》,载《电子知识产权》2007年第12期。

[89] 各主要国家知识产权战略的介绍,参见张志成:《知识产权战略研究》,科学出版社2010年版,页44以下。

其实,任何具有绝对性的权利如物权,都是一种垄断权。法律所要禁止者,并非这一财产性权利具有垄断特征,而是因为这一“垄断力”在相应的市场上具有了一定的支配地位,而且权利人行使权利时滥用了这一支配地位;知识产权不会必然导致权利人拥有市场支配力量,其本身也并不必然构成反垄断法意义上的垄断力。如前所述,从 1942 年 Morton Salt 案到 1990 年 Lasercomb 案,美国法院以权利滥用作为抗辩事由,对比专利与版权之公共政策,认为二者均为其法律规范目的之内在要求。(90) 权利之正当行使或滥用,犹如正题与反题中的两个方面,主要是看行为是否违反了法律之规范目的(合题之所在)。至于这种滥用行为是否就一定构成反垄断法上的行为,则是一种或然性的判断。不过,因为知识产权权利人滥用行为往往是扩大并超出法益所覆盖的范围,导致限制竞争,违反反垄断法,由此导致法院从反垄断法角度进行规制,这也是情理之中的事情。正是在这个意义上,张伟君博士针对我国《反垄断法》提出“滥用知识产权”概念,他认为,“我们并不需要在《反垄断法》中引入一个‘滥用知识产权’的概念,也无须在法律中去界定这个概念。利用《反垄断法》来规制滥用知识产权行为,并不需要事先认定存在某个滥用知识产权的行为”(91)。他认为按照《反垄断法》第 55 条的文字逻辑,知识产权人滥用其权利造成了对市场竞争的排除和限制的行为在先存在,在违反了《反垄断法》的情况下可以直接适用《反垄断法》对其进行规制。如果先界定概念,那么在法理和逻辑上都会存在问题,并且颠倒了知识产权滥用与反垄断之间的因果关系。(92) 与此相对立的两种截然相反的观点:一是直接提出“知识产权垄断”的概念(93);一是指出知识产权垄断是一个伪命题(94)。诚然,禁止知识产权滥用原则之适用,将其中构成反垄断法意义上的知识产权滥用行为以反垄断规制,无论在历史逻辑上还是在司法实践中,都不会产生这样的困惑。

从本质上讲,知识产权是一种对智慧财产(或知识产品(95))的所有权,具有绝对权性质。不实施或拒绝许可专利,是从绝对权角度控制权利。强制许可制度一定程度上限制了这一私权的绝对性。按照所有权具有占有、使用、收益和处分四项权能的说法,在权利人自己占有和使用之际,他人只需要尊重权利人的权利,不加以侵害即可;恰好

(90) See Lasercomb America, INC. v. Job Reynolds, 911 F. 2d 970, 973, 976 (1990).

(91) 张伟君:《滥用知识产权在中国〈反垄断法〉中的含义——对欧盟在 TRIPS 理事会提出的质疑的回答》,载《世界贸易组织动态与研究》2008 年第 3 期。

(92) 参见张伟君:《滥用知识产权在中国〈反垄断法〉中的含义——对欧盟在 TRIPS 理事会提出的质疑的回答》,载《世界贸易组织动态与研究》2008 年第 3 期。

(93) 参见吕明瑜:《知识产权垄断呼唤反垄断法制度创新》,载《中国法学》2009 年第 4 期。

(94) 参见董灵:《知识产权垄断是一个伪命题》,载《国际商报》2007 年 4 月 27 日,第 5 版。

(95) 我国台湾地区以“智慧财产”指称“智慧财产权”之对象。大陆地区知识产权对象以“知识产品”指称,最早由吴汉东教授提出。后来,有些学者支持这一观点。参见吴汉东:《无形财产的若干理论问题》,载《法学研究》1997 年第 4 期;又参见易继明:《评知识产权劳动学说》,载《法学研究》2000 年第 3 期。

是在权利许可他人利用，他人对这一知识产权进行占有和使用之际，权利才会出现相对性的情形。这出现了吴汉东教授所说的知识产权利用的两种类型：法定使用和约定使用。(96) 许可他人使用是基于合同的“约定使用”，许可人和被许可人之间形成了债的关系。这种债之关系相对性，也构成了相对封闭性的法律关系：一方面，合同双方当事人之间相对封闭，可以形成排斥第三方的利益同盟；另一方面，强势一方的当事人可以对弱势一方当事人施以不正当影响。专利所有权人之间的交叉许可所进行的横向协议（专利联营），以及专利所有权人在纵向协议中许可他人使用时的一些限制竞争（包括扩大保护范围至权利边界之外）的条款，就是利用了债之关系的相对性和封闭性，妨碍了市场机制的有效性和竞争性。

可见，权利人滥用权利的行为，建立在权利之绝对性基础上；同时，在权利行使过程中，往往借助权利运行制度或规则，利用法律关系之相对性具体施行。目前，知识产权滥用现象主要表现在：拒绝许可或不实施专利、采取过度的技术措施、专利联营、滥用市场优势地位的行为（如搭售）、延长保护期（如将专利期限延长至法定期限之外）、滥发警告函、滥用诉权等。大致而言，包括以下三类：一是以权利之绝对性为基础的拒绝许可、不实施或实施不充分的行为、过度的技术保护措施等；二是以权利之相对性为基础的排除或限制竞争的市场行为；三是以程序性权利为基础的规则滥用。至于知识产权滥用行为的具体界定及判断标准问题，关涉国际共同规则和一国国情，涉及实体与程序规则，更涉及各国及其不同时期的不同知识产权政策或反垄断政策。特别是在涉及市场行为的排除或限制竞争问题上，更是与一国反垄断规制密切相关，甚至不可避免地存在一种路径依赖。美国《专利法》第 211 条规定专利法与反垄断法的关系时说，有关专利的垄断性权利的规定，“也不能构成反托拉斯法诉讼中的抗辩事由”(97)。而美国司法实践中，其实也并不存在判断知识产权滥用的统一标准和规制方法。“联邦法院在实践中存在三种不同的做法：第一，纯粹从反托拉斯法的角度出发，只有违反反托拉斯法的行为才会构成滥用行为；第二，滥用和反托拉斯法没有关系，因为滥用抗辩本质上是衡平法上‘不洁之手’的抗辩；第三，折中的观点，即滥用抗辩和反托拉斯法有一定的联系，但是没有必然联系。”(98)这里选取实体法上的两类主要知识产权滥用行为，分析其行为构成及其规制。

（二）强制许可

如前所述，《巴黎公约》授权各成员国可以对于不实施专利权的行为进行规制；但美国《专利法》规定，专利所有人拒绝授权或不利用其专利权，这种行为并不会被认为

(96) 参见吴汉东：《知识产权基本问题研究（总论）》（第二版），中国人民大学出版社 2009 年版，页 49。

(97) 《美国专利法》，易继明译，知识产权出版社 2013 年版，页 85。

(98) 王先林：《知识产权滥用及其法律规制》，中国法制出版社 2008 年版，页 36。

是滥用或扩大其专利权的行为(第271条d款第4项)。美国法上对于拒绝许可或不实施专利的规定,反映了其本国的技术大国及其知识产权优势地位,也是知识产权强保护政策的一种体现。从知识产权产生的历史逻辑来看,美国人在此问题上的做法,一定程度上显示出了其强权逻辑和霸权思想。自英国诞生世界上第一部《专利法》开始,英国就以"滥用垄断权"来规制专利滥用。虽然此时"滥用垄断权"的术语并未出现在早期的专利法中,但英国专利制度中却一直存在着规制专利滥用的规则,比如颁发强制许可的命令。[99] 1919年英国修订《英国专利法》"强制许可和取消"一节,开始正式使用"滥用垄断权"以规制专利滥用;在英国,一般意义上讲的"滥用垄断权"就是指强制许可制度。[100] 事实上,从知识学的角度看,权利行使之正题和反题之间,英国法上禁止专利滥用与其建立专利制度的根本目的是一致的,因为专利垄断权构成滥用是基于这种滥用行为违背了公共利益。[101]

与技术大国美国不同,大部分发展中国家从权利限制角度设立了专利强制许可,也充分反映出在此问题上南北对立的立场。从发展中国家的角度观察,发达国家企业以其技术优势所形成的专利权如不能在本国国内实施,或仅以专利技术所形成的高价产品垄断市场,不仅于本国就业、经济及技术移转无益,更有可能妨碍其国内产业与公共利益(如公共卫生、公众健康等)。因此,发展中国家对于在本国内不实施之专利权要求以没入、撤销或设定强制实施权等手段,来保护本国之利益。21世纪以来公共卫生事件频发,如2003年SARS危机、2004年H5N1型禽流感病毒及安哥拉马尔堡出血热(Marburg)疫情、2007年刚果爆发埃博拉出血热(Ebola)、2008年巴西里约热内卢州登革热传染病和津巴布韦霍乱疫情以及2013年中国东部引发的H7N9禽流感病毒肆虐等,使得作为一种以财产性权利为主的知识产权与人的生命健康权产生了较大的冲突。正因如此,发展中国家也出现了不少有关医药品方面专利强制许可的案例。例

---

[99] 1883年《英国专利法》第22条规定:在下列情形下,可以作出颁发强制许可的命令:(1)该专利没有在联合王国实施;(2)公众对于该发明的合理需求没有得到满足;(3)任何人对于他所拥有的发明的实施或利用受到了阻碍。See Terrell, The law and Practice Relating to Letters Patent for Inventions(3th edition, by Thomas Terrell), 1895, London: Sweet & Maxwell, Limited, Law Publishers, p.181.

[100] See Terrell, The law and Practice Relating to Letters Patent for Inventions(3th edition, by Thomas Terrell), 1895, London: Sweet & Maxwell, Limited, Law Publishers, p.181.

[101] 有学者根据英国专利法上的这一规定,据此认为"知识产权滥用"这一术语是来自于英国专利法,而不是传统的大陆法系中的权利滥用原则。不过,本人认为,虽然从知识产权制度创制之初可以这么看待,但这种认识仍然过于狭隘:一是历史溯源,英国专利法此一思想并非没有大陆法系之罗马法或日耳曼法传统;二是知识学和逻辑学上的知识传统与制度设计,已充分解释了法律原则的认识论基础。相关学者的观点,参见张伟君:《规制知识产权滥用法律制度研究》,知识产权出版社2008年版,页58;又参见林秀芹:《TRIPS体制下的专利强制许可制度研究》,法律出版社2006年版,页39。

如,印度知识产权上诉委员会(IPAB)最近作出裁决,维持了首个药品强制许可。[102] 德国拜耳公司(Bayer AG)拥有专利的药品多吉美(Nexavar)用以治疗肾癌和肝癌,印度拿特科公司(NATCO)以便宜的价格生成多吉美仿制药品。同时,上诉委员会将拿特科公司应该支付给拜耳公司的许可费,从6%提高到了7%。[103] 事实上,《世界人权宣言》第25条宣称,"人人有权享受为维持他本人和家属的健康和福利所需的生活水准,包括食物、衣着、住房、医疗和必要的社会服务",[104] 而TRIPS协定也确立了各成员国在知识产权立法方面的公益原则:"在制定或修改其法律和法规时,各成员国可采用对保护公共健康和营养,促进对其社会经济和技术发展至关重要部门的公共利益所必需的措施,只要此类措施与本协定的规定相一致"。[105]

我国专利法上从一开始就针对发明专利和实用新型规定了强制许可制度,但目前尚未出现实施强制许可的案例。虽然强制许可并非常态,但对于我们这样一个技术相对落后、产业发展受制于人的大国来说,完全没有一例实践亦属非正常状态。本人观察,个中原委,外界压力(如中美知识产权谈判)是一方面;另一方面,也是因为知识产权制度初创之际,恐强制许可有碍知识产权规则与私权观念之培育,因而虽制度上留有空间,但实践中却未轻易动用,"持高度慎重立场"[106]而已。[107] 2003年SARS事件催生了具体的实施办法之出台。当年6月13日,国家知识产权局第31号局长令颁布了《专利实施强制许可办法》,并于同年7月15日起施行。与此同时,根据21世纪初世界贸易组织多哈部长级会议《关于TRIPS协议与公共健康的宣言》和世界贸易组织总理事会《关于实施TRIPS协议与公共健康的多哈宣言第6段的决议》以及《修订TRIPS协定议定书》建立的药品强制许可机制,发展中国家和最不发达国家能够在经济上负担起必需的基础药品(essential drugs),在一定程度上缓解了发达国家和发展中国家在公共健康危机问题上的矛盾。为此,2005年我国专门制定了《涉及公共健康问题的专

---

[102] See Vikas Bajaj & Andrew Pollack, "India Orders Bayer to License a Patented Drug", New York Times, Apr. 18(2013).

[103] 参见中国知识产权研究会编:《印度维持了首个强制许可》,载《知识产权竞争动态》2013年第5期。

[104] 此条第1款后半句是,"在遭到失业、疾病、残废、守寡、衰老或其他不能控制的情况下丧失谋生能力时,有权享受保障"。这一条,后来为《经济、社会、文化权利国际条约》第11条继承,并进一步得以阐释。参见〔瑞典〕格德门德尔·阿尔弗雷德松、〔挪威〕阿斯布佐恩·艾德:《〈世界人权宣言〉:努力实现的共同标准》,中国人权研究会组织翻译,四川人民出版社1999年版,页536—537。

[105] 石广生主编:《中国加入世界贸易组织知识读本(二):乌拉圭回合多边贸易谈判结果:法律文本》,人民出版社2002年版,页388。

[106] 尹新天:《中国专利法详解》,知识产权出版社2011年版,页494。

[107] 诚然,在中国经济社会发展中,也不排除以下两种因素消减了强制许可的制度功能:一是企业或个人的侵权行为;二是政府在公共利益方面的强大整合能力。对此,需要更加深入的实证研究。

利实施强制许可办法》。(108) 随着专利制度健全,新修订的《专利实施强制许可办法》2012年3月15日颁布,同年5月1日起施行。从药品强制许可机制建立之初到今天将逾十年,实际的案例依然是屈指可数。(109) 在中国,民间对乙肝、艾滋病等相关治疗药物申请强制许可的呼声不断。国内药企要想合法地强行仿制一种专利药物,一方面可以直接向国家知识产权局提出请求,另一方面也可以向药监局和卫生部提出申请,然后由卫生部以公共健康为由向国家知识产权局提出建议。(110) 有人认为,国内药企申请强制许可的积极性不高,主要是药品审批手续复杂,过程漫长。(111) 不过,我国首例专利强制许可案例,极有可能在医药领域率先获得突破。

(三) 规制反竞争行为

技术大国不仅在强制许可制度上趋于保守,而且源于自身的知识产权优势和发达市场,产生了大量的专利联营协议,形成了一个个的专利池。从企业的角度来看,这是巩固其市场地位,进一步扩大知识产权优势的一种横向联合。客观上讲,基于技术市场产生的"专利灌木丛"现象,导致产业发展越来越受制于很多分散的、独立的专利权,相关产业技术领域的企业采取专利联营方式整合了互补技术,降低了交易成本,排除了专利实施中的相互限制,避免了昂贵的诉讼和过高的司法成本,本身未尝不是一件促进知识产权市场交易之举。(112) 但是,这种横向协议是否存在排挤了其他竞争者,同时对于作为消费者的第三方存在收取不合理许可费的问题呢?张平教授分析认为,这种横向协议"具有限制竞争的天然嫌疑",具体表现在五个方面:一是搭售非必要专利;二是收取不合理的许可费;三是联合定价;四是限制竞争的回授条款;五是限制技术改进条款。(113) 事实上,我国《合同法》对此类技术合同已有规范。《合同法》第329条规定:"非法垄断技术、妨碍技术进步或者侵害他人技术成果的技术合同无效。"至于对于其中的专利联营是否达到"非法垄断技术""妨碍技术进步"(如限制技术改进条款)以及

(108) 《涉及公共健康问题的专利实施强制许可办法》(国家知识产权局局长令第37号),资料来源:http://www.sipo.gov.cn/zcfg/flfg/zl/bmgz/200804/t20080403_369120.html;更新时间:2007年3月29日;访问时间:2013年4月18日。

(109) 冯洁菡:《药品专利强制许可:〈多哈健康宣言〉之后的发展》,载《武汉大学学报(哲学社会科学版)》2008年第5期。

(110) 有趣的是,在国务院有关主管部门向国家知识产权局提出强制许可的问题上,2005年《涉及公共健康问题的专利实施强制许可办法》第5条之用语是"请求",但在2012年《专利实施强制许可办法》第6条中,则已改称为"建议"了。这反映出,在国务院部委之间存在一个协调机制的建设问题。

(111) 中国化学制药工业协会:《药品强制许可在中国无先例,有待测试》,资料来源:http://www.cpia.org.cn/contents/3/142281_3.html;更新时间:2012年3月27日;访问时间:2013年4月20日。

(112) 美国联邦贸易委员会诉英特尔公司(1999年)一案中,英特尔(Intel)公司专家证人卡尔·夏皮罗(Carl Shapiro)专门讨论了在"专利灌木丛"中Intel所面临的专利持有者的挟持。参见〔美〕J. E. 克伍卡、L. J. 怀特编著:《反托拉斯革命:经济学、竞争与政策》,林平、臧旭恒等译,林平校,经济科学出版社2007年版,页356—357。

(113) 参见张平:《专利联营之反垄断规制分析》,载《现代法学》2007年第3期。

"侵害他人技术成果"(如回授条款),则需要在实践中加以具体分析。

美国对于市场行为中的知识产权横向联营或纵向许可行为,一直持有较为开放的政策。当然,在认定是否构成知识产权滥用行为时,其反垄断政策也呈现一定的摇摆。如前所述,1975年美国司法部发布了相对严苛"九不准规则",并且在后续的适用中由规制专利滥用扩大至各种类型的知识产权。1988年美国参议院通过了《知识产权反垄断保护法案》。[114] 参议院认为,如果不以违反反垄断法为标准就可以判定构成知识产权滥用,那么将导致构成滥用的门槛太低,容易打击知识产权权利人的创新激情。因此法案提出,只有在权利人的行为违反反垄断法的前提下,才会构成滥用行为。[115] 针对参议院的提案,众议院则倾向于把专利滥用作为一个独立的衡平法原则加以发展,拒不同意参议院上述提案中对滥用原则作出如此巨大的改变。众议院也提出了自己相应的提案,列举了一般会被法院认定为滥用的限制性措施,并且保留了衡平法原则的特色,即保留了"合理原则"[116]的分析,以列举的滥用行为"不合理"作为某一限制措施被禁止的条件。[117] 在参众两院出现严重分歧的情形之下,1988年《专利滥用改革法案》最终作为一个妥协方案得以通过。这一法案对1952年《专利法》第271(d)条做了补充性的规定,即增加了前述之第4项和第5项[118],规定了一个反垄断法上合理原则的规则分析。这两项补充规定并未规定强制许可规则,而且对于诸如搭售之类的行为,也需要建立在其专利或专利产品"具有市场影响力"的基础之上。前者,既是一种知识产权强保护政策,也是美国个人主义价值观在专利政策上的体现;后者,一定程度上体现了其反垄断政策。从反垄断政策出发,要证明某一行为构成反垄断违法行为,除了要证明违法行为的成立之外,原告还必须证明被告具有一定的市场力量。例如《谢尔曼法》第2条意义上的非法垄断行为,必须是被告拥有"垄断力"即巨大的市场力量,并运用了这种力量。[119]《谢尔曼法》第1条和《克莱顿法》第3条所认定的搭售行为,也同样如此。[120] 在指控纵向限制违法或终止经销商(dealer termination)的案件中,多数法院也要求证明被告有一定的市场力量。[121]《克莱顿法》第7条的合并法[122],并非一般性地

---

[114] S. 438, 100th Cong., 2d Sess. (1988).

[115] Ibid., p. 201.

[116] 关于美国反垄断法上的合理原则介绍,参见文学国:《滥用与规制:反垄断法对企业滥用市场优势地位行为之规制》,法律出版社2003年版,页66—70。

[117] H. R. 4086, 100th Cong., 2d Sess. (1988).

[118] 参见《美国专利法》,易继明译,知识产权出版社2013年版,页94。

[119] 〔美〕赫伯特·霍温坎普:《联邦反托拉斯政策——竞争法律及其实践》(第3版),许光耀、江山、王晨译,法律出版社2009年版,页296。

[120] 参见〔美〕赫伯特·霍温坎普:《联邦反托拉斯政策——竞争法律及其实践》(第3版),许光耀、江山、王晨译,法律出版社2009年版,页436—447。

[121] 例如,Graphic Products Dist. Inc. v. ITEK Corp., 717 F. 2d 1560, 1570(11th Cir. 1983)。

[122] 15 U.S.C.A. §18.

要求证明合并任何一方表现出了市场力量。但合并之所以受到谴责,部分也是因为它有可能造成的市场力量。因此在合并案件中,必须对市场进行界定,并对市场结构和市场力量加以分析。诚然,在多数行为本身违法的案件如价格固定案件中,并不需要考察市场力量,但消费者原告要求损害赔偿时,一般必须能证明其价格是“过高”了——如果不是卡特尔成员共同运用了市场力量,则价格是不会过高的。由此可见,反垄断行为分析是以市场力量为起点进行的。但如前所述,1995年《知识产权许可的反垄断指南》调整了知识产权问题上的联邦反垄断政策。根据该指南,一个行为没有违反反垄断法的情况下,仍可以构成专利权的滥用:“专利权滥用的构成,专利持有人的行为不必完全达到违反反垄断法的水平。构成这种理念的观点认为,专利滥用是依据专利政策来判断的,而不是反垄断法政策。因此,如果一个行为没有完全构成违反《谢尔曼法》或《克莱顿法》时,该行为仍然可能会构成专利滥用”(123)。不过,不管怎样,美国现行法似乎对于知识产权滥用情形局限在较为狭窄的领域:“利用因专利而生的市场力量在未获得专利授权的领域抑制竞争,以及将专利期限延长至法定期限之外。”(124)

(四)二元分析框架

知识产权滥用行为所损害的法益涉及行为之相对人利益,同时也涉及公共利益。例如《俄罗斯民法典》第10条所指称的滥用行为:一是“致人损害为目的”的;一是“限制竞争的目的”的(第1款)。对此,其权利保护的请求应被驳回(第10条第2款)。这既是禁止权利滥用原则之价值目标所在——保护他人或公共利益,也是知识产权公共政策的二元价值论之体现。禁止权利滥用原则首先是从保护他人之法益入手,继而扩张至更广泛的公共利益。1855年法国“假烟囱案”是一种典型的“损人不利己”,直接体现了权利之“恶”之所在。在其后的德国、瑞士、日本及我国民国时期民法典中,均强调了“不得损害他人为目的”的价值取向,但这种衡量已不再讨论是否“利己”的问题;特别是随着社会化运动的兴起,已逐渐扩展至不得损害公共利益、公共道德及社会经济秩序。这一点,表达了私权性质的法律规范之基本特点,即挣脱封建桎梏之后以私权为本位,彰显并保护私权,再辅之以限制私权,确立禁止私权滥用原则,并在现代社会得以彰显。这既是知识学上的正反而合的思路,也是自然权利与公共政策的一种平衡;用一句通俗的话来说就是:“你有权这么干,但你却又不能这么干!”

这句话的后半句,就是权利行使之公共政策,也衡量是否构成知识产权滥用的一项政策标准。Lasercomb案中,确立了禁止权利滥用原则的两种分析进路:一是反垄断进路,这一进路锁定了违反竞争的行为;二是公共政策进路,这一进路针对知识产权的

(123) 张冬:《专利权滥用认定专论》,知识产权出版社2009年版,页13。

(124) 〔美〕Martin J. Adelman, Randall R. Rader, Gordon P. Klancnik:《美国专利法》,郑胜利、刘江彬主持翻译,知识产权出版社2011年版,页209。

"授予中体现的公共政策的侵犯"行为进行审查。⑫⑤ 但正如有人所指出的:"这种二分方式有些令人困惑;前一路径提及的因素似乎是后一路径需要考虑的因素之一。毕竟,反垄断政策本身无疑是对知识产权的授予中体现出的'公共政策'之一。"⑫⑥那么,执行"你却又不能这么干"这一公共政策的具体标准又是什么呢?按照二元价值论的标准,如某一行为对他人或公益无损害之虞,则权利人自当为所欲为也。这就是《俄罗斯民法典》第10条第3款所说的"推定权利之实现为善意和合理"。⑫⑦ 在二元价值论之外,本人认为对具体行为的分析,可以纳入"二元分析框架"。所谓"二元",就是指"行为"与"市场"两个分析对象;以此建立起一套具体的分析框架,即称之为"二元分析框架"。

对于"行为"的分析,并不必然与相关市场联系起来。实体权利行使中,典型的就是过度的技术保护措施、超出权利保护范围和保护期限的权利行使或主张等,例如超出专利之权利要求(包括独立权利要求及其从属权利要求)范围⑫⑧或延长专利保护期的行为。事实上,如果严格遵循知识产权法定主义,那么,知识产权不仅其权利的种类,而且某一具体权利类型的权利内容、行使方式及期限等,都应该是法定的。⑫⑨ 禁止任何人在知识产权的权利种类、内容、行使方式及期限等方面加以臆造——包括法官造法、当事人双方约定等。自然,也包含权利人在权利获得或行使过程中的反悔,固属于禁止反言原则所不允许。最高法院《审理专利权纠纷案件解释》第6条规定,"专利申请人、专利权人在专利授权或者无效宣告程序中,通过对权利要求、说明书的修改或者意见陈述而放弃的技术方案,权利人在侵犯专利权纠纷案件中又将其纳入专利权保护范围的,人民法院不予支持。"在版权领域通过技术措施保护自己的权利一般不会导致权利滥用。但是,如果所采取的技术措施过度,成为一种攻击他人或危及网络系统

---

(125) 911 F. 2d 970, 978 (4th Cir. 1990).

(126) William E. Ridgway, "Revitalizing the Doctrine of Trademark Misuse", 21 Berkeley Tech. L. J. 1547, 1564 (Fall 2006), n. 96.

(127) 《俄罗斯民法典》第10条在前述两款基础之上,规定在无相反证据证明的情况下,推定权利人行使权利的行为为善意和合理。这是在二元价值论基础上,强调私权本位的基本取向。法典之中译本,黄道秀译,北京大学出版社2007年版,页39。

(128) 专利要求的保护范围,既是一种撰写技巧,也是一门法解释学上的艺术。参见闫文军:《专利权的保护范围:权利要求解释和等同原则适用》,法律出版社2007年版,页21以下。

(129) 诚然,我们是否承认以及在何种程度上认可知识产权法定主义,本身存在着较多的争议。相关争论,可参见,郑胜利:《论知识产权法定主义》,载《民主与法制》2006年第3期;易继明:《评财产权劳动学说》,载《法学研究》2000年第3期;易继明:《论知识产权的观念:类型化及法律适用》,载《法学研究》2005年第3期;李杨:《知识产权法定主义及其适用——兼与梁慧星、易继明教授商榷》,载《法学研究》2006年第2期;李杨:《知识产权法定主义的缺陷及其克服——以侵权行为的限定性与非限定性为中心》,载《环球法律评论》2009年第2期;崔国斌:《知识产权法官造法批判》,载《中国法学》2006年第1期。

安全的手段，如前一段时间微软"黑屏事件"[130]，就属于权利滥用的行为。因为其行为已经超出了侵权行为与保护行为之间所具有的"对称性"，而行为对称性理论是法律行为及其规范的基础。[131] 程序性权利行使过程中，主要不依赖市场进行判断。《日本专利法》第104条之3规定，在专利权或独占实施权的侵权诉讼中，被专利认定无效的，则专利权人或专利实施权人不能向对方行使权利；但如果是恶意诉讼，"以不当拖延审理的目的"而提出的，则法院可以依申请或职权做出驳回的决定。[132]

对于市场的分析，可依次分以下四个步骤进行：第一步，对于相关市场加以界定，即包括行为及其主体所涉及的市场，包括技术市场（含知识产权交易市场）和相关技术（含知识产权）所涉及的产品市场之界定；第二步，分析主体在相关市场的地位，即主体是否在相关市场形成了优势地位乃至支配地位；第三步，市场优势或支配地位的形成或运用是否依赖相关知识产权的所有权及其权利行使；第四步，分析所依赖的知识产权是否具有非常强的创新能力及更新速度。在第一步对相关市场加以界定之后，如果经过后面的三个步骤的分析，得出的答案都是一种肯定性的结果，那么，即便出现了知识产权权利滥用的情形，只要其行为本身不违法，都是市场应该接受的，因为它符合知识产权促进技术进步及人类共同福祉的要旨。在美国联邦贸易委员会诉英特尔（Intel）公司一案中，英特尔公司的一项重要辩护理由就是：Intel微处理器的价格不断降低和功能不断提高是显而易见的。其微处理器大约每18个月提高1倍的摩尔定律已适用了近20年，消费者能够从中连续性地享受到性能不断提高而价格却不断下降的产品，英特尔公司不断推出芯片，始终是一个自我扬弃者，而不是一个反竞争的垄断者。[133]

事实上，市场分析中的每一个步骤，都十分复杂。第一步即相关市场的界定是前提；第二、第三步的具体分析是关键；第四步则是一种权利滥用的例外。第二步和第三步都必须是肯定性结论，才有可能构成权利滥用。例如，同样的是横向联营协议，如果

---

[130] 2008年10月21日起，微软在中国正式启动Windows XP和Office的正版验证行动，具体为推出两个重要更新——Windows正版增值计划通知（简称WGA）和Office正版增值计划通知（简称OGA）。根据WGA，用户使用的XP操作系统若未通过正版验证，电脑桌面将会变为纯黑色，即"黑屏"；黑色桌面背景不会导致计算机功能受影响或关机，用户可以重设背景，60分钟后电脑桌面背景仍会变为纯黑色。同属验证行动的OGA，是指Office用户若未通过正版验证，验证失败后第1—14天内，将有弹出式对话框提醒客户所运行的软件不是正版，并在屏幕右下键显示一个永久通知；15天后若用户为采取措施，盗版Office软件将被添加永久视觉标记。此事件被称为"微软黑屏"事件。微软方面表示，此举旨在帮助用户甄别他们电脑中安装的微软Windows操作系统和Office应用软件是否获得授权的正版软件，保护微软正版用户的合法权益与享受的特别待遇。该事件在中国引起了社会各界的极大关注，包括用户对计算机安全、对隐私的担忧；同时，诸多学者从反垄断法、物权法等角度对此提出质疑。

[131] 这里，本人无意再去进一步阐释这种理论。刑法上的正当防卫及防卫过当问题，其内在机理即在于此——即行为的对称性。

[132] 参见《日本专利法》，杜颖译，易继明校，经济科学出版社2009年版，页37。

[133] 参见〔美〕J. E. 克伍卡、L. J. 怀特编著：《反托拉斯革命：经济学、竞争与政策》，林平、臧旭恒等译，林平校，经济科学出版社2007年版，页363。

其联营所占市场份额不超过20%,那它就谈不上形成市场优势地位,甚或是某一创新行为在强大的市场或传统技术之下的相互拥抱取暖的行为;但如果其所占是否份额超过50%,甚至达到80%,那么其在这种市场优势或支配地位之下,权利滥用的可能性就有可能存在,因此就必须进入下一步(第三步)的分析。在第三步分析是否以知识产权作为建立或滥用市场支配地位的工具时,即便是否定性结论不会导致知识产权滥用,那也有可能构成反垄断法所要规制的一般行为。

进入第三步骤,行为与市场的二元分析开始交集,并形成一定的对应关系。此时,知识产权之权利行使,更多的是要纳入市场环境下对一种市场行为的分析。比如,同样是超出专利权利保护范围或期限,在某一市场环境下可能被认为是一种搭售行为,而在另外的情形之下则有可能构成一种商业欺诈。经济学家阿玛蒂亚·森说过:"市场所起的作用下不仅取决于市场能做什么,而且取决于市场被允许做什么。市场的顺利运行可以为许许多多人们的利益服务,但这种运行也可能伤害一些集团的既得利益。如果后一种人在政治上更有力量和影响,则他们会努力使市场在经济中得不到适当的空间。如果垄断性生产单位——由于排除国内或国外的竞争——尽管有效率低下和种种其他缺陷还是盛行起来了,那么这可以成为特别严重的问题。"[19]这一论述针对的不仅是传统经济样态下的市场行为,对于以创新和知识产权为主导的新型经济而言,亦同样适用。技术进步是新经济增长的内生因素,也会制造或形成一些既得利益集团。如果既得利益集团借助技术进步所获得的权利来阻碍新的技术进步,或者妨碍竞争秩序,那么垄断性单位所产生的老问题又有可能重新出现。因此,在知识产权人行使权利的行为与市场形成交集,建立起一定对应关系的时候,其分析框架就不仅仅是分析行为本身的合法性,更是分析相关市场之下的行为之妥当性。对行为本身的合法性分析和行为在一定市场环境下的妥当性分析,成为分析知识产权滥用行为的两条基本分析路径。这样,分析权利行使之行为是否构成知识产权滥用,可以采取两项基本的判断标准:一是行为本身的违法性;二是行为在相关市场上缺乏妥当性。

客观地讲,对于正在形成的知识社会来说,技术是中立的。但是,一方面技术会形成自身的某种理性,技术理性在一定程度上会裹挟我们的行为,需要加以矫正[20];另一方面,一旦赋予技术的创造者以某种权利,将其纳入社会关系的规范之中,它就体现了人与人之间的传统社会关系。因此,随着知识社会的来临,对于权利及其行使问题,我们更应该在正题与反题之间寻求合题,通过法律规则与原则去实现探求法律规范的本旨。

---

[19] 〔印度〕阿马蒂亚·森:《以自由看待发展》,任赜、于真译,刘民权、刘柳校,中国人民大学出版社2002年版,页118—119。

[20] 参见易继明:《技术理性、社会发展与个人自由——兼论国家产业技术政策中的法理学问题》,载《清华科技法律与政策论丛》(台湾)第1卷第1期,台湾清华大学科技法律研究所2004年版,页107—164。

五、结语

2008年《国家知识产权战略纲要》提出既要加强知识产权保护,也要防止知识产权滥用,并列为战略实施之重点。[136]"专利制度不仅要充分维护专利权人的合法利益,也要充分顾及社会和公众的合法利益,需要在两者之间实现一种合理的平衡。"[137]这两者之平衡,也是知识产权制度设计的基本价值取向。事实上,在知识产权"法定权利"之上,以制度或规则为基础形成一些"制度权利"(如专利联营),本属于正当权利及其权利行使问题。但是,如果借着"法定权利"扩张更多的"制度权利"(如搭售、延长专利保护期等),乃至要形成一些"非制度权利"的时候,那么我们就必须小心谨慎,因为制约私权之绝对性的传统理念即禁止权利滥用原则,同样也适用于知识产权领域。[138]

本人曾经通过一则案例分析指出,既然知识产权具有私权的根本属性,说明它本身就是一项民事权利,是整个民事权利体系中的一部分,那么相应的,民事制度中的相关学说、理论与规则,就可以为知识产权制度与规则提供理论上的支撑,并对完善知识产权法律救济体系起到重要的补充作用。[139] 从规制知识产权滥用行为的角度看,我们实际上可以将其视为私法上禁止权利滥用原则在知识产权领域中的体现,或者说是其具体适用。赵启杉博士认为,2008年实施的《反垄断法》第55条对此采用了"除外条款"+"特殊情形例外"的立法模式,这一模式以知识产权与反垄断法存在必然冲突的"固有性"理论为基础,并将"滥用知识产权"的概念引入了反垄断分析,削弱了对排除、限制竞争的知识产权行使行为适用反垄断法的可操作性,并给相关立法、执法和司法带来了困惑。[140] 事实上,《反垄断法》引入"滥用知识产权"一语之后,并未对此概念加以明确的界定,表明其也并非是一个十分精确的法律范畴。从这个意义上讲,赵启杉博士的"困惑"是多虑了。诚如黄铭杰教授所言,权利不得滥用,实系一般法律基本原则,不论是为一般财产权,抑或是公平交易法所示之专利权等智慧财产权,一旦有滥

---

[136] 2008年6月5日,国务院《关于印发〈国家知识产权战略纲要〉的通知》(国发[2008]18号)。《国家知识产权战略纲要》规范性文件文本,载国家知识产权战略实施工作部际联席会议办公室组织编写:《国家知识产权战略实施工作手册》,知识产权出版社2011年版,页9—20。

[137] 尹新天:《中国专利法详解》,知识产权出版社2011年版,页10—11。

[138] 这里,借用了加拿大多伦多大学萨姆纳教授关于权利的"法定权利""制度权利"和"非制度权利"的三种分类。关于三种权利的论述,参见[加]L. W. 萨姆纳:《权利的道德基础》,李茂森译,中国人民大学出版社2011年版,页50以下。

[139] 参见易继明:《知识产权的观念:类型化及法律适用》,载《法学研究》2005年第3期。

[140] 参见赵启杉:《论知识产权行使行为之反垄断判定》,北京大学法学院2012届博士学位论文,第31页以下。赵启杉博士将《反垄断法》第55条所确立的模式归纳为"除外条款加特殊情形例外的模式",本文为了更清晰地呈现这一模式,直接表述为"'除外条款'+'特殊情形例外'的立法模式"。

用情事,即丧失其原有保护法规之屏障,成为其他法令的规制对象。⑭ 在本人看来,这种"除外条款"+"特殊情形例外"的立法模式,一方面表明知识产权的特殊性,但另一方面又将其置于作为私法体系的法理念之下,并受到公法性质的规制。这种两相结合的开放模式,为规制知识产权及其市场拓展提供了较大的弹性空间。籍由此,禁止权利滥用原则也为规制知识产权滥用行为提供了理论支撑;而在其具体适用中,也反过来为这一传统的私法理论提供了再生的活力。

---

⑭ 参见黄铭杰:《智慧财产侵害警告函与公平交易法之适用——专利权权利行使之意义与界限》,载黄铭杰:《竞争法与智慧财产法之交会——相生相克之间》,台湾元照出版公司2006年版,页331。

论专利侵权纠纷行政处理的弊端:历史的选择与再选择[*]

刘银良[**]

【摘要】 专利侵权纠纷在中国有行政处理和司法诉讼两条途径,此即中国特色的"双轨制",但其中的行政处理制度备受争议。与司法诉讼相比,行政处理通常被认为具有成本低、效率高、执法专业、可与司法诉讼形成互补等优点,并且在外国也有此类制度。然而进一步的分析揭示,行政处理的这些优势未必真正存在,英国等国的专利纠纷解决机制也与中国的行政处理不同。中国的专利侵权纠纷行政处理制度虽然曾做出重要贡献,但在当前及今后并无足够的合理性和必要性,建议取消,同时建议加强专利管理部门的专利行政管理和专利行政服务职能。专利法第四次修订应当再次做出历史选择,从而使中国的专利制度建设更为理性。

【关键词】 知识产权;专利;专利侵权纠纷;行政保护;双轨制

一、又到历史时刻

知识产权行政保护被视为中国知识产权制度的特色之一,但它同时也充满争议,专利行政保护尤其如此。中国专利制度建立已逾30年,但针对该问题的争议却从未停止,并且每到《专利法》修订时期针对该问题的争议就会掀起高潮,持续数年的《专利法》第四次修订讨论也在重复此过程。似乎还没有其他专利法问题能够吸引人们如此持久的关注,并引发如此广泛和尖锐的争论。这一方面说明该问题是中国专利制度

---

[*] 本文原载于《知识产权》2016年第3期。
[**] 刘银良,法学博士,北京大学法学院教授。

的中心问题,另一方面也提示针对该问题已到需要彻底解决的历史时刻,因为不同主体(包括立法、司法、专利管理部门、产业界、学术界等)的持久争论不仅能够反映人们不同的关注和认知,也能够反映不同的利益诉求和立法(修法)主张。《专利法》修订如果不能在基本的路径方面及时做出理性选择,就可能使专利制度的运行继续有违知识产权制度的一般原理,从而可能影响其实现促进创新与保证公共利益的制度目标。尽管不同主体对于专利行政保护的理解多种多样,但是有益于中国专利制度理性建设应是人们的共同期待,这也应是辨析如何解决专利行政保护问题的基本标准。

专利行政保护通过专利行政执法得以实现。在现行专利法语境下,除公安、海关等行政机构的执法行为外,一般所称专利行政执法是指专利管理部门依照《专利法》等法律、行政法规授权,对专利实施保护和对专利事务实施管理的行为,包括针对专利纠纷的行政处理和对专利事务的行政管理。[①] 专利行政管理除包括国家知识产权局负责的专利授权和专利确权外,还包括决定强制许可、实施专利权质押登记和查处假冒专利等维护专利制度正当运行与秩序的行政行为。专利行政处理主要包括专利管理部门依照《专利法》等授权处理专利侵权纠纷和其他专利纠纷的行政行为——它与专利纠纷的司法诉讼共同组成所谓"中国特色"的"双轨制"。人们对于维护专利制度正当运行和保护公共利益的专利管理行为并无异议,但对专利侵权纠纷的行政处理制度却有多样且对立的观点。[②] 这已成为贯穿中国专利制度发展的历史与现实纠结,如何认识和处理该行政处理制度也因而是本文的中心议题。

已有研究者对中国《专利法》及各修正案关于专利行政保护规定的演变进行了系统梳理,并列举了支持和反对专利侵权纠纷行政处理的多种理由。[③] 支持行政处理制度的理由主要包括成本低、效率高、具有专业优势、可与司法诉讼功能互补、不保护可能导致中国专利保护水平下降、为TRIPS协议所认可、美英等国也有类似的行政保护措施且有加强的趋势等。[④] 不赞成或反对专利侵权纠纷行政处理的理由多与之相反,如专利权属私权因而行政力量不宜过多干预、行政处理不具终局性、可造成行政资源

[①] 在国务院法制办2015年公布的《专利法修订草案》(征求意见稿)中,现行《专利法》中的概念"管理专利工作的部门"被修订为"专利行政部门"。参见《专利法修订草案(送审稿)》(国务院法制办公室网站2015年12月2日公布)第3条。

[②] 参见李顺德:《健全知识产权执法和管理体制》,载《中国发明与专利》2008年第8期,页8—12;邓建志:《我国专利行政保护制度的发展路径》,载《知识产权》2012年第3期,页68—74;李玉香:《完善专利行政执法权之再思考》,载《知识产权》2013年第4期,页69—72。

[③] 参见邓建志:《中国知识产权行政保护特色制度的发展趋势研究》,载《中国软科学》2008年第6期,页63—73;邓建志:见前注②,页68—74;强志强:《论我国专利行政执法制度的完善》,载《专利法研究》(2010),页532—548。

[④] 邓建志,见前注③,页64—69;邓建志,见前注②,页73—74;冀瑜、李建民:《试论我国专利侵权纠纷行政处理机制及其完善》,载《知识产权》2011年第7期,页97—99。

和司法资源浪费、可能让中国承受过多的国际压力等。⑤ 上述理由为支持或反对行政处理制度的主体反复引用,使之成为《专利法》修订中的焦点。本文以下将辨析上述主要理由,并针对《专利法》第四次修改提出建议,希望立法者能够抓住再次修订的机遇,借此消除围绕在中国专利制度中的纠结。

二、专利侵权纠纷行政处理的成本

专利行政保护的支持者通常宣称专利侵权纠纷行政处理成本低,这一般是指专利权人(或利害关系人,下同)请求专利管理部门处理侵权纠纷的成本低。按照《专利行政执法办法》规定,专利权人仅需提供主体资格证明、专利权证明、请求处理的事项和事由以及相关证明文件等。⑥ 在处理侵权纠纷过程中,如果专利权人"因客观原因不能自行收集部分证据",可请求专利管理部门调查取证,并且专利管理部门也可"根据需要依职权调查收集有关证据"。⑦ 与此相关,人们一般认为通过专利管理部门处理专利侵权纠纷费用较低。如以浙江省为例,专利管理部门处理专利侵权纠纷不收取任何费用,当事人仅需负责交通费用,费用大大低于侵权诉讼费用。⑧

但同时人们却应理解,在专利管理部门调查取证或其他执法过程中,显然会有行政成本支出,考察专利侵权纠纷行政处理制度的成本,决不应该仅考虑专利权人的维权成本,还应考虑该制度的建设与运行成本,包括人力资源成本、机构建设成本(如场所、设备)、执法平台成本(如网络建设、投诉电话)、执法资源成本(如安全防护措施、执法车辆或交通成本)、执法能力培训等。⑨ 国家知识产权局的管理者曾认为,在地方专利行政执法中有经费、人员、车辆等执法资源不足等困难和问题。⑩ 在成本过高的情形下,通过行政路径处理专利侵权纠纷就可能是不经济的选择。⑪ 在现实中,"打击专利侵权"或其他专利执法活动可能带来极高的执法成本,但却可能产生较低的收益。据报道,仅 2009 年前三季度,全国知识产权局系统共受理专利侵权纠纷案 748 件,受理其他专利纠纷案 26 件,查处假冒他人专利案和冒充专利案 467 件,就出动执法人员达 1 万余人次,检查商业场所 4959 次,跨部门执法协作 273 次,跨地区执法协作 129

---

⑤ 邓建志,见前注③,页 64。
⑥ 参见《专利行政执法办法》(2015 修订)第 10—12 条。
⑦ 《专利行政执法办法》(2015 修订)第 37 条第 1、2 款。
⑧ 冀瑜、李建民,见前注④,页 97。
⑨ 参见国家知识产权局:《关于加强专利行政执法工作的决定》,载《中国知识产权报》2011 年 6 月 29 日,第 11 版。
⑩ 参见马维野等:《加强知识产权行政执法努力建设创新型国家》,载《知识产权》2006 年第 5 期,页 11—14。
⑪ 参见王春业:《论知识产权行政保护手段的非权力化转换》,载《科技与经济》2007 年第 2 期,页 43—46。

次。⑫ 又如2010年河北省知识产权局系统曾开展专利执法专项行动,打击专利侵权与假冒行为,全省共出动专利执法人员969人次,检查商业场所414次,检查商品10206件,跨部门、跨区域协作执法16次,结果仅是查处假冒专利案2件,受理专利纠纷案13件(结案8件)。⑬ 专利执法人员密集而广泛的执法活动需要高昂的执法成本,这和极低的执法效果形成鲜明对比。虽然说在这些行动中也包括查处假冒专利等维护公共利益的行为,但与司法诉讼相比,专利侵权纠纷的行政处理就很可能需要高昂的成本支持。

对专利权人而言,诉诸行政处理也未必一直是低成本,他也可能需要支付比诉讼更高的成本。如果当事人对专利管理部门的行政决定不服,可能去法院提起行政诉讼甚至民事诉讼,如此则会既延长处理时间,又使成本显著增加。有研究者因此认为:"无论是从时间成本还是物质成本看,知识产权行政执法对司法诉讼而言,都不占绝对的优势。在经历了行政机关的行政裁决、行政诉讼这一漫长过程后,当事人和行政机关企图及时、高效、低成本地解决民事纠纷的意图无疑会落空。""相对于行政执法而言,直接的司法诉讼在经济成本和效益增长方面更占优势,也能有效地避免资源的浪费。"⑭

进一步地,专利侵权纠纷行政处理的行政成本皆由公共财政支持,而公共财政属公共资源,它既不可能无限制地增高,其支出也需符合为公共利益的一般原则。利用公共资源保护专利权就相当于以纳税人的贡献服务专利权人,但专利权人的利益却又难以被论证为公共利益。此即专利等知识产权行政保护备受人们质疑的根本理由,在世界各国皆然,包括非常强调知识产权保护的美国。支持专利行政保护的研究者常提及美国等也极为重视知识产权行政保护⑮,但他们又通常忽略美国是如何控制知识产权行政保护成本的。事实上,即使在美国,也尽量不使用公共财政支撑知识产权保护。例如美国参议院司法委员会主席和议员曾写信要求司法部支持通过《知识产权实施法案》(Prioritizing Resources and Organization for Intellectual Property Act of 2008),该法案当时的规定包括要求司法部总检察长参与有关侵犯版权案件的民事诉讼以帮助权利人恢复其利益损失。司法部立法事务办公室回信称,在美国版权法已对版权人提供了各种法律救济措施后,该法案的相关规定将会造成"由纳税人所支持的司法部律师去为版权人提供诉讼服务";"在财政责任(fiscal responsibility)时代,司法部的资源应当

---

⑫ 参见赵建国:《专利行政执法打击侵权显成效》,载《中国知识产权报》2011年1月5日,第2版。
⑬ 参见《知识产权保护:专利行政执法不断加强》,载《河北科技年鉴》(2011),页256。
⑭ 李永明、郑淑云、洪俊杰:《论知识产权行政执法的限制——以知识产权最新修法为背景》,载《浙江大学学报(人文社会科学版)》2013年第5期,页166。
⑮ 参见谢小勇:《加强专利行政执法是现阶段必然选择》,载《中国知识产权报》2014年9月10日,第1版;唐素琴、姚梦:《专利权行政保护的正当性探析》,载《知识产权》2014年第3期,页50—54。

用于公共利益,而不是去代表可诉诸现有民事救济措施的特定产业利益。"⑯在相关条款被删除后该法案才获美国国会通过。⑰

中国国家版权局官员在提交给 WTO 实施顾问委员会的文件中,除列举中国知识产权行政保护的成就外,也陈述了行政保护的问题,其中包括知识产权行政保护需要建立庞大的执法队伍,而他们作为公务员需要国家财政的巨大支出。⑱这说明在国际场合,中国知识产权管理部门早已认识到知识产权行政保护的成本,所以在 WTO 也没有声明具有中国特色的知识产权行政保护具有成本低的优势,因为这并没有准确地反映现实。就此而言,国家知识产权管理部门和立法者可能比一些研究者更清楚专利等知识产权行政保护的高成本。

上述成本皆为专利纠纷行政处理的直接成本。此外还有一项制度可能带来的间接成本,包括该制度的消极影响以及由此引发的社会成本。针对专利侵权纠纷的行政处理既可能维护专利权人的正当利益,但也可能纵容专利权人滥用专利权,通过虚假举报等不正当手段干扰或阻碍竞争对手的正当生产与经营活动。"实践中不乏虚假举报先例,因知识产权行政执法缺乏如司法诉讼一样的诉讼条件限制,虚假举报通常能启动行政机关的行政执法。如此一来,行政机关往往在付出人力和物力之后才发现被举报的侵权或违法行为根本不存在。"⑲新兴的专利主张实体(PAE)或非专利实施实体(NPE)也可能采取此种策略。恶意举报或滥用行政处理制度的行为在直接引发专利管理部门执法成本的同时,也不利于专利制度的理性运行。也可能有专利行政处理制度的搭便车者借以规避经营或诉讼风险,如早在 20 世纪 90 年代就曾有当事人通过行政保护的方式规避司法诉讼中的举证风险和诉讼成本风险。⑳这些消极行为意味着,行政处理机制由于简单、易行、直接成本低和缺乏合理的程序制约,可能引发专利权滥用和"专利钓鱼"等不正当行为,造成行政资源和司法资源浪费,并带来较高的社会成本。

三、专利侵权纠纷行政处理的效率

行政处理的高效率也为支持者普遍称道。该效率优势源自专利管理部门在程序

---

⑯ U.S. Department of JusticeOffice of Legislative Affairs, "A letter to Patrick Leahy and Arlen SpecterRe: S. 3325—Enforcement of Intellectual Property Rights Act", September 23,2008, at http://www.wired.com/images_blogs/threatlevel/files/doj-letter-20080923.pdf, 2016 年 2 月 23 日最后访问。

⑰ See Fred von Lohmann, "DoJ Agrees: IP Enforcement Bill is a Bad Idea", September 24, 2008, at https://www.eff.org/deeplinks/2008/09/doj-agrees-ip-enforcement-bill-bad-idea, 2016 年 2 月 23 日最后访问。

⑱ See Jie Liu (National Copyright Administration of China), Judicial and Administrative Protection on Intellectual Property in China, WIPO/ACE/2/8, June 10, 2004, paras V. 2—4.

⑲ 李永明等,见前注⑭,页 166。

⑳ 参见冯兆蕙、冯文生:《专利案件处理程序中民事审判权与行政执法权的冲突与调谐》,载《河北法学》1998 年第 5 期,页 9。

上宽松灵活,可在数月内解决纠纷,有利于为专利权人提供快捷的救济。[21] 与司法程序相比,行政处理的高效率体现在案件程序简便、立案快、效率高等方面。《专利行政执法办法》规定一般专利侵权纠纷案件需要在立案后起3个月内完成结案,案情特别复杂的案件可延长1个月,因此行政处理的专利侵权纠纷一般会在4个月内结案(公告、鉴定、中止等时间不计在内)。[22] 与民事诉讼相比,行政处理的高效率或与行政管理部门"效率优先、兼顾公正"的执政理念相关。[23]

但人们也需对行政处理的高效率保持客观认识,因为单纯地追求高效率可能是以忽视公平为代价,而一旦当事人对行政处理决定不服,就可能至法院提起行政诉讼(还可能提出行政复议),如果是专利权人不服行政处理决定,他还可以至法院提出独立的民事诉讼。[24] 根据最高人民法院的司法解释,法院对此类曾经被专利管理部门处理过的专利侵权纠纷案件,"仍应当就当事人的诉讼请求进行全面审查"。[25] 在历经行政处理和行政诉讼或民事诉讼(皆可能有二审)的专利侵权纠纷中,将会有行政资源和司法资源的重复性投入,相应的社会资源浪费就不可避免。行政处理程序和行政诉讼程序或民事诉讼程序相连接,必然延长案件的处理期限,使高效率的优势难以实现。[26]

对于专利侵权纠纷来说,无论诉诸行政处理还是司法诉讼,虽然说当事人一般希望案件能够得到尽快处理,但他们更希望得到公平与公正的裁决或判决。效率并非纠纷解决的首要目标,无论是行政程序还是司法程序皆然,因为如果不能保证侵权纠纷的公平处理,则当事人或专利管理部门对效率的追求就没有意义。公平与效率作为专利侵权纠纷处理的两个必要目标均不可缺少,也均不应得到歧视性的对待:和迟到的正义不是正义一样,错失方向的效率即为无效率。在不能保证公平的情形下,单纯地追求效率不仅没有意义,还可能引发其他矛盾,带来本可避免的社会成本。

专利(尤其是发明专利)侵权判断一般较为复杂,需要取证、质证、技术事实认定、对比被控侵权产品与权利要求等程序,可能涉及复杂的技术比对,也可能涉及等同侵权判定,还需要给予被控人答辩机会,如果一概要求案件在最长4个月内解决,就可能使执法者为尽快处理纠纷而损及当事人的合法利益,也可能导致其后的行政诉讼。就此而言,研究者的担忧就可理解:"从纠纷处理的程序制约看,行政执法因缺乏完整的程序制约,较之司法诉讼,往往不能保证处理结果的正确性和公平性,从而影响执法的效益。……正是因为对效率的追求,行政执法过程通常较为随机、程序较为简单,较之

---

[21] 冀瑜等,见前注④,页97—98。
[22] 《专利行政执法办法》(2015修订)第21条。
[23] 邓建志,见前注②,页73。
[24] 参见北京市第二中级人民法院知识产权庭(周晓冰、樊晓东执笔):《专利行政执法与司法程序的衔接》,载《人民司法》2010年第15期,页44—45;李永明、郑淑云、洪俊杰:见前注⑭,页166。
[25] 《最高人民法院关于审理专利纠纷案件适用法律问题的若干规定》(2001,2015年修订)第25条。
[26] 李永明等,见前注⑭,页166。

司法诉讼较为完整和严密的程序，其处理结果的正确性和公平性不如司法诉讼有保障。"㉗专利法在赋予专利权人合法的垄断权和合理的侵权救济的同时，也给予被控侵权人合理的抗辩权和其他救济措施，以维持专利权人、其他竞争者和公共利益的平衡。在针对专利侵权的司法程序中，被控侵权人既可以实施现有技术抗辩，也可以通过启动涉案专利权无效宣告程序而延缓司法程序，但在行政处理程序中这些由专利制度配置的救济方式皆难以实施。相应地，行政处理专利侵权案件的质量就难以保证，专利法希望达到的利益平衡也难以实现。㉘

在侵权处理执行环节，行政处理的快速结案也可能引发严重后果。按照《专利法》和《专利行政执法办法》规定，专利管理部门一旦认定专利侵权成立，就会做出行政处理决定，责令侵权人立即停止侵权，具体包括立即停止侵权产品的制造、销售、许诺销售（包括利用互联网平台的网络销售或许诺销售）、进口以及销毁制造侵权产品的专用设备与模具、销毁难以保存的侵权产品等，并且即使被控侵权人依法提起行政诉讼，在诉讼期间该行政处理决定也不停止执行。㉙ 面对如此严厉的行政处罚，被控侵权人并无任何救济措施。这种制度安排也可能导致严重的后果，因为一旦专利管理部门的处理决定存在错误或失误，就可能"对生产者造成非常严重的、损失惨重的后果，这种损失是后面的行政诉讼弥补不了的"㉚。《专利法》及其实施细则以及《专利行政执法办法》等，均未对在专利管理部门处理错误的情形下当事人应该获得何种法律救济做出规定。

概言之，专利侵权纠纷的行政处理既应追求效率，也不可忽视公平。如果仅强调纠纷处理的快捷与效率，就可能无视专利制度的理性设置，使专利执法迷失方向，导致欲速则不达的情形。专利权人也应认识到，通过行政处理专利侵权纠纷也未必能够保证他的最大利益，例如在司法诉讼程序中可以适用的各种诉前禁令就难以在行政处理程序中得到适用。

综合以上两方面可知，处理专利侵权纠纷的行政程序难以保障专利法给双方当事人赋予的平衡性权益，单纯地追求低成本、高效率的专利侵权纠纷处理机制未必是最优甚至较优的选择。相应地，"行政执法保护显得越来越重要，是创新型国家建设的重要支撑"等说法就未必成立。㉛

㉗ 李永明等，见前注⑭，页166。
㉘ 参见朱雪忠、万里鹏：《信息公开视角下的专利行政处罚权研究》，载《江西社会科学》2014年第9期，页141—146。
㉙ 参见《专利行政执法办法》（2015）第43、44条。
㉚ 李玉香，见前注②，页71。
㉛ 马维野等，见前注⑩，页12。

四、行政处理和司法诉讼的关系

在探讨专利侵权纠纷处理的"双轨制"时,不能回避的问题还包括:行政处理是否仍有专业优势?行政处理和司法诉讼能否实现优势互补?如何认识专利管理部门执法与裁决两种职能的内在冲突?对这些问题的回答可为处理专利行政保护问题打下认识的基础。

第一,行政处理是否仍有专业优势?

与司法机构相比,专利管理部门在处理专利侵权纠纷时具有专业优势是支持者常提的理由。这是指专利行政执法人员对技术的理解相对专业,对侵权纠纷涉及的技术知识较为熟悉,可望能够做出专业执法决定。[32] 该专业优势可能源于执法人员具有法律和技术的双重知识背景,因此有利于他们和当事人沟通和处理纠纷。人们一般认可,在中国专利法实施之初的20世纪80年代至90年代,专利管理部门的专业优势可能较为明显,因为当时中国知识产权司法审判体系尚处于初步建设和发展阶段,难以全面审理专利侵权案件,此亦当时立法者临时决定补充专利侵权纠纷行政处理机制的主要原因,即希望它有助于弥补当时中国知识产权司法体系的不足。考虑到中国当时的社会实践和司法状况,人们也一般认可当时的"双轨制"安排。[33]

从90年代中后期开始,尤其是进入21世纪后,随着中国加入WTO,修订后的知识产权法基本与TRIPS协议保持一致,其中包括针对行政决定的司法审查,中国知识产权司法体系得到快速建设,中级以上法院普遍建立起专门的知识产权审判庭,形成相对集中的专业化审判体系,分工细致、专业且有丰富审判经验的高素质知识产权法官得到成长,法院的知识产权案件审判能力和审判水平得到提高。[34] 截至2014年底,全国具有专利民事纠纷案件管辖权的中级法院已达87个,此外还有6个基层法院有权管辖实用新型专利和外观设计专利纠纷案件,这些法院在2014年共受理专利纠纷案件9648件。[35] 最高人民法院还颁布《关于知识产权法院技术调查官参与诉讼活动若干问题的暂行规定》,指引知识产权法院等建立技术调查官制度。人们或许可以说,经过20多年建设,当前在专利侵权案件审理方面,知识产权法院或法院知识产权审判庭的专业性已经不弱于专利管理部门,这也与2000年《专利法》第二次修订所确立的"司法为主、行政为辅"的专利侵权纠纷处理机制相适应。反过来看,则支持者所称专利管理部门在处理专利侵权纠纷案中的专业性优势就不复存在。

---

[32] 冀瑜等,见前注④,页98。
[33] 李顺德,见前注②,页9;邓建志,见前注②,页73。
[34] 参见罗东川:《国家知识产权战略背景下的知识产权司法保护》,载《法律适用》2006年第4期,页2—6。
[35] 参见最高人民法院:《2014年中国法院知识产权司法保护状况》(2015年4月发布)。

第二,行政处理和司法诉讼能否实现优势互补?

行政处理的支持者一般认为专利侵权纠纷的行政处理可以和司法诉讼实现优势互补,从而节约司法资源。如上所述,在20世纪80年代至90年代期间,专利侵权纠纷的行政处理确实做出了实质贡献。据统计,在1985—2001年期间,各专利管理部门处理的专利侵权纠纷共计4762件、其他专利纠纷共计1571件,二者合计6333件,年均373件。㊱ 同期由法院审结的专利纠纷一审案件共计11077件,年均652件。㊲ 由此可知,在此期间由专利管理部门处理的专利纠纷案件约占由法院审结的专利纠纷一审案件的57%,届时专利管理部门作为处理专利纠纷的有效平台,在处理专利侵权纠纷和其他纠纷领域确实取得了显著的成绩,为人们普遍认可。㊳

这意味着,在一定历史时期和一定程度上,针对专利侵权纠纷的行政处理可成为司法诉讼的有效补充。然而人们也应注意,在两种机制之间也存在内在冲突,其中既可能有专利侵权判断标准的不一致,也可能有受理和处理程序上的冲突,其中包括行政在审案件与司法在审案件的冲突、行政处理程序结束后当事人再请求司法保护的冲突、司法程序结束后当事人再请求行政部门处理的冲突等。针对两者的冲突,适当且有效的协调机制未必存在。最高人民法院的司法解释明确规定,法院对经过行政处理的专利权纠纷案件,无论专利管理部门认定结论是侵权还是不侵权,法院仍应就当事人的诉讼请求进行全面审查。㊴ 有研究者认为:"从司法机关对行政裁决的认可度看,一旦进入司法程序,行政机关的行政执法活动很可能归于徒劳。……法院对行政机关裁决的案件基本上采取全盘否定的态度,行政裁决和司法审查两者间缺乏衔接和协调。"㊵进一步地,行政处理和司法诉讼之间的冲突既是矛盾的结果,而冲突本身也可能引发更多的矛盾,带来较大的社会成本,导致行政资源和司法资源的重叠性浪费。北京市二中院知识产权庭的研究报告亦认为,专利管理部门的权力范围与司法机关存在冲突。㊶

与专利管理部门的处理机制相比,专利侵权纠纷的司法诉讼具有被动性、居中性,法院对法律的理解也可能更为全面。借助于最高人民法院的司法解释,不同法院对专利法相关条款的理解也更可能趋于一致。除以上所说的在成本、效率和专业性等方面

㊱ 参见国家知识产权局:《2001专利统计年报》之"专利行政执法统计表(1985—2001)",网址为 http://www.sipo.gov.cn/tjxx/jianbao/2001/g/g1.html,2016年2月14日最后访问。

㊲ 参见国家知识产权局(主办):《中国知识产权年鉴》(2004),知识产权出版社2004年版,页336—337。

㊳ 李顺德,见前注②,页9;邓建志,见前注②,页73。

㊴ 参见《最高人民法院关于审理专利纠纷案件适用法律问题的若干规定》(2001,2015年修订)第25条。

㊵ 李永明等,见前注⑭,页166。

㊶ 参见北京市第二中级人民法院知识产权庭(周晓冰、樊晓东执笔):见前注㉔,页44—49。

并不弱于行政处理机制外,司法保护本身还具有明确规则优势、终局权威优势等,能够有效地为社会实践提供明确指引,并且司法程序规则也更为严谨、规范、公开和平等。㊷ 这些方面的综合,就能够保证司法诉讼成为人们更为认可和信赖的路径,也因而为TRIPS协议所认可。

随着时代发展,处理专利侵权纠纷的行政路径和司法路径此消彼长,其冲突亦愈为明显。就两者关系的演变,最高人民法院法官从司法保护的角度总结认为:"在知识产权制度建立之初,'双轨制'模式充分利用行政力量,满足了在较短时间内建成有效知识产权保护体系的需要,为知识产权保护工作作出了重要贡献。但是,随着我国知识产权法律制度不断完善和知识产权司法保护的日益成熟,行政保护与司法保护在相互配合、相互协调过程中出现的问题不断增多,'双轨制'模式本身所存在的弊端不断显现,一定程度上制约了知识产权司法保护主导作用的发挥"㊸。那么如何理性地解决行政和司法两种机制之间的关系,就成为本次《专利法》修订应考虑的重要问题。

第三,如何认识专利管理部门执法与裁决两种职能的内在冲突?

各级专利管理部门具有内在的"支持专利"或称"亲专利"倾向,这源于法律授权,是其法律职责所在,因此对于专利管理部门查处假冒专利等危害公共利益的行为,人们均予以支持。但同时在专利侵权纠纷处理中,专利管理部门的角色却应是居中的裁决者,他们需客观和公正,以保证裁决结论的公平。显然这两种角色具有内在的冲突,其设置违背了权力分立与制衡的基本原理,尤其当它们都属于专利管理部门的同一职能部门(执法处)时。对于专利管理部门来说,如何把"亲专利"的执法者和理应客观公正的裁决者的矛盾关系处置合理,就是一个基础性的难题。否则,它在专利侵权纠纷处理中的公正就难以保证,其合理性亦难以建立,从而可能引发其后的行政诉讼或民事诉讼,导致更多的社会成本浪费。这意味着,在中国专利法框架下,专利管理部门一直处于"亲专利"的执法者和居中裁决者之间的两难境界。这或许是人们不赞成乃至批评专利管理部门参与处理专利侵权纠纷的根本原因,也是司法解释规定对于业已经过行政处理的专利侵权案件法院仍需全面审查的理由,也或许是TRIPS协议规定行政程序皆需配置司法审查的原因。㊹

对专利行政保护和司法保护"双轨制"的合理性及演化趋势分析还涉及政府与市场的关系。专利制度一旦建立和运行,就成为一种无形财产权制度,构成市场的基础制度之一,参与和影响着市场的资源配置。20世纪以来,随着市场经济发展,现代专利制度逐渐在各方面臻于完善,维系着专利权人、产业竞争者和社会公众等各方主体的

㊷ 参见陶凯元:《充分发挥司法保护知识产权的主导作用》,载《求是》2016年第1期,页48—50。

㊸ 同上注,页49。

㊹ 参见魏玮:《知识产权侵权纠纷行政裁决若干问题研究》,载《华东政法大学学报》2007年第4期,页51—60。

利益平衡,它也通过《巴黎公约》和TRIPS协议等延伸到世界各地。中国制定《专利法》之初借鉴了多国经验,也结合了中国当时的社会实际,创设了一些具有中国特色的元素,其中包括专利侵权纠纷的行政处理机制。从中国当时粗放的司法体系看,这种安排是可以接受的,甚至是必要的选择。然而,作为中国特色"双轨制"之一的行政保护本应属于历史性的过渡模式,现在却成为展现中国专利制度"特色"的载体,并继而被用来作为论证其合理性和加强行政保护的理由。人们在认可其历史成就的同时,也需对其可能的消极影响保持清醒认识。就专利制度的建设和运行而言,中国社会并没有特殊到可以不尊重为世界多国所普遍认可的专利制度理性和规则。

概言之,社会治理一般需要把执法者和纠纷裁决者分开,借以维护纠纷裁决的公平,但囿于历史和现实,中国专利法却把两者混同在一起,赋予专利管理部门处理专利侵权纠纷的职责。专利管理部门的执法者和裁决者角色混同主要体现在现行《专利法》第60条(2000年《专利法》第57条)。这模糊了执法者和裁决者的界限,也造成执法者一直在努力但却越来越不被人们(甚至也包括部分专利行政执法人员)认可的局面,因此尽早把具有内在冲突的两种职能分开,把处置专利侵权纠纷的职责完全交给司法路径才符合社会发展趋势。⑤ 虽然与1984年《专利法》和1992年《专利法》相比,现行《专利法》不再赋予专利管理部门裁决侵权赔偿数额的权力,但仍为之保留了"认定侵权行为成立"和"责令侵权人立即停止侵权行为"的权力。这或许可理解为专利管理部门在专利侵权纠纷处理中的裁决者角色在淡化。不少研究者也希望专利行政保护措施应逐渐让位于司法诉讼,从而与国际社会的普遍选择相一致。

五、国际视野中的专利侵权纠纷行政处理制度

有研究者担心若中国不再实行专利行政保护,将可能导致专利保护水平下降,违背TRIPS协议。⑥ 这可能属妄自菲薄的猜想。如上所述,中国当前的知识产权司法体系日趋完备,无论是受理的专利纠纷案件数量,还是案件判决水平,都已经可以和很多WTO成员相比肩。未来的情形或许正相反,即在中国不再设置行政保护制度后,因为专利侵权纠纷的处理都统一于司法路径,中国的专利侵权纠纷处理反倒可能标准更为统一,也更可能为国际社会所认可,否则中国专利制度仍将继续承担其不应承受之重。有研究者因此认为,中国特色的知识产权行政保护"这种做法不符合法律保护知识产权等'私权'的基本原则,而且也给其他国家国民传递了一个错误的信号,使他们在遇

---

⑤ 参见李顺德:《关于加强知识产权行政管理和行政执法的思考》,载中国社会科学院知识产权研究中心编:《中国知识产权保护体系改革研究》,知识产权出版社2008年版,页152—153;李永明等,见前注⑭,页168。

⑥ 邓建志:《〈TRIPS协定〉对知识产权行政保护的规定及其启示》,载《知识产权》2013年第1期,页89—91。

到知识产权纠纷问题时往往放弃正常的司法救济,一味要求中国内地知识产权行政管理机关负责,甚至直接或通过其政府向中国政府施加压力,要求中国政府直接干预立法、司法等具体法律事务。一些外国政府也把对知识产权这种私权的保护完全看作是我国政府的义务,当该国知识产权人在我国境内出现权利争议等民事纠纷时,不顾其国民是否主动通过我国的司法途径解决争议,动辄指责中国政府保护知识产权不力,一再以此损害中国政府的国际形象"[47]。

有研究者在列举支持专利侵权纠纷行政处理的理由时,也把 TRIPS 协议认可成员的知识产权行政措施作为理由,实属牵强。[48] 为照顾众多成员的制度差异,TRIPS 协议理解和尊重各成员选择适合本国实际的知识产权制度,但也同时强调行政程序需遵循和司法程序同样的规则,且针对行政程序皆应有司法审查作为救济措施。这表明 TRIPS 协议对于专利等知识产权的行政程序持认可但审慎的态度。这也意味着,有无专利侵权纠纷行政处理等措施,与中国在 TRIPS 协议下的权利和义务并无必然联系,即中国有知识产权行政保护措施不意味着中国的知识产权制度满足了协议要求,而没有行政保护也不意味着中国的知识产权保护水平不能达到协议要求,把 TRIPS 协议对行政程序的认可作为支持中国理应选择专利等知识产权纠纷行政处理路径的理由难以成立。

TRIPS 协议第 49 条是关于知识产权行政程序的主要条款,它规定如果处理案件的行政程序能够提供任何民事救济程序,则此类行政程序应遵守和司法程序实质相同的规则。虽然支持行政保护的研究者多引用该条款,但中国的专利侵权纠纷行政处理措施并不能完全满足该条规定,因为它要求相关行政程序能够提供"任何民事救济措施",其中应当包括责令侵权人停止侵权、赔偿权利人损失以及在需要时颁布临时禁令措施,但对于中国现行专利法规定的专利侵权纠纷的行政处理措施而言,它只能责令停止侵权(在 2001 年 7 月 1 日前还可以责令侵权人赔偿权利人损失),而不可能就侵权或即发侵权发布临时禁令。在此情形下,其他 WTO 成员并未抱怨中国的知识产权行政保护制度,这或许是因为他们相信中国的知识产权司法体系能够弥补和救济某些行政措施的疏漏或不周。就此而言,中国知识产权保护更多的是依靠司法体系维护。人们不应该因为 TRIPS 协议认可维护知识产权的行政程序就进一步认为中国的知识产权行政保护不可缺少,或者认为一旦停止知识产权的行政保护,中国的知识产权保护水平就会陡然下降。

一些研究者较为推崇英国知识产权局(专利局)的专利纠纷处理机制,认为它至少

---

[47] 李顺德,见前注[45],页 152。
[48] 邓建志,见前注[46],页 86—91。

能够说明中国的专利侵权纠纷行政处理制度在世界并不孤单。[49] 英国1977年《专利法》第61条规定了救济专利侵权的法律程序。专利权人发现他人侵犯其专利权后,可至专利法院提起诉讼,他向法院诉求的事项可包括:认定其专利权有效且受到侵犯;发布禁令;判决侵权人赔偿其损失或把侵权人的侵权利润判归于他(二者只能取其一);命令被告交出或销毁侵权产品。在此一般性规定的基础上,如果专利权人和被控侵权人达成协议皆同意其纠纷由英国知识产权局(局长)处理,则双方可请求知识产权局处理其纠纷,但请求事项仅包括认定专利权是否有效、被控人是否构成侵权以及裁定侵权赔偿数额。如果知识产权局认为该案件更适于专利法院判决,就可拒绝受理,此时则需由法院受理该专利纠纷。[50] 英国知识产权局为此设置了关于专利申请、确权、发明人资格、专利权归属以及侵权事务纠纷的多种处理方式,包括调解、提供是否侵权的独立咨询意见(该意见不涉及侵权赔偿数额)、单方或双方当事人参与的听证等,其对专利纠纷的处理决定属类似于仲裁的准司法决定。[51] 并且这些处理程序一般会收取费用,即对当事人来说这些活动不是免费的,因为这属于知识产权局提供的纠纷解决服务,当事人应承担相应的成本。

虽然英国知识产权局可处理多种专利纠纷,但在现实中它处理的纠纷主要体现为专利权权属(包括发明人资格、专利权共有、职务发明补偿等)、专利权撤销、不侵犯专利权认定、决定专利许可或强制许可等。虽然依据英国专利法规定它也可以受理专利侵权纠纷,但由于其权力范围有限,且其处理程序需双方当事人协商一致才可启动,其结论也非终局(当事人可就其决定诉至专利法院),因此在现实中通过它处理的专利侵权纠纷案极少。相应地,英国的专利侵权纠纷主要是诉至专利法院或专利企业法院(诉讼标的低于50万英镑)。英国知识产权局在其出版的《专利纠纷处理手册》中也告知公众,有些专利纠纷案件的处理去专利法院更为合适,并且强调它在处理各种专利纠纷时将坚持严格的独立和绝对的公正地位,不会帮助一方当事人取证或做其他实质工作。[52] 英国知识产权局坚持的公开(open)、公平(fair)和无偏私(impartial)原则,其实也是英国各种专门法庭或称裁判所(Tribunal)等准司法机构长期遵守的规则,其中无偏私是指裁决者不受行政机关的实际或潜在影响。并且,裁决者在注重效率的同

---

[49] 强志强,见前注③,页535;唐素琴、姚梦:《专利权行政保护的正当性探析》,载《知识产权》2014年第3期,页50—54;王志超、饶波华:《加强专利行政执法工作的思考与建议》,载《中国发明与专利》2015年第5期,页11—14。

[50] See UK Patent Act (1977, amended 2007), Section 61.

[51] 李顺德,见前注㊺,页111—113。

[52] See UK Intellectual Property Office, Patents: Deciding Disputes, August 2014, at https://www.gov.uk/government/uploads/system/uploads/attachment_data/file/354747/Patents_Deciding_Disputes_Rebrand_2014.pdf, 2016年2月23日最后访问。

时,也注重维护公共利益和私人利益之间的平衡。[53]

由此可见,在英国专利法框架下,其知识产权局虽然可以通过非诉讼方式处理专利纠纷,但其作用主要是在与专利授权、确权、权属和许可等相关的专利纠纷处理中作为居中裁决者,而它作为专利侵权纠纷处理者的角色几乎没有呈现。这意味着,英国知识产权局对于专利纠纷的非诉讼处理机制虽然可能在设置专利纠纷调解制度方面为中国提供借鉴[54],但它并不构成和英国的专利司法诉讼体系相平行的专利侵权纠纷处理机制,因此英国也并没有类似中国的"双轨制",其经验也不能帮助论证中国广泛且强有力的专利侵权纠纷行政处理制度的合理性。[55] 无论如何,在处理这些专利纠纷时,英国知识产权局都不是意图严厉打击专利侵权行为的执法者。

正如行政处理支持者所称,在美国也有多种关于知识产权保护的行政或准司法机制,其中包括由美国贸易代表办公室(USTR)负责的"特别301调查"、国际贸易委员会(ITC)负责的337调查以及其他知识产权保护促进机构或项目,如由《知识产权实施法》设立的"知识产权实施协调官"(IPEC)以及"针对有组织盗版之战略计划"(STOP! Initiative)等。但应注意,除USTR负责调查他国知识产权保护水平以确定是否损及美国的贸易利益以及ITC作为联邦准司法机构负责受理关于进口货物是否侵犯美国知识产权的具体事务外,其他机构和计划都是为协调各联邦行政机构实施促进知识产权目标而设立的机构与计划,它们并不负责通过行政措施处理美国国内的专利等知识产权纠纷事务(侵权纠纷仍需通过联邦法院系统解决),并且相关机构与计划的预算都受到严格的审查和控制,包括USTR、ITC等在内的各联邦机构在美国国内并无针对专利等知识产权纠纷的执法权(只有ITC可以发布禁止某类侵权产品进入美国的排除令等)。[56] 这些也均与中国专利管理部门广泛的行政处理职能不同,研究者应注意区分。

有研究者还提及墨西哥的专利行政保护措施。[57] 墨西哥《工业产权法》规定了多种侵犯工业产权(包括专利、商标、集成电路布图设计等)的行政侵权行为(administrative infringements)及相应的行政处罚,赋予墨西哥工业产权局广泛的执法权和处罚权,使之可以依职权或依当事人请求调查和处理针对专利等工业产权的行政侵权行为,并可决定给予侵权人相应的行政处罚,包括行政罚款、命令暂时或永久关闭侵权场所、对侵权人实施行政拘留(最长36小时)。[58] 可见墨西哥工业产权法针对专利等侵权行为

---

[53] 参见王名扬:《英国行政法》,北京大学出版社2007年版,页107—108;冯兆蕙等,同前注[20],页5—7。

[54] 参见何炼红:《英国知识产权纠纷行政调解服务的发展与启示》,载《知识产权》2011年第7期,页74—78。

[55] 李永明等,见前注[14],页164。

[56] 参见刘银良:《国际知识产权政治问题研究》,知识产权出版社2014年版,页243—245。

[57] 强志强,见前注[3],页535—536。

[58] See Industrial Property Law of Mexico (1991, as amended 2010), Articles 6(V), 213, 214, 215.

规定了严格的行政执法措施和严厉的行政处罚。但尚未见针对其行政执法效果及其与司法诉讼程序如何协调的研究。考虑到墨西哥属于长期陷入"中等收入陷阱"的发展中国家，其经验是否值得借鉴亦需认真研究。

支持专利侵权纠纷行政处理的理由还包括在世界范围内替代性纠纷解决机制（Alternative Dispute Resolution，ADR）等非诉讼纠纷解决方式正广受重视，支持者也以此作为中国专利侵权纠纷行政处理具有合理性的理由。[59]但这种理解并不确切。ADR运动发端于20世纪60年代美国的"去管制化运动"（Deregulation Movement），本身具有非正式性、附属于诉讼程序、当事人之间的合意性、多种程序的可通融性等特征，基本是在当事人自律、自治、平等协商等基础上解决纠纷，其实质在于避免政府等公权力介入，具体采取仲裁、调解、和解、专家评估、诉诸临时程序等方式解决纠纷。[60]中国专利侵权纠纷行政处理需要专利管理部门强势介入（包括其行政裁决和行政处罚的权力），它和试图远离行政机构（在一定程度上也包括法院）的美国ADR有根本区别。中国专利侵权纠纷的行政处理显然不是民间纠纷解决机制，尽管从现行《专利法》和《专利行政执法办法》的规定看，专利管理部门亦得有当事人申请才可启动专利纠纷处理程序。

六、历史的再选择

从专利法的制度理性来说，专利制度的运行无论是可能不利于专利权人，还是可能不利于被控侵权人，皆非制度设计者希望看到的理性运行结果。应该认识到，在专利法立法或修法过程中，对一方当事人的过分眷顾就可能同时损害另一方当事人的利益，从而可能使专利制度偏离理性轨道，继而发生政府过度侵入市场的现象。在未必全面和客观的认识指引下，良善之心也可能带来不利乃至灾难性的法律后果。不理性的立法或修法也可能摧毁一个制度，就此维度而言，专利法和其他法律（如《劳动合同法》）一样。人们是否已经认识到，中国专利制度虽然仅有30年实践，但其中有多少非理性现象是由于政府的过度介入而引发？例如，由政府补贴专利申请费等政策所引发的专利申请乱象和申请量的非理性增长，其结果是促进还是阻碍了中国的科技创新和产业创新？[61]

近年来在第四次《专利法》修订讨论期间，关于专利管理部门在专利侵权纠纷处理中的角色问题又引起人们激烈讨论。国务院法制办于2015年底公布的《专利法修订

---

[59] 邓建志，见前注②，页74。

[60] 参见郭玉军、甘勇：《美国选择性争议解决方式（ADR）介评》，载《中国法学》2000年第5期，页127—134。

[61] 参见文家春：《政府资助专利费用引发垃圾专利的成因与对策》，载《电子知识产权》2008年第4期，页25—28。

草案(送审稿)》第60条第2款拟为专利管理(行政)部门增设以下职权:可依法查处群体侵权、重复侵权等扰乱市场秩序的故意侵权行为,可责令侵权人立即停止侵权行为,并可没收侵权产品和相关制造设备和用具,并且可对重复侵权行为处以非法经营额5倍以下或25万元以下的罚款。[62] 对于谨慎的立法者或研究者而言,兹可谓石破天惊的修改。已有研究者就此提出质疑,认为在现实中难以界定和把握群体侵权、重复侵权、扰乱市场秩序、故意等行为及其判断标准,并且对专利行政处罚权的扩张性规定也混淆了专利侵权处理和查处假冒专利行为的界限,可能导致对专利侵权的过度处罚,从而可能干扰被控侵权人的生产经营,该规定因而可能为不当的行政执法埋下隐患。[63]

如果说在现行《专利法》中,专利管理部门的裁决者和执法者角色冲突尚为"隐性"的话,那么在该"送审稿"中(包括第60条第2款和其他相关条款),两种角色的冲突就完全演变为显性,并且导致即使在专利侵权纠纷处理中专利"行政"部门的执法者角色亦远超其裁决者角色,从而使专利管理部门演变为严厉的行政执法者和处罚者。在此新规定下,专利管理部门不仅可主动查处群体侵权或重复侵权等故意侵权行为,还可责令侵权人停止侵权、没收侵权产品和设备等,并且还可对行为人处以行政罚款。并且,该"送审稿"并未对此类强势的行政执法和处罚行为规定任何法律制约或救济措施。专利管理部门将不再是谨慎的专利侵权纠纷裁决者,而可能演变为勇敢的"专利战士",随时准备动用行政资源制止群体侵权、重复侵权等扰乱市场秩序的故意侵权行为。或许这与"送审稿"把专利管理部门修改为"专利行政部门"具有一致的逻辑。可以想象,如果该建议案获得通过,那么专利管理部门强行介入市场的行为就可能干扰正当经营者的生产经营活动,扰乱市场秩序,专利权人对"群体侵权"的频繁"维权"亦可能让某地方的优势产业(无论传统的还是现代的)遭遇困境(在当今中国专利授权量急剧增加的情形下更可能如此)。这并非危言耸听:当年浙江安吉竹编产业受外观设计专利影响的系列案件似乎并不遥远[64]——在上述条款的视角下,当地竹编产业或许构成典型的"群体侵权"行为,它因而可能被强行执法和行政处罚。

在中国《专利法》实施30年后,似乎又到了立法者再次做出符合中国社会发展趋势和专利制度理性的立法选择的历史时刻。立法者应探讨中国专利制度在21世纪20年代的发展模式,而不应迁就制度的惯性。立法不是不顾制度理性约束下的任性而为,仅凭良善之心也未必能够构筑良法。理性的法律需尊重社会发展规律和制度运行的客观规律,而世界多国所共享的专利制度规则或许更有可能反映该制度的理性。人

---

[62] 参见《专利法修订草案(送审稿)》(国务院法制办公室网站2015年12月2日公布)第60条第2款。
[63] 参见朱雪忠等,见前注[28],页141—146。
[64] 参见刘雁飞:《一场沉重的较量:从浙江安吉"竹地毯大战"说起》,载《中国纺织报》2005年10月25日,第4版。

们也需防止用"顶层设计"或行政权力来"论证"一项制度的合理性。如果没有深入而全面的研究支持,顶层设计也未必能够成为可靠的立法指引。人们还应防止和克服不良制度的惯性,包括避免用一项制度的"存在"论证其"合理",也当然需避免没有现实必要性乃至逆社会发展趋势的立法或修法行为。在权利来临的时代,罔顾人们权利意识的觉醒,并试图加强政府对市场的介入,都可能属立法或修法中的非理性选择。

　　综上,专利侵权纠纷的行政处理在当今时代并无足够的必要性与合理性,建议取消专利管理部门的行政裁决职能(在该行政职能被取消后,中国也可考虑借鉴英国知识产权局的经验建立专利纠纷调解中心,使之成为司法诉讼的有益补充),同时建议加强专利管理部门的行政管理职能(包括查处假冒专利行为、决定强制许可、实施专利权质押登记、制定国家或区域性或行业性专利战略)和行政服务功能(包括专利信息检索和分析服务、专利预警等专业化服务)。[65] 如此才可能扬长避短,顺应法治社会潮流,否则就可能让中国专利制度走向高成本的治理模式。在探讨如何发挥国家知识产权局职能方面,建议多借鉴日本专利局、韩国知识产权局、美国专利与商标局在引导本国创新方面的经验,这可能要比坚持加强专利管理部门的专利侵权纠纷处理职能更为重要。就这些修法目标而言,本次《专利法》修订文本不仅尚未跟上中国专利制度发展的历史趋势,反而还试图趋于不理性的制度建设方向。希望立法者能够认清中国社会的发展趋势,再次作出理性的选择,探讨如何在维护制度稳定过渡的前提下,实现专利制度的合理改造,以保证中国专利制度的可持续发展,使之成为能够真正引领中国社会进步的创新激励制度。

---

[65] 参见王秀哲:《知识产权的私权性与行政保护》,载《学术论坛》2009年第10期,页155—159。

著作权"合理使用"制度立法模式探讨
——以《著作权法》修订为视角

张 今[*]

一、我国著作权限制制度立法现状

著作权理论上的权利限制和例外系指所有无须征得著作权人同意而使用作品的情形,包括正当使用、法定许可、强制许可,权利保护期、权利穷竭。在制定法上,权利限制和例外包含正当使用、非自愿许可使用。我国《著作权法》"权利的限制"设在"著作权"一章,包括自由无偿使用和法定许可两类条款,另有其他法定许可条款分别规定在《著作权法》其他章节。对于自由无偿使用,学界普遍称之为"合理使用",或者将"权利的限制和例外"与"合理使用"混用。合理使用是美国版权法特有的术语,其居于权利限制体系之中,又是一个自成一派的理论概念和法律制度。在美国以外的国家包括中国的《著作权法》中,并不存在"合理使用"制度。我们将"著作权限制和例外"习惯地称为"合理使用",只是借用其名,而未有其实。但为叙述方便本文会沿用这一习惯用法。

《著作权法》第 22 条规定,在 12 种情况下使用作品,可以不经著作权人许可,不向其支付报酬,但应当指明作者姓名、作品名称,并且不得侵犯著作权人依照本法享有的其他权利。这些情况例个人使用、新闻报道、引用、教学和研究使用、公务使用等即构成合理使用的个别限制条款。《著作权法实施条例》第 21 条规定:"依照著作权法有关规定,使用可以不经著作权人许可的已经发表的作品的,不得影响该作品的正常使用,也不得不合理地损害著作权人的合法利益。"显然,这一规定来源于《伯尔尼公约》

---

[*] 张今,中国政法大学教授。本文为中国政法大学科学研究规划项目"数字环境下著作权限制制度与我国著作权法修改"(项目号:16ZFG82002)的阶段成果。

"三步检验法",系一般规则对例外情形的使用行为所作的检测,判断使用行为是否构成合理使用。

现行合理使用制度的上述模式存在的问题是:缺少合理使用一般条款,而特别限制条款对例外情形采完全列举式规定,形成正当使用"封闭式"特点。封闭式权利限制的缺陷在于,首先,一般条款的缺位,影响权利限制制度平衡著作权人利益与社会公共利益的功能,难以处理变化之中新的使用方式,导致一些符合权利限制正当性的使用方式被排除在合理使用范围之外,新的商业模式往往面临着侵权诉讼的风险。尽管经过数次修订,个别限制条款已作细节性修改,但对于与数字技术有关的作品使用行为如网页快照、新闻聚合、数字图书馆等新形态的合法性判断缺乏法律依据。已有的一些个别限制条款规定的情形在新的社会环境下是否依然构成合理使用也成为判断的焦点。其次,在合理使用一般规定缺位的情况下,个别限制条款本应当对各种正当使用行为作出完全列举,并且法律规定的措辞准确、精细,具有可操作性。而现有的12种例外情形无法周延新的使用方式,有的条款过于原则,内容含糊不清,导致不适当地扩大或缩小一些正当使用的范围。此外,还有三步检验法和个别限制条款的关系所产生的适用法律的问题:个别限制条款是接受三步检验法的重复检测还是对个别限制条款作限制或扩张解释?"三步检测"标准是依照国际公约适用,还是将美国合理使用规定应用到"三步检验法"各要件的解释中去?①

《修订草案送审稿》(以下简称《送审稿》)对权利限制立法作了很大变动。从结构来看,将权利的限制由现行《著作权法》一节提升为一章,统领合理使用、法定许可使用,从条文设置看,试图建立合理使用"一般规定+特别规定"的模式,一方面增加了"其他情形"一项作为兜底条款,另一方面以"三步检验法"为合理使用判定标准。应当承认,《送审稿》关于权利限制的体例和条文设计整合了权利限制制度,清晰了权利限制在著作权法中的地位,引入一般规定的做法具有明显的合理性。

二、《送审稿》权利限制规定的分析

《送审稿》第43条在原有12种个别限制条款的基础上增加一项"其他情形",并将《著作权法实施条例》第21条的"三步检验法"作为一款纳入《著作权法》作为判断个别限制条款之外的情形是否构成正当使用的判断标准。上述修订似乎表明我国预备突破"封闭式",建立开放式权利限制的立法。

"一般规定+个别规定"的模式有利于提高合理使用制度的立法科学性。如果仅仅依靠各项特别规定来规范合理使用行为,对立法技术要求过高,难免因措辞不准而产生歧义。而且,随着作品使用方式日益多样,新型的合理使用行为随之出现,在"封

---

① 参见张鹏:《我国著作权限制规定的立法形式初探》,载《知识产权:技术创新与制度完善》,知识产权出版社2016年版,页138。

闭式"结构之下就需要不断增设个别限制条款,以应对新技术的应用,这需要频繁地修订法律,导致法律条文冗长、复杂。例如,日本在2009年修订《著作权法》时,对合理使用制度中为私人目的的复制、为视觉障碍者的复制、为听觉障碍者的复制等多个条款都进行了修改,形成了个别限制条款共计29个条文、每个条文又包含数个款项。如此庞杂的规定反过来更增加了立法难度——立法者不仅要考虑每一条款中的相关措辞是否表述准确,还要避免不同条款之间的相互交叉,可谓难上加难。而导入合理使用一般性规定,立法者可不必为周全例外情形而设置冗长的法律条文,既使得法律规定简明扼要,又使法律运用富有灵活性,从而提高立法的科学性。

其次,"一般规定+个别规定"有利于弥补立法的滞后性,提高法院审判工作的合法性、可操作性。在封闭式的个别限制条款形式下,即使列举再详尽,立法也难免滞后于新技术的发展,甚至可以说,为了使司法活动具有可操作性,个别规定中的措辞越精准,该滞后性显现得越快。而在个别规定之外设立一般性规定,使得此后出现的各种新型使用行为因为符合一般规定的正当性标准而纳入合理使用范围内,从而有效缓解因列举不完全而产生的立法滞后于技术的问题。同时,司法实务依据一般规定进行审理和判决时,既能提高司法活动的公正性和准确性,也符合依法裁判的要求,不至于产生自由裁量权过大的质疑。

再次,"一般规定+个别规定"模式符合立法的客观规律。从著作权国际公约历史沿革看,合理使用的规定先有具体而详尽的个别规定,再有一般性的总规定,即"从个别到一般",而后者的地位更加显著。《伯尔尼公约》在1967前的文本中即已设置了"使用作品的有限自由",包括引用、为教学目的的使用、为报道目的的使用,至1967年斯德哥尔摩文本又在上述个别限制和例外以外设置了权利限制的一般性规定"三步检验法"。由于三步检验法是所有例外中最重要的一个例外,被纳入TRIPS协定和WCT,其适用范围也从复制权的限制扩大到著作财产权限制的总条款。

从比较法角度看,增设一般规定是各主要国家权利限制的立法趋势。目前,美国、欧盟等国家和地区已采取此种模式,美国采用四要素检验法作为一般性条款,欧盟以三步检验法为一般性条款。而在一般条款缺位、仅有特别规定的国家中,也有些国家意识到缺少一般性规定产生的弊端和"一般规定+个别规定"的优点,开始思考权利限制的立法形式问题。日本2010年成立了合理使用一般规定工作小组,深入探讨引入一般性规定的必要性。就其已有研究成果来看,支持方提出的理由比较充足,包括:一般条款缺位可能产生对新型商业模式产生抑制效果;法院虽然在实践中采取对个别规定的扩张解释或类推适用等解决方式,但其界限不明;引入一般规定将带来较大的经济效益等。维持和增加一般性规定反映了权利限制制度改革的方向是增加弹性、开放性,以应对社会环境的变化和著作权权利扩张而减损使用者利益及公共利益。

由此看来,我国《著作权法》最新修订倾向于设立合理使用一般规定,改个别限制条款构成的封闭式为开放式,迎合了社会现实的需求,符合权利限制立法方向。但是欲达此目标,修订草案仍需得到进一步改进和完善。

三、"合理使用"立法模式的选择

1. 以合理使用的概括性规定加"三步检验法",构造合理使用一般规定。

合理使用一般规定首先要提炼出合理使用行为的共同特征,这对于整个合理使用制度具有提纲挈领的作用,以利于指引个别条款的运用,得以在没有个别限制条款的情形下解读新的使用行为。事实证明,个别限制条款的最大缺陷就在于难以穷尽式列举可豁免的适用情形,导致法律无法及时应对新技术条件下商业模式的展开,特别是对那些依赖于信息网络和数字技术的商业模式的合法性判断缺乏法律依据,而已有的个别限制条款规定的情形在新的社会环境下是否依然构成合理使用不无争议。如果将合理使用制度的完善完全寄托在个别规定内部,达到的效果十分有限。只有设立合理使用一般性规定,概括合理使用的共同特征,居于在一般性规定的站位对个别规定进行检视、限制,才能真正促使个别规定的健全与完善。

《送审稿》将三步检验标准提升到法律层级,增设为一款,但由于并未界定合理使用行为的概念,故合理使用仍然含义不清,原则不明确,仍可能造成使用者难以把握合理使用行为的本质,进而难以预测使用行为能否进入合理使用范围,司法审判同样会面临难以确定应在何时、何种场合运用一般条款的困惑。此外,将一般性规定置于条文底部,未能体现出一般规定和个别规定是标准和规则的区别,未能明确权利限制条款的指引作用。可以说,《送审稿》仅仅将"三步检验法"提升至法律,并未达到设立合理使用一般规定的目的。

"三步检验法"是国际公约为各国著作权限制立法提供的基本遵循,对成员国国内立法具有普遍约束力。这一权利限制总条款的义务主体是各成员国。在国内著作权立法时,个别限制条款已经通过了三步检验法的测试,相关限制和例外的范围是有限的,具有明显的正当性理由,属于值得豁免的使用行为。然而"三步检验法"并不等同于合理使用一般条款。

比较分析各主要国家的著作权限制制度可以发现,《美国版权法》第107条规定的"合理使用"是真正意义上的合理使用一般条款。从立法结构上看,该条分为几个部分:第一,确认合理使用是非侵权行为,立法语言为"合理使用——不属于侵犯版权";第二,列举了几种符合立法根据的使用行为,立法语言为"诸如批评、评论、新闻报道、教学、学术和研究";第三,提出了合理使用的判断标准,即"使用的目的和性质、版权作品的性质、被使用部分的数量和实质性、对被使用作品的经济影响"四个要素。这样一个既有定义、检测要素,又有示例的一般规定具有较强的抽象性和灵活性,给司法留下宽阔的运用空间。正是由于合理使用一般规定的存在,塑造了开放的美国版权限制制度。

我国《著作权法》修订倾向于将权利限制朝着开放性转变,美国的合理使用一般规定值得借鉴。具体建议为,在《送审稿》规定"三步检验法"的条款中增加概括性内容,提炼出合理使用的共同特征,并将该条款提前至第1款,以此统领各项权利限制特别规定。在立法表述上,指明"在下列情况下使用作品,不视为侵犯著作权"和加上"三步检验法",作为合理使用一般性规定。

上述立法建议在"定性"部分,概括性地规定合理使用"不视为"侵犯著作权,指明了合理使用的法律属性。概括性内容使得合理使用行为的共同特征一目了然,"合理使用"成为内涵鲜明的概念。作为一项精准确定著作权权利范围的制度,合理使用是在复制权、发行权等具体权项划分出著作权的基本范畴之后,将其中对著作权权利进行限制的部分排除出去。司法实践中合理使用运用于著作权侵权纠纷中豁免作品使用人的侵权责任。当遇到著作权侵权案件时,法官首先判断被告对原告作品的使用是否落入著作权范围;如果是,再看其是否构成合理使用,能否免除侵权责任。据此,只有落在著作权范围之内,在形式上可能构成侵权行为而需承担侵权责任时,才会运用合理使用制度。而将此形式侵权行为性质以立法的方式点明,有利于清晰划定合理使用的外延,避免司法实践中适用过宽。

建议中"不视为侵犯著作权"的表述与现行《著作权法》第47、48条(《送审稿》则为第77条)中"下列侵权行为"的表述遥相呼应,十分鲜明地指出,二者之间在行为范围上属于被包含关系,法律结果上则截然相反。如此,合理使用行为与著作权侵权行为之关系更加清晰,人们将能清楚地认识到该制度是用于著作权侵权纠纷中的免责事由,而非用于确定著作权的权利范围。

2. 明确合理使用的判断标准为"三步检验法",将其位置从第3款提至第1款。

"三步检验法"是合理使用一般规定的重要组成部分,为合理性判断提供统一而明了的标准。首先,三步检验法可以明确地实现合理使用的立法目的,为了公众利益而对著作权行使进行一定程度的限制和例外,但又不违背保护著作权的根本要求。"三步检验法"中的各项要素均符合制度宗旨。其中"仅限于某些特殊情形",表明例外和限制在量和质上都是狭窄的、有限的,而非广泛适用于一切场合;两个"不得"要素则确保在公众可以从限制和例外中受益的同时,著作权人的合法权利和正常使用不会受到影响。换言之,合理使用不会因保护公众利益而过分损害著作权人的权利,二者之间的利益天平不致失衡。

三步检验法具有广泛的适应性和前瞻性。个别限制条款是规则,大都从使用目的、使用主体、使用客体、使用范围方面规定了严格的条件,在法律适用上具有优先性。三步检验法是标准,摒弃了使用主体、使用客体等各个具象因素,仅分析行为的后果,此即跳过各种技术性中间环节,直接考察使用行为是否造成著作权人的利益与公众利益之间的失衡。由此,三步检验法既可以适用于对个别限制规定的使用情形进行考量,是"限制的限制",同时,三步检验法又具有抽象性,可运用于对尚未创设个别限制条款的情形进行解释,包容符合正当性目的的新的使用行为。因而具有顺应社会环境变化适度扩张权利限制范围的前瞻性。

"三步检验法"是大多数立法例所遵循的标准,如欧盟、法国、西班牙和意大利,只有美国和我国台湾地区等少数立法例采取"四要素"法。初看之下,四要素测试法比三步检验法提出的衡量因素更具体,似乎较易操作,但从整体来看,三步检验法更加合理。"四要素测试法"比较拘泥于技术性的中间环节,造成实际判断时标准的不确定性。2013 年美国商务部互联网政策工作小组发布的《数字经济中版权政策、创造与创新》中明确提出:"数字技术同样需要对版权例外作出更新。这些更新必须立足于符合国际法'三步检验标准'的一般义务:版权例外必须限制于特定情形,版权例外不得与作品的正常使用相冲突或不得无理损害权利人的合法利益",表明理论上也倾向于接受三步检验法为权利限制和例外的判断标准。

最后,将三步检验法提升至第 1 款,有利于明确其对于后续个别限制条款的统摄作用,明确了一般规定与个别规定限制被限制、解释被解释的关系,即,不仅在援引"其他情形"兜底条款判断合理使用行为时需运用该检验法,在援引个别规定对使用行为进行限制和解释时也需要运用三步检验法。

上述立法建议有利于更加清晰地指导司法实践。《著作权法》现有 12 项特别规定十分简洁,即使《送审稿》作了一些修改,也远不如德国、日本等采取封闭式权利限制的立法所规定的那样详尽细致,例如第 2 项中的"适当"、第 6 项中的"少量"、第 7 项中的"合理"等词含义模糊,仍需运用三步检验法进行合目的性判断。而现行立法将三步检验法置于法律位阶较低的《著作权法实施条例》中,给人一种补充规定的印象,于是法官们在判断合理使用时,对于 12 种特别规定中的情形几乎都不考虑三步检验法,最多只有在出现超越特别规定之外的新的合理使用情形时才运用三步检验法进行分析。《送审稿》虽然有所改进,将三步检验法引入法律中,但作为第 2 款,置于各项特别规定之后。从逻辑关系看,三步检验法与第 1 款中的各项特别规定便处于同等地位,而非前者统率后者的总分关系。在法律适用上,运用个别限制条款是否还要接受三步检验法的测试仍然不够清晰。在本项建议中,三步检验法置于个别限制条款之前,两者之间总分关系十分明确,于是无论对于兜底条款还是 12 项特别限制规定,三步检验法的统摄地位和适用性都是确定和明朗的,这有利于更好地指导司法实践。

3. 将现行规定中"不得侵犯著作权人依照本法享有的其他权利"修改为"不得侵犯著作权人依照本法享有的保护作品完整权等其他权利",点明了该"其他权利"系指著作人身权而不包括著作财产权。

如此有如下好处:

一是使得"不得侵犯著作人身权"的要求更加明确,有利于警示潜在的合理使用者:既须指出作者姓名或者名称、作品名称、作品出处,又不得歪曲、篡改原作品。而此种方式也增加了立法的简洁性,无需像德国、日本等国家那样在立法中另设条文,专门作出注明出处和禁止改动的规定。

二是加强了立法表述的严谨性。合理使用属于形式侵权行为,从著作权专有性而言,未经许可擅自使用作品即已侵犯了著作财产权,但从公共利益和轻微的经济影响来考虑,法律予以特别对待,免除行为人的侵权责任。而作者精神利益留驻于作品,独立于经济利益,即使合理使用也应受到尊重。换言之,合理使用行为不得侵犯的应当是并且仅仅是著作人身权,而非泛泛的包括著作财产权在内的"其他权利"。

根据上述立法建议,特提出著作权合理使用法律条文如下:

> 在下列情况下使用作品,可以不经著作权人许可,不向其支付报酬,不视为侵犯著作权,但不得影响作品的正常使用,也不得不合理地损害著作权人的合法利益,同时应当指明作者姓名或者名称、作品名称、作品出处,并且维护著作权人依照本法享有的保护作品完整权等其他权利:
>
> (一)……
>
> (二)……
>
> (三)……
>
> (十三)其他情形。

论科技资源的共享模式

张金平　赫运涛　范治成[*]

【摘要】 科技资源的共享是在明确科技资源归属的前提下展开的,在权属不明的情况下进行共享相当于无源之水。依据我国《宪法》《物权法》以及知识产权法等法律法规,可以初步确定国家科技资源的权属,并在此基础之上进行开放共享、有权限共享和商业化共享。为了全面高效推进国家科技资源的共享,应当要求科研项目申报方在申请国家科研资助时将设备共享纳入大型科研采购规划,而非强调国家科技资源管理方在设备购买后的共享。为了便于前述采购规划的拟定和评估,应当由国家建立全国性共享网络平台,做好相关科技资源可共享方面的公示。与此同时,应当允许国家科技资源管理方根据市场化机制探讨部分国家科技资源的商业化共享,同时保障相关国家科技资源的知识产权,将共享所得首先用于相应国家科技资源的维护、相关科研人员的奖励以及后续科研的投入。

【关键词】 使用权;开放共享;有权限共享;商业化共享;采购规划

我国特别重视科技资源的共享,2007年修订的《科学技术进步法》第46条,首次从法律层面对科技资源共享明确规定,利用财政性资金设立的科研机构,应当建立有利于科学技术资源共享的机制,促进科学技术资源的有效利用。2013年,国务院颁布的《国家重大科技基础设施建设中长期规划(2012—2030年)》明确要求强化科技平台的开放共享,健全重大科技基础设施开放共享制度,最大限度发挥其公共平台作用。2015年1月初发布的《国务院关于国家重大科技基础设施和大型科研仪器向社会开放的意见》,进一步要求将国家大型科研仪器的共享作为重点工作来抓。

依照前述立法及规范性文件,我国已经在很长一段时间以来积极开展科技资源的

---

[*] 张金平,北京大学法学院2013级博士生。赫运涛,国家科技基础平台中心副研究员。范治成,国家科技基础研究平台助理研究员。

共享工作,取得了一定成就,但也存在不少问题。① 突出成就方面,包括但不限于推出了国家生态系统观测研究网络等23家科技平台作为科技资源共享建设的重点单位和先行实践单位。问题方面,由于前述法律法规的规定过于原则性,导致共享平台在推进具体共享工作时遇到诸多棘手问题:共享范围不够清晰、共享主体的职责不够清晰、共享模式和流程不够规范、共享是否收费以及如何收费、共享的监督和激励机制不够完善等。② 限于篇幅,本文目标并不在于解决所有上述问题,而在于厘清我国现有科技资源共享立法,确认共享客体的所有权与管理权二元分离的关系,并在此基础之上提出合适的共享模式及其实施时的注意事项。③

一、科技资源共享的法律框架

共享,按照维基百科的解释,通常是指多个主体共同拥有对某种资源或者空间的使用权;但狭义上,共享是针对本身具有有限性的资源或空间,例如一片草原或者建筑物。④ 显而易见,科技资源本身具有有限性,因而为了优化科技资源的利用也可以对其进行共享。另外,从狭义的角度而言,科技资源的共享是针对科技资源的使用权的共享,而非对科技资源所有权的共享,后者从严格意义上讲是共同所有。因此,将科技资源共享,首先要解决的是谁对共享客体享有所有权,然后才能决定谁有权限将科技资源的使用权单独共享出来、供他人使用,以及后续如何管理和监督他人的使用。在实践中,这是国家机关工作人员遇到的首要困惑,例如其是否有权对其管理的科技资源进行共享,哪些不当的共享行为会导致国有财产流失。

(一) 科技资源的所有权规定

我国《宪法》规定,国家公共财产神圣不可侵犯,禁止任何组织或者个人利用任何手段侵占或者破坏。因此,对于科技资源的共享,首先,要明确哪些科技资源归国家所有;其次,对于国家科技资源的共享,应当依法进行共享,否则可能构成侵占国家公共财产;最后,应当提高科技资源共享的效率,最大化利用科技资源的效益。

对于科技资源的所有权,目前我国并没有统一的法律进行规定,散见于《宪法》《物权法》《专利法》《著作权法》《国家保密法》《企业国有资产法》等法律。《宪法》的规定属于宣示性,《物权法》的规定更为全面。《物权法》第41条规定,法律规定专

---

① 参见马怀德、张红、高辰年:《我国科技资源共享立法的几个问题》,载《北京理工大学学报(社会科学版)》2007年第2期;杨行、彭洁、赵伟:《2002—2012年国内科技资源共享研究综述》,载《情报科学》2014年第1期;于赵波:《由"持有者权利主义"转向"使用者权利主义"——论科技资源共享立法的制度理念》,载《中国科技论坛》2007年第7期。
② 笔者曾对科技部和财政部联合评审的国家生态系统观测研究网络等23家科技平台进行实地调研。
③ 本文仅探讨国家所有的科技资源的共享,不涉及科技方面的私有财产的共享。
④ See Wikipedia, Sharing, available at https://en.wikipedia.org/wiki/Sharing, last visited April 16, 2017.

于国家所有的不动产和动产,任何单位和个人不能取得所有权;第 49 条、第 50 条、第 51 条规定野生动植物资源、无线电频谱资源以及文物都属于国家所有;第 52 条规定,国防资产归国家所有,铁路、公路、电力设施、电信设施和油气管道等基础设施,依照法律规定为国家所有的,属于国家所有。

对于科技资源中的数据或信息资源的所有权,《国家保密法》第 9 条规定科学技术中的秘密事项以及经国家保密行政管理部门确定的其他与科技活动有关的秘密事项,都属于国家秘密,不得泄露。《专利法》和《著作权法》规定了职务发明、职务作品的归属。其中,《专利法》第 4 条规定,申请专利的发明创造涉及国家安全或者重大利益需要保密的,按照国家有关规定办理。第 5 条和第 25 条规定,对违反法律、行政法规的规定获取或者利用遗传资源,并依赖该遗传资源完成的发明创造,以及科学发现、智力活动的规则和方法、疾病的诊断和治疗方法、动物和植物品种等方法,不授予专利权。第 6 条规定,执行本单位的任务或者主要是利用本单位的物质技术条件所完成的发明创造为职务发明创造;该职务发明创造申请专利的权利属于该单位,申请被批准后,该单位为专利权人。[5]

《著作权法》第 5 条规定,除了法律、法规,国家机关的具有立法、行政、司法性质的文件及其官方正式译文,时事新闻,历法、通用数表、通用表格和公式之外,其他符合著作权法要求的作品,都享有著作权。《著作权法》第 11 条规定,一般情况下,创作作品的公民是作者,作者对作品享有所有权;但特别情况下,由法人或者其他组织主持,代表法人或者其他组织意志创作,并由法人或者其他组织承担责任的作品,法人或者其他组织视为作者。第 14 条规定,如果数据库符合汇编作品的要求(即对其内容的选择或者编排体现独创性的),也可以享有著作权。第 16 条规定,公民为完成法人或者其他组织工作任务所创作的作品是职务作品,其著作权归属于法人或其他组织。[6]

此外,《科学技术进步法》第 20 条为了鼓励科技项目承担者进行科研,将《专利法》或《著作权法》规定应由法人或其他组织享有所有权的职务发明或职务作品,规定为"利用财政性资金设立的科学技术基金项目或者科学技术计划项目所形成的发明专利权、计算机软件著作权、集成电路布图设计专有权和植物新品种权,除涉及国家安全、国家利益和重大社会公共利益的外,授权项目承担者依法取得"。但是,如何判断这些科研成果涉及国家安全、国家利益和重大社会公共利益,尚不明确。

---

[5] 其中,"执行本单位的任务所完成的职务发明创造",指的是:(1) 在本职工作中作出的发明创造;(2) 履行本单位交付的本职工作之外的任务所作出的发明创造;(3) 退休、调离原单位后或者劳动、人事关系终止后 1 年内作出的,与其在原单位承担的本职工作或者原单位分配的任务有关的发明创造。"本单位的物质技术条件",是指本单位的资金、设备、零部件、原材料或者不对外公开的技术资料等。

[6] 这里有两种构成职务作品的情形:(1) 主要是利用法人或者其他组织的物质技术条件创作,并由法人或者其他组织承担责任的工程设计图、产品设计图、地图、计算机软件等的;(2) 属于法律、行政法规规定或者合同约定著作权由法人或者其他组织享有的。如果不属于前述两种情形的,其著作权归属于作者。

综上,科技资源中涉及国家所有的动产和不动产的权利归属,《宪法》和《物权法》的规定非常清晰,由国家所有。其中,科学仪器和设备属于物权法意义上的动产。然而,科技资源中的数据和信息,涉及国家秘密的,不得泄露;而涉及专利和作品的数据和信息,其权属的规定,相较于动产和不动产而言,由于涉及是否为职务发明或职务作品的判断,更为复杂,应当依据《专利法》《著作权法》和《科学技术进步法》具体情况具体分析。

(二) 科技资源的管理和使用的法律规定

对于国家所有的科技资源的管理和使用,我国也没有统一的法律规定,散见于《国家保密法》《物权法》《专利法》《著作权法》《科学技术进步法》《科技成果转化法》等法律法规。

其中,《国家保密法》第9条规定科学技术中的秘密事项以及经国家保密行政管理部门确定的其他与科技活动有关的秘密事项,都属于国家秘密,不得泄露;第10条规定,国家秘密的密级分为绝密、机密、秘密三级;第15条规定国家秘密的保密期限,除法律另有规定外,绝密级不超过30年,机密级不超过20年,秘密级不超过10年;机关、单位对在决定和处理有关事项工作过程中确定需要保密的事项,根据工作需要决定公开的,正式公布时即视为解密。因此,涉及国家秘密的科技资源,在解密之前,依法不得共享。

对于国家所有科技资源中属于动产和不动产的管理和使用,《物权法》第45条规定,法律规定属于国家所有的财产,除法律另有规定之外由国务院代表国家行使所有权;第53条和第54条规定,国家机关和国家举办的事业单位对其直接支配的不动产和动产,享有占有、使用以及依照法律和国务院的有关规定处分的权利。

对于国家所有的科技资源中属于专利的管理和奖励,由《专利法》规定。其中,《专利法》第16条、第17条、第76条、第77条和第78条规定了被授予专利权的单位对职务发明创造的发明人或者设计人给予的奖励,有约定的从其约定,没有约定的,应当自专利权公告之日起3个月内发给发明人或者设计人奖金。[7]

对于国家所有的科技资源中属于作品的信息和数据,包括文字、图案、录音、视频、数据库,都由《著作权法》规定。其中,《著作权法》第14条规定,汇编人对汇编作品行使著作权时,不得侵犯原作品的著作权。对于属于作者而非法人或其他组织享有著作权的职务作品,第16条规定,法人或者其他组织有权在其业务范围内优先使用;作品

---

[7] 具体奖金设定为:;一项发明专利的奖金最低不少于3000元;一项实用新型专利或者外观设计专利的奖金最低不少于1000元;而且,在专利权有效期限内,实施发明创造专利后,每年应当从实施该项发明或者实用新型专利的营业利润中提取不低于2%或者从实施该项外观设计专利的营业利润中提取不低于0.2%,作为报酬给予发明人或者设计人,或者参照上述比例,给予发明人或者设计人一次性报酬;被授予专利权的单位许可其他单位或者个人实施其专利的,应当从收取的使用费中提取不低于10%,作为报酬给予发明人或者设计人。

完成两年内,未经单位同意,作者不得许可第三人以与单位使用的相同方式使用该作品。

对于科研项目承担享有发明权和著作权的发明和作品的使用,《科学技术进步法》第 20 条规定,项目承担者应当实施该知识产权,同时采取保护措施,并就实施和保护情况向项目管理机构提交年度报告;在合理期限内没有实施的,国家可以无偿实施,也可以许可他人有偿实施或者无偿实施;同时,国家为了国家安全、国家利益和重大社会公共利益的需要,可以无偿实施,也可以许可他人有偿实施或者无偿实施;最后,项目承担者因实施上述知识产权所产生的利益分配,先按照法律法规的规定进行执行,如无规定的,按照项目承担者与项目管理机构的约定执行。

对于职务科技成果(包括职务发明和职务作品),《科技成果转化法》规定促进这些成果进行社会效益转化的措施。其中,第 3 条规定,科技成果的转化要有利于实施创新驱动发展战略,并应当遵守市场规律、遵守法律法规。第 7 条规定,国家为了国家安全、国家利益和重大社会公共利益的需要,可以依法组织实施或者许可他人实施相关科技成果。第 10 条,利用财政资金设立应用类科技项目和其他相关科技项目,应当明确项目承担者的科技成果转化义务。第 43 条规定,国家设立的研究开发机构、高等院校转化科技成果所获得的收入全部留归本单位,在对完成、转化职务科技成果做出重要贡献的人员给予奖励和报酬后,主要用于科学技术研究开发与成果转化等相关工作。⑧

因此,对于科技资源的使用和管理,大型仪器、设备等动产与数据类或信息类的国家秘密、发明、作品的使用和管理存在比较大的区别,前者的归属明确,国家在管理时比较容易;而后者存在复杂的国家秘密划定、职务发明和职务作品的判定,其管理和使用较为复杂,其利用也往往涉及科研人员的奖励和报酬问题。

(三)科技资源共享的法律框架

目前,我国并没有明确而统一的科技资源共享立法,但部分立法在一定程度上涉及了共享的问题。⑨

例如,《科学技术进步法》第 46 条规定,利用财政性资金设立的科学技术研究开发机构,应当建立有利于科学技术资源共享的机制,促进科学技术资源的有效利用。其中,对于大型科研仪器、设备的购买,第 64 条规定了国家要根据科学进步的需要,按照统筹规划、突出共享、优化配置、综合集成、政府主导、多方共建的原则,制定购置大型科学仪器、设备的规划,并开展以财政性资金为主购置的大型科学仪器、设备的联合评议工作。对于大型科研仪器、设备的采购在《科学技术进步法》中突出共享的规定,应

---

⑧ 对于科研人员的奖励,《科技成果转化法》第 45 条进行了详细的规定。
⑨ 《政府信息公开条例》仅适用于行政机关的信息公开,不适用于高校、科研机构、研发机构的信息公开。

当说在一定程度上满足《物权法》第53条和第54条对于国家所有的动产(包括大型科研仪器、设备)的处分要求——依照法律和国务院的有关规定行使处分该动产的权利。[10]另外,2014年12月31日发布了《国务院关于国家重大科研基础设施和大型科研仪器向社会开放的意见》,进一步要求开放共享大型科研仪器,但该意见仅属于一般性规范性文件,尚未达到行政规章的层级,法律层级有待提升。

对于数据类和信息类的科技资源,《科学技术进步法》第65条规定,国务院科学技术行政部门应当会同国务院有关主管部门,建立科学技术研究基地、科学仪器设备和科学技术文献、科学技术数据、科学技术自然资源、科学技术普及资源等科学技术资源的信息系统,及时向社会公布科学技术资源的分布、使用情况;在根据使用制度安排使用时,应遵循法律、行政法规规定对有保密要求的,按照该要求处理;在进行公布和使用时,科学技术资源的管理单位不得侵犯科学技术资源使用者的知识产权,并应当按照国家有关规定确定收费标准;管理单位和使用者之间的其他权利义务关系由双方约定。

另外,对于科技成果的公布和共享工作,2015年修订的《科技成果转化法》第11条规定,国家应当建立、完善科技报告制度和科技成果信息系统,向社会公布科技项目实施情况以及科技成果和相关知识产权信息,提供科技成果信息查询、筛选等公益服务;公布有关信息不得泄露国家秘密和商业秘密;对不予公布的信息,有关部门应当及时告知相关科技项目承担者;利用财政资金设立的科技项目的承担者应当按照规定及时提交相关科技报告,并将科技成果和相关知识产权信息汇交到科技成果信息系统;国家鼓励利用非财政资金设立的科技项目的承担者提交相关科技报告,将科技成果和相关知识产权信息汇交到科技成果信息系统,县级以上人民政府负责相关工作的部门应当为其提供方便。

应当说,《科学技术进步法》《科技成果转化法》为我国科技资源对外公布和共享提供了法律依据,但具体应当如何共享大型科学仪器、设备以及相关数据,则需要进一步明确。尤其是对于数据类和信息类的科技资源应当建立合适的资源公示与共享使用的制度,还需要进行探索,并最终通过立法明确下来。

二、科技资源共享的模式

实践中,科技资源的共享主要分为大型科研仪器、设备和数据类、信息类的科研数据和科研成果的共享。根据《科学技术进步法》《科技成果转化法》和《关于国家重大科研基础设施和大型科研仪器向社会开放的意见》的规定,这两类科技资源的共享还

---

[10] 但是,《科学技术进步法》该条的规定仍然从政府主导的方式去突出共享,而不是让科研项目负责人在做项目设计(尤其是采购)时考虑租用已有的科研设备是否更为合适,这二者的差别是思想观念上的差别,是外在动力和内在动力上的差别,值得进一步深思。

应当根据其特性采取相应的共享模式。

(一) 开放共享

开放共享,是指除涉及国家安全、公共安全、知识产权、个人隐私外,国家大型科研仪器、设备、科研数据,应当面向社会进行开放共享。其中,"开放共享"指的是国有大型科研仪器、设备和科研数据的管理者应当依法向社会无歧视地公开和开放。"面向社会",指的是本国任何组织和个人都可以使用该大型科研仪器、设备和信息,而无须进行身份审查和资格审查。不过,这里不包括外国组织和个人。[11]

应当指出的是,开放共享侧重于向社会进行无歧视的共享,强调的是将国家科技资源置于一种可供他人使用的状态,但不是"强制共享"。相反,强制共享指国家有义务向纳税人共享国有科技资源,强调国有科技资源管理者有义务向使用者提供共享服务,侧重的是使用者的权利。[12] 因此,在强制共享理念下,不管该科研仪器、设备是否为持有者所正在以及在相当长时间内都需要持续使用,只要有使用者提出正当共享需求都应当向使用者共享,即首先保障使用者的使用该科研仪器、设备的权利。然而,科研仪器和设备是有体物,一个人占用就必然排斥他人使用,因此,如果国家科技资源的共享不首先考虑该科研仪器和设备的管理者购买该设备的初衷——例如,在相当长一段内持续使用该科研仪器和设备实现科研目的——而过于强调购买设备就是为了未来的共享,那么购买该设备的初始目的被淡化,无异于舍本逐末。这与购买科研仪器和设备进行科研的目的,以及避免科技资源浪费、提升利用率而进行共享的初衷,都是相违背的。另外,科技资源也包括数据类科研数据,该类数据是否涉及国家安全、知识产权和个人隐私本身并不是一个非白即黑的结果,而是需要个案判断的,如果一概强调强制共享,可能会忽视个案的问题,导致侵害国家安全、侵害科研单位及科研人员的知识产权、侵害数据中个人隐私权。

其实,开放共享在国外已有比较成熟的制度。例如,《美国政府采购条例》规定了联邦机构对于设备的所有权和对外共享的制度,《联邦条例法典》第2章第4小节规定了联邦资助机构购买的设备的所有权和对外共享的制度。在这两部有关共享的规定中,有两点值得我国借鉴:(1) 考虑设备的实际使用情况,而不是一律必须共享;美国强调设备——不论是联邦所有,还是科研项目方所有——的共享,都要考虑共享使用是否会影响购买该设备的原本项目的实施;而且,即使该设备可供共享时,也首先考虑联邦资助的项目方,而不是非联邦资助的项目方[13];(2) 要求科研项目方在项目规划时

---

[11] 不包括外国组织和个人有两大原因:一是因为国有的科技资源的资金来源于国内企业和公民个人的纳税,国家无义务向外国组织和公民提供国民待遇;二是因为外国组织和个人使用这些科研仪器、设备和数据的目的仍应当在事前审查。

[12] 于赵波:《由"持有者权利主义"转向"使用者权利主义"——论科技资源共享立法的制度理念》,载《中国科技论坛》2007年第7期。

[13] See §200.313 Equipment, Code of Federal Regulations.

就要考虑未来需要使用的设备是应当租用还是购买。⑭ 在实践中,有必要使用大型科研仪器、设备和科研数据的使用者其实也是科研机构及其科研人员,他们在进行科研项目设计和实施之前,都要先行根据法律规定的因素考虑是租用已有设备还是购买新设备。美国之所以会有这样的制度安排,其实是已经考虑到在科研中没有谁始终是科研设备的管理者或所有者,谁始终是使用者,二者之间的身份会因不同项目不同设备而转换,因此过分强调谁是使用者谁是管理者会影响共享主体的积极性,损及科技资源的高效共享。

另外,开放共享并不必然是无偿共享。对于大型科研仪器、设备而言,这些设备的使用必然会产生损耗,需要一定的维持成本,根据公平原则和长远共享的愿景,该成本不应当由设备的管理者或所有者支付,而应当由使用者提供。对于科研数据,如果公布在持有方或者所有权人的网站上,可以免费查阅,但不必然可以免费使用,其中的使用仍需遵从知识产权法的要求进行使用,如果切实涉及知识产权的,除非构成合理使用,否则仍应当获得许可后才可以使用;如果未公布在网上,而需要提供纸质版本的,该共享成本也应当予以考虑。

目前,开放共享的思想观念已经融入了《国务院关于国家重大科研基础设施和大型科研仪器向社会开放的意见》。该《意见》第2部分第4点规定:"管理单位应在满足单位科研教学需求的基础上,最大限度推进科研设施与仪器对外开放,不断提高资源利用率。"实践调研发现,采取开放共享模式的包括但不限于:中国科学院遥感与数字地球研究所数据共享办公室关于精确度在10米以外的原始数据,国内机关、单位和个人可以免费获得;农业科学数据共享中心对农业科学数据的共享服务;中国气象科学共享平台对气象数据的共享,并且主要通过网上注册下载与线下协议获取;国家生态系统观测网络平台对生态数据、研究设备及研究样品的共享;家养动物种质资源平台对动物品种种质的数据的共享;国家农作物种质资源平台对作物种质资源与部分实验数据的共享;中国应急分析测试平台对信息、仪器及服务的共享等。

(二) 有权限共享

有权限共享,是指涉及国家安全、公共安全、个人隐私的国家大型科研仪器、设备和科研数据,应当按照按照"资源分类、用户分级"执行,通过资格审核和技术措施保障有权限主体的安全共享。这种共享模式是根据共享科技资源的本身属性以及相应的法律而采取的共享措施,目的是在适度共享下保护好国家安全、公共安全和个人隐私等利益。⑮

对于科技资源中涉及的国家安全,应当根据《保守国家秘密法》第9条进行解释,

---

⑭ See 7.401 Acquisition considerations, Federal Acquisition Regulation.
⑮ 这样的思想也被《政府信息公开条例》所采纳。该《条例》第9条规定,行政机关公开政府信息,不得危及国家安全、公共安全、经济安全和社会稳定。

尤指科学技术中的秘密事项。该科技资源的共享，按照该法第 11 条、第 16 条等规定所划定的密级及其公布范围进行内部共享；保密单位和保密人员严格按照该法的规定进行内部共享。

对于科技资源中涉及的公共安全，应当根据《食品安全法》《种子法》《微生物菌种保藏管理条例》《病原微生物实验室生物安全管理条例》《兽药管理条例》《卫生行政许可管理办法》《地震科学数据共享管理办法》《医药卫生科学数据共享网项目暂行管理办法》等法律法规的规定，严格对相关仪器、设备、数据等科技资源进行分类，并对用户进行分级共享。例如《地震科学数据共享管理办法》规定：(1) 地震科学数据划分为四级：① 一级数据：凡可向社会公众公开发布的数据；② 二级数据：能够向国内、国外用户提供的数据；③ 三级数据：可以向国内用户提供的数据；④ 四级数据：只允许向特定范围的用户提供的数据。(2) 不同级别的数据的共享方式又不同：① 用户使用一级数据，可以在地震科学数据共享服务机构的网站上浏览、查询和下载；② 用户使用二级和三级数据，应在地震科学数据共享服务机构的网站上完成相应的注册程序后获得，必要时也可通过签订合同的方式获得；③ 用户使用四级数据，应向地震科学数据共享服务机构提出申请，并经审核后方可获取所需数据。

对于涉及个人隐私的保护，应当根据《民法通则》《侵权责任法》《全国人大常委会关于加强网络信息保护的决定》《全国人口普查条例》《信息安全技术公共及商用服务信息系统个人信息保护指南》等法律法规和国家标准做好科学数据中涉及个人信息的保护工作，确实需要共享的，可以采取去身份化措施后再行共享。

目前，有权限共享模式也在一定程度上纳入了《国务院关于国家重大科研基础设施和大型科研仪器向社会开放的意见》。该《意见》第 2 部分第 2 点规定，大型科学仪器应当按照单台/套价值、规格及功能的不同进行分类共享，国防科研单位在不涉密条件下探索开展科研设施与仪器向社会共享，对于利用科研设施与仪器形成的科学数据、科技文献（论文）、科技报告等科技资源，要根据各自特点采取相应的方式对外开放共享。在实践中，采用有权限共享模式的科技资源共享平台包括但不限于：国家微生物资源平台对微生物菌种的共享不仅需要经过行政许可审批，还必须与享有产权的单位协商具体的供应方式；家养动物种质资源平台对专业性的实验数据或动物遗传信息资源的共享；地震科学数据共享中心对于地震数据的共享。

（三）商业化共享

商业化共享，是指对于部分国家大型科研仪器、设备，以及享有知识产权的科研成果的共享，应当按照市场机制进行共享，但不得损害国家利益和社会公共利益。因该共享而获得的收益，应当上报科研单位的资助方及统筹国家共享工作的部门，并用于奖励科研人员和该科研机构的后续科研项目（尤其原项目的后续研发）。

对于通过利用财政性资金设立的科研机构的科研成果及其科研人员的职务发明

和职务作品,应当按照我国《科学技术进步法》和《科技成果转化法》推动其积极实施知识产权,加快科技成果的转化,加速科学技术进步,推动经济建设和社会发展。知识产权是一种私权,即使属于我国通过财政资金设立的科研单位的知识产权也是一种私权,该知识产权只有通过利用才能发挥其应有的价值。与此同时,通过积极实施该知识产权获得的收入,应当用于奖励科研人员、科研机构的后续科研项目,具体的分配机制应当参照《专利法》《著作权法》和《科技成果转化法》的规定进行安排,即有约定从约定,无约定按照法定的标准执行。只有如此,才能全面激励科研单位及其科研人员进行更进一步的科研和投入。目前,中国科学院遥感与数字地球研究所数据共享办公室对遥感卫星数据进行初步加工获得的二级数据,在"差别性共享"模式方面有一些有益的探索。

对于大型国家科研仪器、设备的共享,如果以商业为目的的科研机构提出的共享需求,应当收取市场机制下的适当费用,以防止部分企业利用共享机制获得市场下的竞争优势、破坏市场公平竞争机制。对此,《国务院关于国家重大科研基础设施和大型科研仪器向社会开放的意见》仅对科技资源管理单位对外提供开放共享服务的激励机制做了规定——可以按照成本补偿和非盈利性原则收取材料消耗费和水、电等运行费,还可以根据人力成本收取服务费——但对于商业化共享模式尚未作出规定,国家科研机构对于大型仪器和设备的商业化共享也普遍未贸然开展相关探索。

美国在这方面已经走在前面。例如,美国《联邦条例法典》规定,除非联邦法律另有规定,联邦资助的非联邦科研机构不能以低于私人企业对于同等服务收取的费用将相关设备提供给私人企业。[16] 未来我国是否应当对大型科研仪器、设备以及具有知识产权的科技成果进行商业化共享,应根据实际情况来定,总体上应当持一种积极开放的态度。

三、科技资源共享模式实施的注意事项

目前,《科学技术进步法》《科技成果转化法》和《国务院关于国家重大科研基础设施和大型科研仪器向社会开放的意见》有关国家科技资源进行共享和转化的规定比较原则性,缺乏可操作性。而且,共享观念很大程度上还停留在宏观层面,还没有深入到微观层面、激发科研单位和科研人员进行主动共享的深度。因此,在具体实施或者探索实施科技资源的开放共享、有权限共享和商业化共享模式时,应当注意三大事项。

(一)将共享纳入科研项目承担方的采购规划中

目前,我国《科学技术进步法》第64条的规定还停留在政府主导大型科学仪器、设

---

[16] See §200.313(c)(3), Code of Federal Regulations. 应当指出的是,该规定适用的是联邦资助的非联邦机构所采购的设备,非联邦机构对于这些设备享有有限的所有权,联邦机构在一定条件下具有最终的处理权。See §200.313(a), Code of Federal Regulations.

备购买,突出购买后科研仪器和设备共享的阶段。然而,实践中大型科研仪器、设备的使用是科研项目方,只有后者才最清楚具体的科研项目在开展过程中对大型科学仪器的使用需求,包括设备的属性和需求、使用频率、使用时长、耗材成本等。而且,科研经费的预估,首先也是由科研项目方根据其所需作出预算。如果我国法律法规不要求科研项目方在作出科研经费预算时考虑是共享(租用)还是购买大型科研仪器、设备,那么在经费审批和拨款后,再单独要求大型科研仪器、设备持有方或管理方(而非科研项目方的内在科研需求)考虑对外共享,其实已经晚了一步。所幸的是,《国务院关于国家重大科研基础设施和大型科研仪器向社会开放的意见》向前推进了一步,指出"将优先利用现有科研设施与仪器开展科研活动作为各科研单位获得国家科技计划(专项、基金等)支持的重要条件",但具体科研单位如何获悉这些现有科研设施与仪器,以及如何考虑是否购买还是利用现有设备,仍需要进行探索。

在这一点上,美国《政府采购条例》的做法值得参考借鉴。该《条例》第7.401条要求联邦科研机构在作科研设备采购规划之前应当分两种情况:(1) 一般情况下应当根据下列因素评估是租赁还是购买科研仪器和设备:① 使用该设备的时间以及在此期间的使用频率;② 使用替代性设备的财政和运营优势;③ 在预估使用期间的总租赁费用;④ 净购买价格;⑤ 运输与安装费用;⑥ 维持与其他保养费用;⑦ 设备的潜在淘汰情况;(2) 在设备类型、成本、复杂程度以及使用期等特定情况下,联邦科研机构还应当考虑额外的因素:① 设备的可用性;② 该设备在本项目使用结束后为其他机构使用的潜在可能性;③ 折旧率或维修成本;④ 预估的使用价值;⑤ 该设备(特别是复杂设备)的功能和表现水平,例如该设备在购买后是否可以服务于政府或者其他资源。

因此,我国未来的科研仪器、设备采购,应在科研项目申报的采购规划中纳入未来共享的考虑,既考虑该设备为其他科研机构共享的可能性,同时也考虑在该科研项目期间是否租用已有设备更为合适,这样才能真正促使科研单位和项目负责人在购买设备前做好充分的规划,从根本上提高科研仪器和设备的使用率。否则,仅考虑购买后的共享而忽略购买前的租用,也未能提供科研项目负责人使用共享设备的内在推动力。

(二) 充分尊重科研数据和科技成果共享中的知识产权

在当今大数据时代,科研数据的共享将具有巨大的潜在社会效益和商业价值。在推进数据类或信息类科技资源共享时,应当充分尊重科研单位及其科研人员对科技成果享有的知识产权,并且侧重科技成果转化的角度来考虑这些科研资源的共享,允许科研机构探索开展商业化共享,对所共享的科技成果收取符合市场机制的价格。

因此,对于国家科研机构及其科研人员(对职务作品、职务发明)享有知识产权的科技成果的共享,应当以推动科技成果转化为主要目的,以实现社会共享为辅,鼓励国家科研机构积极实施知识产权。否则,违背市场规律和知识产权法等法律法规进行强行共享,可能造成相关科技成果失去转化成适当社会效益的潜在价值,减损国家科研单位及其科研人员进行后续研发的积极性。为此,2015年8月修订的《科技成果转化法》第10条专门规定,利用财政资金设立应用类科技项目和其他相关科技项目,有关行政部门、管理机构应当改进和完善科研组织管理方式,在制定相关科技规划、计划和编制项目指南时应当听取相关行业、企业的意见;在组织实施应用类科技项目时,应当明确项目承担者的科技成果转化义务,加强知识产权管理,并将科技成果转化和知识产权创造、运用作为立项和验收的重要内容和依据。

在这个意义上,对享有知识产权的数据类或信息类科技资源的共享,在法律层面上,应当属于知识产权许可使用。其中,知识产权包括但不限专利、作品(包括汇编作品)、商标、技术秘密、植物新品种。

(三) 充分利用先进科学技术做好共享的网络管理平台

如果强调科研项目方在项目费用规划时就要考虑是否共享(租用)大型科研仪器、设备的,那么,科研项目方首先得通过公开的渠道便利地获得所需大型科研仪器是否可以租用以及租用的成本相对于购买新的大型科研仪器而言租用是否更为适当。这样的公开渠道就需要国家尽快建立起一套非常全面而简便的大型科研仪器、设备查询系统。为了进一步落实《国务院关于国家重大科研基础设施和大型科研仪器向社会开放的意见》,我国将考虑建立起重大科研基础设施和大型科研仪器国家网络管理平台。[17]

与此同时,对于不享有知识产权的数据类科技资源,也应当通过网络形式进行公开,让公众可以便利地获得。但享有知识产权的科技成果,由于涉及科技成果转化的问题,统一公开并不是市场环境下最佳实践方式,应不作硬性要求。因此,2015年8月修订的《科技成果转化法》第11条,从推进数据类或信息类科技资源的成果转化的角度规定,国家建立、完善科技报告制度和科技成果信息系统,向社会公布科技项目实施情况以及科技成果和相关知识产权信息,提供科技成果信息查询、筛选等公益服务;但公布有关信息不得泄露国家秘密和商业秘密。

---

[17] 科技部:《国家重大科研基础设施和大型科研仪器开放共享讨论会在京召开》,载科技部官网(2015年6月8日),参见 http://www.most.gov.cn/kjbgz/201506/t20150604_119877.htm,2017年4月16日最后访问。

涉及深度链接的侵害信息网络传播权纠纷问题研究

冯 刚[*]

【摘要】 涉链接侵害信息网络传播权纠纷案件已经成为当前司法审判的热点问题之一，其中一些问题在理论和实务上都存在不同的观点。本文对于相关问题从程序和实体两个方面进行提炼，并通过对相关法律概念的梳理及利益分析，评述了各种标准，论证了"服务器标准"的合理性；对于实践中突出的破坏技术保护措施行为的性质进行了法律分析，提出"特殊侵权行为"的观点，并对于司法实践中出现的问题进行了深层剖析；在此基础上，提出笔者对于审理此类案件在程序和实体方面的经验总结。

【关键词】 深度链接；网络提供行为；服务器标准；破坏技术保护措施；审判流程

> 法官审理案件只有自然理性是远远不够的，更需要人工理性。法律是一门艺术，需要长期的学习和实践。
> ——摘自1608年英国普通法院首席大法官柯克与国王詹姆士一世的对话

引言

自2001年《著作权法》明确规定了"信息网络传播权"以来，此类纠纷便成为著作

---

[*] 冯刚，北京知识产权法院法官。

权乃至知识产权纠纷中最重要的案件类型①,对此类案件的审理往往体现出商业利益与技术发展之间的博弈,判决影响着著作权人、网络服务提供者与网络用户的三方利益。本文对涉链接信息网络传播权案件中的技术发展趋势和背景进行介绍,并对典型案件的审判思路进行探讨及分析。

一、信息网络传播权的技术新发展

法律并不是建立在空中楼阁之上,而是随着社会实践始终进行调整。有学者指出,按照我国《著作权法》《信息网络传播权保护条例》以及《最高人民法院关于审理侵害信息网络传播权民事纠纷案件适用法律若干问题的规定》(以下简称《网络著作权司法解释》)的制度化进程,信息网络传播权案件呈现了不同的裁判方法和路径。② 但在笔者看来,技术的进展对于信息网络传播权案件的影响其实更为深远,要探讨此类案件的裁判思路,不仅需要把握法律的具体规定,更离不开对技术的准确理解,在探讨案件的审理思路之前,必须探讨技术的发展和变化。

当前,司法实践中侵害信息网络传播权纠纷案在技术方面出现了三个明显的新发展,作为裁判者应当了解并予以重视:

第一个新发展表现于技术平台方面,即网络传播的使用平台从 PC(固定)端向手机(移动)端发展的趋势。根据统计数据显示,目前移动端上网使用率已经超过 PC 端③,随之而来的就是在司法方面发生在手机端的侵害信息网络传播权纠纷案件的数量已经开始超过发生在 PC 端的相应案件的数量。④ 但是由于技术基础和表现形式的差别,手机端案件表现出很多独有的特征,裁判时不宜局限于 PC 端的判断标准。

第二个新发展表现于搜索结果显示方式方面。随着网络服务的发展,搜索引擎技术已经从第一代、第二代搜索引擎向第三代搜索引擎进行演变。⑤ 第一代搜索引擎是

---

① 据笔者了解,在北京市基层法院知识产权庭审理的各类案件中,侵害信息网络传播权纠纷案约占全部知识产权案件的 2/3,部分基层法院则高达 80%。随着知识产权案件级别管辖的调整以及《民事诉讼法司法解释》第 25 条的适用,这一现象可能会更为凸显。

② 孙海龙、赵克:《变与不变:信息网络传播权的动态演进与司法应对》,载《法律适用》2013 年第 11 期。

③ 中国互联网络信息中心(CNNIC):《第 34 次中国互联网络发展状况统计报告》。

④ 近两年来,法院审理或行政查处的著作权案件中,80% 以上和移动端有关。版权行政部门这两年一直在重点调研移动 APP 播放器的问题,国家版权局今年发的两个通知都涉及这个问题,北京市版权局则一直在调研修订《信息网络传播权保护指导意见》。参见法制网《移动 APP 侵权盗版愈演愈烈,怎么破?》,http://www.legaldaily.com.cn/IT/content/2015-10/26/content_6323216.htm? node = 78772,2016 年 3 月 1 日最后访问。

⑤ 该技术划分标准并非统一的学术概念,而是散见于不同论者的文章中,本文采用的是一种服务形式区分标准,而非严格的技术标准。

指简单的全文搜索,主要是基于内容匹配的原则进行排序,由于搜索结果是对数据库抓取内容的简单罗列,其搜索结果包含的内容较多,用户检索到需要内容要经过多次点击跳转;而第二代搜索引擎可以分类呈现搜索资源页面,在抓取过程中搜索引擎不仅扫描关键词,还阅读页面全文,考虑图像、视频等所有链接,并进行区分存储。但是,第一代和第二代搜索引擎的搜索结果页面(在设链网站)中一般只有搜索结果的简要信息,而没有搜索结果的完整内容(除非搜索结果的内容恰好非常少,能够完整地显示于搜索结果页面中),用户想要查看搜索结果的完整内容,就必须点击该搜索链接,并通过从设链网站到被链网站的跳转,在被链网站中获取完整的搜索内容。而第三代搜索引擎技术则能够自动从被链网站中"抓取"搜索结果的相应信息,并在搜索结果页面(在设链网站)中以窗口的形式进行全部显示,表现为从跳转式向窗口式的发展。

第三个新发展表现于服务提供者方面,随着网络内容服务进一步的发展整合,提供视频点播播放的网络服务商正在逐步减少,并且形成了以优酷、乐视等网站为主的大型服务商,而在音乐服务也形成了酷狗、虾米、腾讯音乐等主流服务商,前述服务商目前同时提供链接搜索服务和内容服务,其服务内容逐渐多元化。

上述新技术发展分别产生了新的技术特征,且新的技术特征在司法实践中产生不同的叠加,给司法认定提出了新的挑战。笔者认为,前述第一个新发展带来了两个方面的新技术特征,这种新技术特征均是相对于 PC 端而言的:一是手机端在结果呈现方面在一般情况下缺少地址栏,用户在获取作品时直接获取该作品,而不能了解到该作品的存储地址等信息;二是从设链网站到被链网站的跳转过程不明显,在手机端许多搜索采取了直接打开第三方软件的方式进行跳转,而没有明显的打开新的页面并载入等步骤,而在手机端的软件切换并无标志节点。前述第二个新发展也带来了两个方面的新技术特征。一是内容提供行为与搜索链接行为的用户感知界限相对地不明显,用户在操作过程中没有明确的跳转步骤,如何确定用户的感知标准是一个问题;二是新一代搜索引擎往往对于相关搜索结果进行了内容整合,其相关的信息均是通过第三方网站进行抓取的,不能因为搜索结果存在其他信息而认定存在编辑整理,在判断其是否进行了编辑整理时也需要新的标准。第三个发展是指商业实践的发展和变化,由于内容服务提供者的减少,由此造成搜索链接服务中更多地选择"定向链接"或者"有限链接"的搜索方式,对于搜索链接服务商的注意义务认定也提出了新问题。

二、技术发展对涉及搜索链接服务案件的影响

正是基于上述技术发展,从北京各基层法院的审判案例来看,涉及搜索引擎及来源网站(即被链网站)的侵害信息网络传播权案件情况日趋复杂,在审理中引起了很多

争议,以下这种情况成为目前的典型争议——被链网站取得限制性授权后违约向设链网站开放端口的情况十分普遍。

以实务中常见的情况举例:甲公司享有某作品的信息网络传播权,甲公司与乙公司通过许可合同方式授权乙公司在其网站中向公众提供涉案作品⑥,双方在授权使用范围一项约定,乙方可以在其网站中进行提供涉案作品,但不得以任何方式将该作品向第三方开放端口或进行合作。在合同履行中,乙公司违约向丙公司就涉案作品开放端口,丙公司网站就涉案作品建立了指向乙公司网站的链接。现甲公司欲就该行为提起诉讼。

与传统信息网络传播权纠纷不同,此类案件出现了以下新的特点:

(1)由于存在多个侵权主体,被诉主体具有多种可能:甲公司在起诉时可以选择乙公司为被告,选择丙公司为被告,或者选择乙公司和丙公司为共同被告;

(2)被告行为的性质具有复杂性:在此类案件中,由于存在多个主体,需要对各主体的行为性质进行判断,如乙公司构成单纯违约还是构成违约与侵权的竞合?丙公司是否侵害甲公司就涉案作品享有的信息网络传播权?丙公司的侵权行为是直接侵权还是间接侵权?

(3)此类案件的核心问题依然在于确定信息网络传播权的范围和界限,这是因为不同主体的行为是否属于侵权仍未有定论,其责任认定实际上影响着信息网络传播权的范围,人民法院需要对信息网络传播权的范围进行合理解释,并在权利人、社会公众、网络服务提供者的利益中寻找平衡。

三、司法实践中出现的典型情况

技术发展导致出现了新的案件情况,司法审判出现了不同的处理方式,也引起了诸多争议。其中比较具有代表性的处理方式有以下几种:

(一)在程序方面,原告起诉主张的不确定性增大,提出预备合并诉讼,而被告在诉讼过程中申请第三人参加诉讼

由于技术的变更发展,设链网站提供服务的性质具有多种可能性,权利人在起诉时往往无法准确区别设链网站是直接提供者还是搜索链接,为了保证诉讼请求的完整和诉讼程序推进,权利人可以选择在起诉时提起预备合并诉讼,即在提起主位诉讼的同时,于同一诉讼程序中提起预备诉讼,如主位诉讼请求无理由时,可以就其预备诉讼请求法院审判。⑦ 虽然原告可以提出预备合并诉讼,这是其诉讼权利的体现,但是人民法院在判决中的认定应当是唯一确定的,不能模糊处理不区分性质地认定构成侵权或者认为既有可能构成直接侵权,也有可能构成间接侵权,否则就与《民事诉讼法》关于

---

⑥ 该提供作品符合交互性特征,即网络用户可以在其选定的时间、选定的地点获取相应作品。

⑦ 冯刚:《侵害信息网络传播权纠纷案件的审理思路》,载《知识产权》2015年第11期。

"事实清楚、责任分明"的要求相矛盾。而与此同时,被告往往声称自己作为搜索链接服务商,其提供的链接为合法来源,因此向法院申请追加被链网站作为第三人,以查明涉案作品是否具有合法授权、被链网站是否采取技术措施等相应事实,但是出于审理期限等因素考虑,审理法院可能不批准该追加申请。

(二)对于被诉行为性质的认定存在不确定性

传统搜索引擎和内容服务提供者的被诉行为性质较容易确定,对于被诉行为是属于提供行为还是链接行为一般不产生争议,关键在于其实施行为的事实查明。但是在手机端的许多案件中,由于搜索技术和网络服务内容的日趋复杂,许多网站不仅作为内容提供商,同时也提供搜索链接服务,法院往往不能直接区分侵权行为性质。比如针对设链网站的搜索链接行为,是直接突破被链网站技术保护措施实现的还是被链网站开放端口实现的,是单纯的违约还是单纯的侵权,这两个主体分别是什么行为,共同是什么行为,均需要在案件审理过程中进行进一步的查明和明确,而由于事实查明标准和侵权认定标准均不统一,其性质认定存在不确定性,有可能同样的侵权行为,在某些法院被认定为提供行为,而在另一些法院被认定为链接行为。

(三)对于侵权与违约的关系存在不同认识

如前所述,在此类案件中,存在被链网站及设链网站等不同主体,其行为性质较为复杂,需要进一步结合案情予以认定,但在司法实践中对部分行为认定并未形成统一的标准,也有多种不同认识。比如北京动艺时光网络科技有限公司与北京盛世骄阳文化传播有限公司侵害作品信息网络传播权纠纷案中[8],涉案电影存储在被链网站的服务器上,被链网站向设链网站提供了涉案电影的链接接口,设链网站在其网站建立了指向该电影的链接,法院认为设链公司的行为不属于共同提供作品,仅是提供链接的行为。而在乐视网信息技术(北京)股份有限公司与北京豆网科技有限公司、合一信息技术(北京)有限公司侵害作品信息网络传播权纠纷一案中,法院却认为同样性质的行为构成共同提供作品的侵权行为。

(四)出现了以"法律标准""实质替代"或"链接不替代"原则替代"服务器标准"的情况

在司法实践中,随着深度链接等新情况的出现,许多学者认为设链网站能够替代被链网站,直接向用户提供内容的链接是不应该被允许的,进而提出"链接不替代"原则,其认为如果链接替代了被链网站即构成直接侵权。[9] 在实践中也有很多判决实质性地采纳了这种观点,比如北京我爱聊网络科技有限公司与央视国际网络有限公司侵害作品信息网络传播权纠纷[10],法院即认为"在用户点击链接后,应跳转至第三方来源

---

[8] 参见北京知识产权法院(2015)京知民终字第796号民事判决书。
[9] 石必胜:《论链接不替代原则——以下载链接的经济分析为进路》,载《科技与法律》2008年第5期。
[10] 参见北京市第一中级人民法院(2014)一中民终字第3199号民事判决书。

网站,否则该行为将实质性替代来源网站进行播放"构成侵权。

四、信息网络提供行为的判断标准

面对技术发展带来的新的纠纷和问题,笔者认为,应当坚持严格依据《最高人民法院关于审理侵害信息网络传播权民事纠纷案件适用法律若干问题的规定》及《北京市高级人民法院关于网络著作权纠纷案件若干问题的指导意见(一)》的精神进行裁判,而不应随意创造新的规则。

(一) 国际公约的规定

我国《著作权法》中关于信息网络传播权的定义主要是参照了《世界知识产权组织版权公约》(WCT)的相关规定,是为了应对互联网给著作权法带来的挑战和履行公约义务而设定的。而WCT第8条及该条约提案第10条中的"提供"行为是指向公众提供作品(making available of the work)的行为,这种提供是指对作品提供访问(providing access to)的行为且是最初的行为,而不是单纯提供服务器空间、通信连接或传输、按指定路径发送信号的设备行为,可见其采取的判决标准为服务器标准。同时,《世界知识产权组织表演和录音制品条约》(WPPT)也采取了同样的定义方式,我国作为前述两条约的缔约国,并没有超越其约定对信息网络传播权进行独有定义。因此从立法渊源上来讲,《著作权法》的信息网络传播行为采用了WCT和WPPT条约的同一表述,其中的"提供"也应满足最初将作品置于服务器中的行为,采取的确定标准应是服务器标准。特别是,WCT关于第8条的议定声明指出:不言而喻,仅仅为促成或进行传播提供实物设施不致构成本条约或《伯尔尼公约》意义下的传播。这一声明实际上明确将链接排除于信息网络传播行为的范围之外。

(二) 我国司法解释及司法实践的标准

该思路也得到了我国司法解释与司法实践的一致认可。在"信息网络传播权"通过立法确认后,在之后的历次典型判决中,各地法院及最高人民法院均采用了服务器标准判断是否构成侵权,比如2007年的泛亚诉百度案中,北京市高级人民法院明确采取了服务器标准认定百度公司不构成侵权,2011年的肇庆数字文化网数字影院案件中,最高人民法院则明确指出应适用服务器标准。此后,最高人民法院在2012年颁布了《网络著作权司法解释》作为审理信息网络传播权的司法实践的总结,其中第3条中虽并无服务器标准的明确表示,但因"置于信息网络中"通常应被理解为置于服务器中,且在最高人民法院《网络著作权司法解释》的负责人发言中确实并未肯定服务器标准,但更加值得注意的是,用户感知标准被明确否定。因此,在结合最高人民法院相关判决的情况下,不难理解出服务器标准这一含义。而回顾以往的各地法院的指导意见可知,对于信息网络侵权行为的标准逐渐在实践中走向统一,多数法院都坚持采用"服务器标准",以认定网络服务商是否实施了"网络传播行为",以及是否构成对"信息网络传播权"直接侵权。北京市高级人民法院的《关于网络著作权纠纷案件若干问题的指导意见(一)(试行)》、上海一中院《关于信息网络传播权纠纷案件若干问题的规定(建议稿)》、山东高院《关于审理网络著作权侵权纠纷案件的指导意见(试行)》均将"其置于向公众开放的网络服务器中"作为对信息网络传播权的定义纳入其中,可见"服务器标准"作为一种客观标准,因其清晰和便于认定,在司法解释和法律实践内均得到了有效的承认,其属于信息网络传播权行为的唯一认定标准。

(三) 对于"法律标准"的评价

有的学者认为服务器标准具有技术局限性,因此提出界定不同行为的性质需要依据法律标准,以是否构成对著作专有权的形式或者直接侵犯为标准进行判断。[⑪] 前述学者认为采用"法律标准"代替"服务器标准"的几个主要理由是:(1) 服务器标准不能涵盖提供行为的所有情形,比如其无法准确认定分工合作条件下的提供行为。(2) 服务器标准可能因技术发展失去存在基础。这种观点获得了其他学者的认同,比如有学者认为"应将信息网络传播行为作广义的理解,以是否直接提供权利人作品的法律标准取代服务器标准来界定信息网络传播行为"。

对此,笔者持不同意见。事实上,上述理由均是基于对服务器标准的狭隘理解。对于"服务器"概念的不同理解是对于"服务器标准"不同认识的根源。随着计算机技术和网络技术的发展及其在全社会的广泛应用,"服务器"已经不是某种计算机类型[⑫],而是具有网络传输功能的计算机硬件与软件的结合体。"服务器"包含"网络服务器、设置共享文件或者利用文件分享软件等方式"[⑬],"服务器标准"是指"将作品等上传到具有网络传输功能的硬件与软件的结合体供网民获得的行为是网络提供行为"。此外还应指出:该标准指向的行为主体不是"服务器"的物权所有人而是作品的"上传者",否则信息存储空间服务提供商就成为内容提供者了。

(四) "深度链接"是否属于"链接"

有观点认为,我国《信息网络传播权保护条例》及网络著作权司法解释中规定的链接是指技术发展早期有明显跳转过程的链接,而深度链接由于前文介绍的新特点,因此不属于上述规定中的"链接"。笔者对此不敢苟同。

所谓网络链接是指根据统一资源定位符(URL, uniform resource location),运用超文本标记语言(HTML, hyper text markup language),将网站内部网页之间、系统内部之

---

⑪ 孔祥俊:《网络著作权保护法律理念与裁判方法》,中国法制出版社2015年版,页69。

⑫ 在20世纪90年代,服务器是与微型计算机、小型计算机、中型计算机、大型计算机和巨型计算机有关联关系的一种计算机类型。但随着技术的发展,在个人计算机中将某一目录或者文件设置为网络开放状态,则该目录或文件就起到了"服务器"的作用。这种情况并不鲜见,许多科技类专有名词都会不断拓展其内涵和外延。例如:MP3最初是指一种文件压缩格式;后来又指代以这种格式存储的文件,特别是音乐文件;再后来又指代专门用于播放这种音乐文件的专用播放设备。

⑬ 即《网络著作权司法解释》第3条中列举的情形。

间或不同系统之间的超文本和超媒体进行链接的方式,通过此种链接技术,即可从一网站的网页链接到另一网站的网页,正是这样一种技术,才得以使世界上数以亿万计的计算机密切联系到了一起;简而言之,互联网的本质就是链接。链接构成了网络存在的基本内容和必然要求,无论是深度链接、定向链接都不能改变这一技术基本特点。深层链接也好、定向链接也好,均没有提供新的作品形式,只是提供了获取作品的链接方式,不会再次使公众获得该作品,并非我国《著作权法》中所规定信息网络传播行为,而是"向公众提供作品"的行为。

诚然,随着技术的发展,服务器标准的认定方式也在不断发展,比如快播公司已经发展出"磁盘阵列碎片化存储技术"能够将某一作品分成多个部分存储于不同服务器,但是其未改变上传行为的本质,即首先需要一个有效的储存空间。如果行为人上传作品的服务器并未向公众开放,公众无法获取的条件下仅上传不构成提供行为,若有人对该作品首次设置链接,才能构成信息网络传播中的提供行为,而这个存储空间及设链行为是可以通过双方的举证得以查明的。现在提出的法律标准虽然能够解释目前存在的几种提供行为,但对于构成提供标准的判断要件,相比服务器标准而言仍然是模糊的。究其本质,服务器标准是一种客观的标准,其已经明确"使作品处于能为公众获得状态的行为构成提供",这种标准能够解决目前出现的深层链接、聚合链接等问题,不应进行主观突破和解释,而法律标准是一种政策选择标准,是事后的调整标准,其需要通过价值取向或者导向进行决断,与"用户感知标准"一样均是作为主观标准,是否构成提供行为存在很大的变动空间。而网络服务者有没有提供信息内容始终是一个事实问题,若以用户识别或法律判断为依据,将主观标准引入对客观事实的认定,不仅对当事人来说无法有效地承担证明责任,也容易造成司法认定上的恣意,其无疑是对过往司法实践的背离。因此,无论是基于对于《网络传播权司法解释》的理解,还是基于司法实践中的做法,对于信息网络传播行为的理解均应坚持服务器标准,而非用户感知标准或者其他标准,不应为了追求案件的裁判效果,牺牲利益平衡原则,在具体案件中恣意进行突破性的类比适用或解释。

(五)相关方利益平衡的考量

另外,还有观点提出服务器标准在技术发展下不能有效地保护权利人利益,因此需要在实践中作出突破。笔者认为有必要在此做出回应。

首先,该观点未能全面地理解当前新类型传播行为的发生原因,而要求搜索链接服务商承担了过高的义务。如前所述,当前的搜索链接中出现了聚合链接、合作提供等情况,使得相应作品的传播超出了权利人的控制,但是该情形的出现却并非搜索链接商的责任。实际上,权利人如果需要控制其传播利益,其可以在授权合同中与被链网站约定相应作品的传播范围,并明确地不履行该义务的违约责任,这种约定不违反《合同法》的相关规定,其属于权利人一种有效的控制方法,被链网站应严格遵循合同约定,并采取一定的技术保护措施。而现在的聚合链接等状况,与其说是搜索链接服务商进行违法抓取,不如说是被链网站未能履行合同的义务所致。按笔者的了解,一些被链网站并未进行基本的保护措施,相应作品也开放给所有用户直接下载,在授权过期后,其仅不能由用户进行点击,但是第三方依然可以通过链接地址,从被链网站服务器上进行下载。此种情况下,权利人的传播利益损失可以从被链网站得到补偿,也能督促被链网站的义务履行。而如果只苛责搜索链接服务商,无异于缘木求鱼,使得搜索链接服务商动辄得咎,进而难以进行服务创新。

其次,作为司法裁判者,在适用法律时应考虑背后的利益平衡,不能为了追求片面的社会效果而牺牲法律的稳定性。该观点超越了裁判者应有的谨慎精神。人民法院是宪法规定的审判机关和法律适用机关,在进行裁判时应遵循严谨准确的司法精神,只能在司法层面适用法律,在法律规定有解释空间时,可以在空间之内发挥能动性,但是法院无权超越司法层面在立法层面"制定"法律。不可否认,在特殊情况下,法律的某些具体规定可能(在制定时或情况变化后)有问题,法院不得擅自改变对于法律的正常理解和适用,但可以采取特殊方式处理[14],也可以对立法机关提出修改建议。但法院的主观能动性仅止于此,对于大量常规的类型化案件,法院应当严格依法处理,不能恣意进行突破。信息网络传播权侵权纠纷属于目前著作权纠纷中的主要案件类型,其案件具有常态化、类型化的特点,其判断标准和责任体系均由法律进行了明确规定,不存在巨大的解释空间,不能因为权利人的利益受损就推定存在应进行法律规则的侵权行为。归根到底,著作权保护的利益平衡原则强调的并非是对权利人一方的倾斜保护,而是在保护权利人的基础上,更好地调整网络服务提供者的行为。

最后,深层链接等新问题的确给被链网站以及作品权利人带来了一定的损失,但该损失完全可以通过其他途径获得救济,并不一定要主张信息网络传播权。比如,权利人完全可以与被链网站进行合同约定限制授权作品仅在被链网站使用,如果被链网站未采取相应的技术保护措施,权利人可以主张其构成侵权。如果设链网站破解了被链网站的技术保护措施,则设链网站直接构成《著作权法》第48条第(六)项的禁止行为,属于特殊侵权。对于这个问题,笔者将在下面进行详细论述。

服务器标准符合国际立法的一般趋势,在多年以来的司法实践中为法院所认可,起到了良好的裁判作用。在处理此类案件时,不能为了追求个案的片面保护,而主动突破法定的服务器标准,法官在此不宜将自己的地位与学者相混淆,这种突破是没有法律依据的。

---

[14] 例如许霆案经最高人民法院核准在法定刑以下量刑。

五、破坏技术保护措施问题

(一)破坏技术保护措施的法律依据

关于破坏技术保护措施的法律规定为《著作权法》第48条第(六)项[15]、《信息网络传播权保护条例》第18条第(二)项[16]以及第19条第(一)项[17],按照前述法律规定,任何第三人不得故意避开或者破坏权利人为保护其作品著作权而设置的技术保护措施。该技术保护措施是指用于防止、限制未经权利人许可浏览、欣赏作品、表演、录音录像制品的或者通过信息网络向公众提供作品、表演、录音录像制品的有效技术、装置或者部件,在信息网络传播权案件中,其可以表现为视频服务商设置的视频部分试看、会员等级观看限制、限制获取下载地址等方式。我国《信息网络传播权保护条例》的起草者在解释《条例》中保护技术措施的条款时也指出:"技术措施能够通过防止、限制使用者非法访问、使用权利人的作品、录音录像制品,有效地保护权利人的经济权利。"可见,关于破坏技术保护措施的立法本意为,在版权人享有某种专有权利,能够控制某种行为的情况下,版权人当然可以设置技术措施防止他人未经许可实施这种行为,以保护自己在版权法上的正当利益。

(二)破坏技术保护措施的法律性质

技术保护措施的立法渊源为《德国民法典》第823条第2款[18]及台湾地区"民法"第184条第2款[19],即违反以保护他人为目的的法律,我国《著作权法》第48条的各款是产生损害赔偿责任的不同原因。

严格来说,破坏技术保护措施的行为性质是区别于侵权行为的违法行为,该行为并非提供行为。简单地说,就是一种特殊的直接侵权行为。类似于在自己的作品上假冒他人署名的行为,严格说是侵害姓名权的行为(特殊情况下还可能侵害名誉权),但《著作权法》有特殊规定。[20] 在实践中,破坏技术保护措施的认定思路已经被很多法院在判决中予以实际采用,但是并未以破坏技术保护措施的名义认定构成侵权。这是因为查明原告或者原告给予限制性授权的主体采取技术保护措施且被告破坏技术保护

---

[15] 该项同时规定了民事责任和行政责任。
[16] 该项仅规定了民事责任。
[17] 该项仅规定了行政责任。
[18] 《德国民法典》第823条:【损害赔偿义务】(1)因故意或者过失不法侵害他人生命、身体、健康、自由、所有权或者其他权利者,对他人因此而产生的损害负赔偿责任。(2)违反以保护他人为目的的法律者,负相同的义务。如果根据法律的内容并无过失也可能违反此种法律的,仅在有过失的情况下,始负赔偿责任。
[19] 我国台湾地区"民法典"第184条:【独立侵权行为之责任】因故意或过失,不法侵害他人之权利者,负损害赔偿责任。故意以背于善良风俗之方法,加损害于他人者亦同。违反保护他人之法律,致生损害于他人者,负赔偿责任。但能证明其行为无过失者,不在此限。
[20] 即《著作权法》第48条第(八)项。

措施这一事实有困难,因此个别法官在没有查明这一事实的情况下,在内心确认了这一事实,并在这种内心确认之下结合行业利益分析认定被告提供了作品。甚至在个别案件中,法院已经查明被告破坏了技术保护措施,但法院认为"破坏技术保护措施"+"链接"构成了"提供",进而直接认定构成提供行为。实际上,单纯的"破坏技术保护措施"已经构成了特殊的侵权,因为存在一方破坏技术保护措施,另一方使用作品的情况(在网络上提供破解他人软件密码但不提供该软件)。这种做法的实质目的依然是为没有查明破坏技术保护措施而认定提供作品做铺垫。

(三)破坏技术保护措施的查明困难及其解决思路

在类似案件中,查明权利人使用了何种技术保护措施,侵权人如何破解其技术措施具有一定的难度,需要明确双方的举证责任,并结合双方的证据及专家辅助人的证言等进行判断。但是不能因为查明破坏技术保护措施存在困难就采取上述"规避"措施。[21]

事实上,据笔者了解,本文论及的相关新问题如破解技术保护措施,或者设链网站与授权人合作传播等情况早已在审判实践中屡见不鲜,但是很多法院在审理类似案件时,却因为诉讼双方的举证思路、举证责任等事实查明问题而缩手缩脚,依然局限于原有审理思路,只认定设链网站构成提供行为。而正是由于审理法院的这种"规避"态度,导致很多正版服务商虽设立了专门的技术团队负责加密等手段设置技术保护措施,也了解"盗链"网站的破解行为,但是并不以破解技术保护措施起诉。这是因为"原告们"认为这样的举证责任过重,即原告须举证证明其针对涉案作品采取了有效的、合理的技术保护措施,而被告破坏了该技术保护措施。其中的难点在于原告要举证证明在被告的设链行为之前其已经针对涉案作品采取了技术保护措施,由于原告事先难以判断被告可能会针对哪些作品进行"盗链",故难以提前全面保存证据;另外,即使原告进行了这种事先保存证据的措施,但由于该措施的采取完全取决于原告,因此很可能被质疑原告仅仅在保存证据时采取了技术保护措施,然后就"门户开放",诱人犯错。

因此,笔者建议可以探索利用举证责任转移的规则认定上述事实:在当前的司法状况下,可以采用较为严格的分配方式,即倾向认为作为大型网站的原告对其正规影视作品均采取了技术保护措施,而由被告举反证。被告可以利用百度、谷歌、搜狗等搜索引擎对于原告网站中的涉案影视作品进行搜索,如果搜索结果直接指向原告网站,涉案影视作品能够直接下载或者播放,则认定原告没有采取技术保护措施(有案例);笔者在司法实践中曾经遇到这种情况,勘验的搜索结果是原告网站中的一个窗口,要求输入用户名和密码,则认定原告采取了技术保护措施。[22]

---

[21] 类似于行人过马路,没有地面的人行横道,只有过街天桥,不能因为嫌走过街天桥麻烦就横穿马路。
[22] 参照前述的类比,类似于过街天桥上有步行梯也有电梯,行人可以选择利用电梯走过街天桥。

这里还有一个无法回避的问题：如果不是权利人采取了技术保护措施，而是权利人所授权的网站采取了技术保护措施，而被告破坏了该技术保护措施，此时权利人是否可以作为原告起诉？笔者认为可以。理由是：一，技术保护措施保护的就是著作权，在网络环境中就是保护信息网络传播权。二，采取技术保护措施是基于权利人的要求（合同约定的义务）。那么，作为授权网站是否可以同时作为原告起诉？笔者认为，权利人与实际采取技术保护措施的主体可以作为共同原告起诉。

六、对该类案件的类型化总结

在涉及搜索链接服务的网络著作权案件中存在很多新型的技术特点，出现了很多新问题，但是其依然属于常见的类型化案件，在归责原则、构成要件、免责事由等诸方面与传统信息网络侵权案件没有本质差别，随着司法实践的发展，必然会形成类型化的审理思路。笔者基于自身审判工作经验，对前述审理思路形成了如下类型化建议，供大家参考：

（一）程序方面的思路——预备合并诉讼与释明制度相结合的诉审判一致规范

（1）诉审判一致原则是指法院应当根据当事人的诉辩主张进行审理和裁判，保障当事人的诉辩主张及意见陈述在庭审与裁判中得到针对性审理，确保诉辩、审理与裁判彼此对应、相互一致。

（2）预备合并诉讼是指原告在提起主位诉讼的同时，于同一诉讼程序中提起预备诉讼，以备主位诉讼无理由时，可以就其预备诉讼请求法院审判的诉讼合并形态。

（3）释明制度是指当事人的主张或陈述的意思不明确、不充分，或有不当的诉讼主张和陈述，或举证不充分时，审判人员应当通过发问、提醒等方式启发当事人予以澄清或补充。

（4）在涉链接侵害信息网络传播权纠纷案件中应当正确适用预备合并诉讼制度与释明制度，切实保障诉审判一致原则的落实。

（5）原告仅主张被告直接提供作品、表演、录音录像制品，被告提出其仅提供技术服务时，审判人员应当向原告释明，由原告选择是否在主张被诉行为系提供行为的主位诉讼的同时，还主张被诉行为系帮助侵权行为的预备诉讼。

（6）原告明确选择仅主张被诉行为系提供行为而不主张被诉行为系帮助侵权行为时，审判人员应当仅就被诉行为是否属于提供行为以及承担相应责任问题进行审理，而不应就被诉行为系帮助侵权行为以及承担相应责任问题进行审理。

（7）原告仅主张被诉行为侵害其信息网络传播权而没有明确具体性质时，法院应当向原告释明，由原告明确被诉行为的具体性质。

原告可以采用预备合并诉讼的方式明确被诉行为的具体性质。

（8）原告在起诉状、陈述及其委托代理人的代理词中表述被诉行为系破坏技术保护措施的行为或者被告与直接提供者之间具有分工合作关系构成共同侵权的内容,法院应当向原告释明,由原告明确其主张并说明相应的法条依据。

(9)经释明后原告明确或者变更诉讼主张的,审判人员应当根据案件具体情况给被告及第三人重新指定答辩期和举证期。

(二)实体方面的思路——正确界定信息网络传播权的权利范围

(1)审判人员依据查明的事实认定原告采取了合理有效的技术保护措施而被告破坏了该技术保护措施,应当依照《中华人民共和国著作权法》第48条第(六)项以及《信息网络传播权保护条例》第18条第(二)项的规定进行处理。

权利人可以与被许可人签订合同,要求被许可人采取技术保护措施。被许可人采取了合理有效的技术保护措施而被告破坏了该技术保护措施,应当判定被告侵害了权利人享有的著作权。权利人可以作为原告向被告提起侵害著作权纠纷诉讼。

(2)审判人员依据查明的事实认定被告与直接提供者之间具有分工合作关系构成共同侵权,应当依照《最高人民法院关于审理侵害信息网络传播权民事纠纷案件适用法律若干问题的规定》第四条以及《北京市高级人民法院关于涉及网络知识产权案件的审理指南》第8条、第9条、第10条的规定进行处理。

(3)原告主张被诉行为系提供行为而被告抗辩被诉行为系技术服务行为的,审判人员应当依照《网络著作权司法解释》第3条以及《北京市高级人民法院关于网络著作权纠纷案件若干问题的指导意见(一)(试行)》第2条、第3条、第4条的规定进行处理。

(4)深度链接是指绕过被链网站首页直接链接被链网站次级页面的链接方式。

建立深度链接的行为不是《网络著作权司法解释》第3条规定的提供行为。

(5)信息网络传播权人许可他人上传其作品、表演、录音录像制品,但做出限制性约定,要求对方不得与第三方合作或向第三方开放端口使第三方链接其作品、表演、录音录像制品的,除非法律、法规另有规定,该约定系有效条款。

该他人违反前款约定向第三方开放端口使第三方链接作品、表演、录音录像制品,构成违约。

第三方与该他人进行分工合作构成共同侵权的,应当依照《网络著作权司法解释》第4条的规定进行处理。

(三)"流程图"

为直观表达,笔者制作了一个"流程图",以供参考。

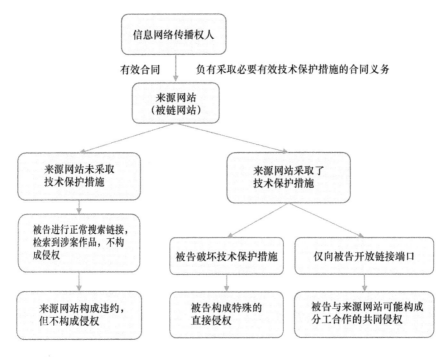

七、结语

在论及法律的适用时,美国大法官卡多佐曾说过:"行动合法性与其对社会的价值之间存在着一种必然、恒定的关系,尽管有时是半隐秘的。我们做出判断的每一时刻,都在不停地权衡、折衷和调整。"㉓其论述意在表明我们在适用法律条文进行裁判时应注意导入法律背后的价值和政策,在遵循法律的可预期效果的前提下,探寻社会的公平和正义。在信息网络传播权的案件审理中亦是如此,无论网络技术和社会实践如何发展,成文法所制定的原则和价值依然具有指导作用,作为裁判者应有技术性思维,在原有的法律框架之内对个案的新情况进行具体分析,而不能片面只追求法律的社会效果,对某些案件进行简单的套用或刻意突破原有法律的明确规定,牺牲背后的利益平衡。身为裁判者只有不断地认识新的技术发展趋势,并对规则的适用进行调适,才能更好地促进法律的应用,在法律框架内有效发挥司法对于网络健康有序发展的能动作用。

㉓ 〔美〕本杰明·N.卡多佐:《法律的成长》,董炯、彭冰译,中国法制出版社 2002 年版,页 140。

兄弟一样
——物与符号

邓 卓 王 玮[*]

【摘要】 物权的对象"物"的天然排他性,决定了"支配性"为物权的本质特征。虽然知识产权的对象"符号"具有拟物性,但是,符号与物形似而神异,符号具有天然的共享性。尽管法律特别规定赋予知识产权以支配权的特性,但是,符号的本质属性决定了知识产权的本质特征必然不同于物权。学术界对此基本上没有争议,但是,就什么是知识产权的特征,可谓是众说纷纭,就像知识产权的概念一样,没有达成统一的认识。但是,从理论上讲,这是一个不得不解决的问题,为此,本文期望在探讨符号的本质属性的基础上,尝试着对知识产权的本质特征做出一个解释。

【关键词】 物;符号;本质属性;本质特征

从理论上讲,学术界能够清楚地认定"支配性"为物权的本质特征,那是因为首先对物权的对象"物"的天然排他性有一个清楚的认识。虽然知识产权的对象[①]"符号"具有拟物性,但是,符号与物形似而神异,符号具有天然的共享性,而且,尽管法律特别规定赋予知识产权以支配权的特性,但是,符号的本质属性决定了知识产权的本质特

---

[*] 邓卓,北京知识产权法院法官;王玮,湖南省宁乡县人民法院。
[①] 有的学者认为"对象"也就是"客体"。但是刘春田先生认为,知识产权的对象与知识产权的客体是两个不同的概念,知识产权的对象就是"知识"本身,而知识产权的客体是指基于对知识产权的对象的控制、利用和支配行为而产生的利益关系或社会关系,是法律所保护的内容。正因为知识产权的客体与对象有着这样密切的联系,因此,很多人将这二者相混淆,把知识产权的客体当成知识产权的对象。其实对象是具体的、感性的、客观的范畴,是第一性的,他是法律关系发生的客观基础和前提;客体是抽象的、理性的范畴,是利益关系即社会关系,是第二性的。所以,对象与法律关系的客体是两种不同的事物。本文采纳刘春田先生的观点。

征必然不同于物权。因此,探讨知识产权的本质特征为何还是有必要的。但是,什么是知识产权的特征(更不用说是知识产权的本质特征了)可谓是众说纷纭,就像知识产权的概念一样,没有达成统一的认识。而从理论上讲,这是一个不得不解决的问题,所以,本文从认识知识产权的对象出发,首先准确地认定知识产权的对象为何,知识产权的对象的本质属性为何,并在此基础上,对目前学术界有关知识产权的特征的各种观点进行评述,最终对知识产权的本质特征做出探讨。

一、知识产权的对象——符号

本文既然是在探讨知识产权对象的基础上探析知识产权的本质特征,那么,首先就得搞清楚什么是二者的对象。尽管理论界对民法上的"物"的含义还有争议,而且民法上的"物"是一个不断发展的概念②,但是"物"作为物权的对象是已经达成共识了的。不过,知识产权的对象为何,就像知识产权的定义一样,在知识产权法学界还未达成一致性的认识。关于知识产权的对象为何,在理论界有多种观点,具体来讲,主要学术观点有:无形财产说或无体财产说、智力成果说③、知识产品说④、信息说⑤、精神成果说⑥、知识说⑦。

本文认为,在确定用什么词语精炼地表述知识产权的对象之前,应当首先搞清楚目前专利、商标及作品等等具体知识产权对象的共同特性,在此基础上才有可能用一个词语准确地表述知识产权的对象。通过对作品、商标及专利的分析与比较,本文认为,无论是专利和作品等创造性智力成果,还是商标等工商业标记,都是一种符号化的形式,是非物质的和非行为的,它的这一属性决定了知识产权具有物权和债权所不具有的独特的面貌和特征,这就决定了知识产权的对象都具有如下特性:第一,知识产权的对象不具有实体性,不能独立存在,它必须"栖身"于物质载体。它描述人类的认识,认识是反映一定思想和情感的信息。信息是抽象的,不具备可感知的形式特征。比如,以精神为依托的"胸中之竹",无法为他人感知。它又是具象的,它必须找到得以"栖身"的质料才能成为"手中之竹"。手中之竹一旦完成,就转化为不再依赖于他的

---

② 参见王利明:《物权法论》(修订本),中国政法大学出版社2003年版,页27。
③ 例如王作堂等:《民法教程》,北京大学出版社1983年版;佟柔主编:《民法原理》,法律出版社1983年版;参阅郑成思主编:《知识产权法教程》,法律出版社1993年版,页1。
④ 参见吴汉东、刘剑文等:《知识产权法学》(第二版),北京大学出版社2002年版,页12。
⑤ 参见张玉敏主编:《知识产权法学》(第二版),检察出版社2002年版,页1、15。郑成思在其《版权法》,中国人民大学出版社1990年版,页292、295更早地将知识产权归结为"信息产权"。不过,该作者亦持智力成果说,参阅郑成思主编:《知识产权法教程》,法律出版社1993年版,页1。
⑥ 参见韦之:《知识产权客体的统一称谓之我见》,载《电子知识产权》2006年第4期,页59—60。
⑦ 参见刘春田主编:《知识产权法》(第二版),中国人民大学出版社2002年版,页13—14。

描述者的独立的客观存在。这种可感知的存在形式,就是"知识产权的对象"。⑧ 第二,知识产权的对象作为形式,在时间上具有永存性。它一旦被生产出来,其后无论是形之于物质材料,还是被存储于大脑的记忆中,具有永不磨损的品格。靠了这种品格,它可以不断地积淀、传承。形式和物不同。物,不能永存。比如,一件造型优雅、色彩和谐、精美绝伦的南宋瓷瓶,是材料、造型、色彩的统一体,尽管人们精心呵护它,其寿命总是有限的。物质的运动是绝对的,无条件的。质料与形式的统一则是相对的,有条件的。这种统一一旦被打破,物就不复存在。物权以物的存在为前提,如影随形,物灭权消。因此,法律不为物权设定时间界限,而是任由物的自然寿命决定。作为"形式"的知识产权的对象,其存在和再现并不依赖于特定的质料,它有无限的选择余地,只要它能找到得以彰显或存储的质料,就不会灭失。它靠表现和传递而存在,并维系其寿命。除非是它的现实形态全部灭绝和存储于大脑中形式化了的"胸中之竹"全部失忆,这两种情况同时出现,否则,它的寿命是无限的。⑨ 第三,知识产权的对象作为形式,无论是文学艺术作品,还是创造发明,或是工商业标记,只要描述出来,在空间上就可以无限地复制自己。它的生产者可以与他人以同样的方式拥有和利用它。物则不同,就某一物而言,比如一辆汽车,它不可能同时在不同的地域和国家被不同的人所占有和利用。物的自然属性决定了物权先天地具有排他性的特点。知识产权的对象的自然属性,使之无法像对物那样占有和利用,也无法与他人约定对抗第三人对它的利用。⑩

通过对知识产权对象的特征分析,本文认为,知识产权属无形财产,其"无形之意义,都是指权利本身的无形,而不是指对象的无形"。无形财产"而且是相对于有体物所有权的一种财产权体系,除所有权以外的其他权利均属于无形财产范畴"。这种理论使得知识产权陷入了一个桎梏其发展的悖论之中:产权本体与客体的同化。"产权本体与客体的同化"这一悖论源于古罗马法。公元二世纪罗马法学家盖尤斯在其所著的《法学阶梯》一书中认为,有形物是存在于自然界中可以触知的实物体,无形物则仅指由法律系拟制的具有经济价值的权利。这可以说是无形财产见诸经典的最早注释。可见,无形财产说或无体财产说不合理。至于信息说则认为知识产权的对象是信息,"包括创造性智力成果、商业标志和其他具有商业价值的信息"⑪。本文认为"信息"的优点是足够抽象,几乎没有什么不可以囊括其中。但是,它的不足也正隐藏于这种过度抽象中。信息一词与各项传统的知识产权对象,如发明、作品、商标等缺乏较直接的

---

⑧ 参见刘春田主编:《知识产权法》(第二版),中国人民大学出版社2002年版,页13—14。
⑨ 同上。
⑩ 同上。
⑪ 参见张玉敏主编:《知识产权法学》(第二版),检察出版社2002年版,页1、页15。郑成思在其《版权法》,中国人民大学出版社1990年版,页292、295页更早地将知识产权归结为"信息产权"。

联系(姑且称为"关系不够亲密"),因而只有借助于较多的解释才能拉近彼此距离。信息是抽象的,没有实体的,无色无味、无质量,不占有空间,不具备可感知的特征,而知识产权的对象是人类心智结晶的外在的客观表现,是可感知的。[12] 所以说,信息说也不合理。智力成果说是传统理论中有关知识产权对象的通说。持该观点的学者将关于精神财富所享有的权利称之为"智力成果权",因而相应将这种权利对象归结为"智力成果",并且强调其价值不能用货币衡量。应该指出,关于智力成果的传统说法,偏重于这类对象的精神属性,而未能突出其商品属性和财产价值,因此未能反映出知识产权对象的本质特征。同时,知识产权的对象不仅包括作品和专利等创造性智力成果,还包括商标等工商业标记。由此可见,智力成果说不合理。精神成果说与智力成果说一样,未能反映出知识产权对象的本质特征。而关于知识产品说,本文认为,所谓"产品",在法经济学意义上讲无一不是接受人类劳动而发生变化的物质实在,具有物质的一般本质和存在形式。而知识产权的对象,本身是人类活动的结果,但是作为形式,它具有非物质性和非行为性。因此,将知识产品作为知识产权的对象既不科学也不合理。知识说可能相对于前述诸种学说而言在一定程度上具有合理性,但是,知识一词在人们观念中最基本的含义是指人们在改造世界的实践中所获得的认识和经验的总和。在《中国大百科全书·教育》中"知识"条目是这样表述的:"所谓知识,就它反映的内容而言,是客观事物的属性与联系的反映,是客观世界在人脑中的主观映象。就它的反映活动形式而言,有时表现为主体对事物的感性知觉或表象,属于感性知识,有时表现为关于事物的概念或规律,属于理性知识。"从这一定义中我们可以看出,知识是主客体相互统一的产物。它来源于外部世界,所以知识是客观的;但是知识本身并不是客观现实,而是事物的特征与联系在人脑中的反映,是客观事物的一种主观表征,知识是在主客体相互作用的基础上,通过人脑的反映活动而产生的。从前文对"知识"基本含义的理解来看,"知识"过于笼统,而且知识的价值就在于其自身,所以,知识虽然能直接反应知识产权的部分对象,如发明与作品的本质特征,但却不能直接反应知识产权的对象——商标的本质特征。毕竟,以作品及发明为对象的智力成果权,其利益来源于符号形式的智力含量;而商标权之利益并不是来源于商标自身,而是隐于其后的商业信誉。[13] 而且,在古语中,"知"与"智"同义,可以这么说,智是知的源泉,知是智的体现;智慧是知识的本质,知识是智慧的现象。也就是说,"知"具有智慧之意,知识就是智慧之识。而"商标"之所以能成为知识产权的对象,不像作品与发明是因为本身所具有智慧含量,而是隐于其后的商业信誉,没有充任商誉"替身"的"商标"不是商标。所以,将知识作为知识产权的对象是不合适的。

不过,通过进一步的研究,本文认为,尽管将"知识"作为知识产权对象并不合适,

---

[12] 参见刘春田主编:《知识产权法》(第二版),中国人民大学出版社2002年版,页13。
[13] 参见李琛:《知识产权法关键词》,法律出版社2006年版,页57。

但是将知识之存在方式的符号作为知识产权的对象却完全合适。符号,亦即记号、标记、标志。最初人类认为符号只不过是一种表意手段,是指涉外在事物的工具。符号作为思想或事物派生的、从属的手段和工具,不具有本体的价值。随着人类社会的发展,人类对符号的认识也越来越深化。瑞士语言学家索绪尔强调:符号不是透义的载体,而是自足的,语言的本质或意义不取决于外在的事物和客观世界,而来自于语言符号之间的关系。由此可见,对符号的含义可以从两方面来讲。第一,从符号作为事物之存在方式来讲,所谓符号是指称、表达、表示事物的概念、意义的感性形式。[14] 符号有两个基本的要素构成:一是它的具体的感性形式,如文字、图形、声音,一是它所包含的事物的概念和意义,即由能指(signifier)(符号形式)和所指(signified)(符号内容)构成。符号是把这两者统一、结合起来的一种方式、形式。第二,从符号的本体价值讲,用"约翰·洛克的话来说:'符号的意义是人类给定的'"[15]。符号是指人类赋予创生和指代能力的事物。由此可见,符号具备两个功能:一个是创生能力,一个是指代能力。人类通过使用符号可以不直接面对感性事物和材料,而是利用符号所具备的创生和指代功能达到创造或指代新事物。[16] 而以作品、发明等为对象的智力成果权作为知识产权,其利益来源于符号形式的创生能力,及以商标等为对象的工商业标记权作为知识产权,其利益来源于符号形式的指代能力(利益来源隐于其后的商业信誉),正充分体现了"符号"的这两个功能。而且,从前文所述可知,发明、作品与商标皆以符号作为存在方式,而符号作为形式,不具实体性,它必须依赖于一定的载体为存在条件;符号在时间上具有永存性;符号受其非物质性的影响,在空间上可以无限地再现或复制自己。可见,"符号"完全符合前文所述的知识产权对象的特征。因此,如物权的对象是能为人类控制、利用和支配的物,债权的对象是特定人的行为,那么知识产权的对象,顾名思义,应当就是"符号"。就像宇宙中的物质一样,只有那些独立于人体之外,能够为人所支配,能被人利用,能够满足人类某种需要的物体才是民法上的"物"。所以,作为知识产权的符号,只是那些被人赋予创生功能或指代功能,能被人所利用,能够满足人类某种需要的符号才是知识产权法上的"符号"。

二、符号的本质属性——非物质性

因为物权的对象"物"的天然排他性,决定了"支配性"为物权的本质特征。因此,可以讲"物"的本质属性在于其天然的排他性,那什么是符号的本质属性呢?本文认为,作为知识产权对象的本质属性,必须符合两个基本要求:其一,不能是所有民事权利对象的共同属性,否则便不能将知识产权与其他民事权利的对象区别开来;其二,必

---

[14] 参见刘进田:《文化哲学导论》,法律出版社1999年版,页219。
[15] 转引自上书,页219。
[16] 参见上书。

须是所有具体知识产权的对象都具备的属性,仅部分具体知识产权的对象所具有的属性不能作为知识产权对象的共同属性。

"符号"作为知识产权的对象,之所以能够使知识产权单独作为一种民事权利得到确立,那是因为它的对象有明显不同于传统财产权的对象的属性。基于此理由,要认识符号的本质属性也必须通过其与有形财产权的对象进行对比来加以考察。经过对比,发现在德国民法的概念体系上,一般认为物的外延只及于物质实体和自然力。法国民法理论虽对物作广义理解,但其无体物专指具有财产内容的权利。也就是说,传统有形财产权的对象是以有形物质形式出现的,具有三维立体空间特征或通过感官也可以直接感受到它的存在。而知识产权的对象是以非物质形态的"符号"出现的,它没有三维立体空间特征,人们通过感官无法直接感受到它的存在,而必须通过抽象思维才能加以感受和消费。事实上严格地讲,权利作为主体凭借法律实现某种利益所可以实施行为的界限和范围,概为无外在实体之主观拟制。正是在这个意义上,从罗马法学家到现代民法学家都将具有财产内容的权利(除所有权以外)称之为无体物。[17] 因此,知识产权与传统所有权的本质区别,不是所谓该项权利的无形性,而是其权利的对象即"符号"的非物质性特征所决定的。同时,符号的非物质性决定了它不发生有形控制的占有,由于它的非物质性而不具有物质形态,因此其不占据一定的空间,权利人无法像所有人对所有物进行实物的占有那样占有符号,也无法像所有权人对占有的物进行控制那样控制其符号本身,以防止他人的侵犯,因此知识产权容易被侵犯,权利人对自己的知识产权的保护比较困难。侵权人对知识产权实施的侵害行为不会导致符号本身的损毁或者灭失也是符号的非物质性的表现。而且符号的这种非物质属性不但决定了它和有形财产的区别,也决定了以其为对象的知识产权本身其他一切形式上的特征。[18] 由此看来,符号的非物质性完全符合成为符号的本质属性的要求,所以说非物质性是符号的本质属性。

这里,可能会有人问,为什么不叫做无形性,而叫做非物质性呢?其实"思想"的无形性与符号的非物质性的关系就像是知识产权的客体与知识产权的对象的关系,这二者既有密切联系又有很大的区别。本文认为,首先从对文字本身的含义上来讲,"非物质性"是与物质性对应的概念,而无形性是与有形性对应的概念,而知识产权的对象——符号,作为形式[19],虽不具实体性,但是,是形式就不可能无形,而必然为有形的,还包括诸如不会因时间的经过而耗损、消灭,可以被以平面的或立体的、有形体的(如声音)的形式无限复制,但是不能用控制物质财产的方式控制等等含义。其次,无形论与非物质论均强调"符号本身"与"狭义有体物"的区别。但通常理解"无形"还包括了

---

[17] 参见吴汉东:《无形财产权的若干理论问题》,载《法学研究》1997年第4期。
[18] 参见王春燕:《也论知识产权的属性》,载《中国法学》1996年第3期。
[19] 参见刘春田主编:《知识产权法》(第二版),中国人民大学出版社2002年版,页13。

物理上的物质,如电、气等,在德国民法中被视为有体物,故使用"非物质性"更能准确地区辨"符号"的本质属性。因为,无形论者是从财产的视角考察符号,将"符号"纳入无形财产,以财产概念为统领,以有形财产与无形财产为内容构建财产法,故强调无形性;而非物质论者则是从物的视角切入,将"符号"作为民法上的特殊物,并强调其物的属性,如德国法中狭义的无体物概念。在广义的物的概念统领下,以有体物和无体物为内容构筑民法财产关系立法。符号虽然必须同载体结合才能为人所感知,但毕竟其可通过载体来表现,可以通过某种有形形式复制,因而并非绝对的无形、无体,相反权利作为拟制的抽象产物,却是绝对的无形无体。可以这样讲,作为对象的权利与作为对象的符号更为本质的区别是,权利是法律技术的构造,而符号是一种实存。如果将权利的对象称为无形财产或无体财产,则易与无形的权利和某些无形(体)财产(气、电、热、光)等产生混淆,并且不符合无体物起源概念的含义,未能真切地反映出符号的本质特征。因此,用无形性来描述符号的本质特征是不科学的,符号其实是形式的,它与其他财产的本质区别在于它的非物质性,而不是无形性。

三、知识产权特征的各种观点及评析

虽然知识产权作为民事权利的属性是客观的,它不以人的主观意志而改变,但是,受人的认识能力与经验的局限,在我国的知识产权法学者中,对知识产权的特征或本质特征的认识却因人而异。例如郑成思先生就认为,知识产权的特征是其无形性、专有性、地域性和时间性。[20] 蒋志培先生认为,知识产权的特征为权利客体的非物质性、可复制性、法定性、独占性、地域性和时间性。[21] 而夏德友认为,知识产权的创造性、易逝性和法定性为知识产权的本质特征。[22] 不过,本文认为,这些概括,除蒋志培先生提到的权利客体(对象)的非物质性外,都尚不足以说明知识产权的特征。

首先,无形性及可复制性难以说明知识产权的特征。曾世雄先生认为,财产权之有形或无形,并非指权利而言,而系指权利控有之生活资源,及客体究竟有无外形。例如,房屋所有权,其权利本身并无有形无形之说,问题在于房屋系有体物;作为著作权,亦不产生有形无形问题,关键在于作品系智能产物,为非物质形态。[23] 也就是说,就权利本身而言,没有"无形"与"有形"之分,任何权利皆是无形的。所以严格来讲,无形性不是知识产权的权利特征。况且,尽管知识产权保护的对象具有无形性的特点,但是他与其他财产的本质区别在于它的对象的非物质性,而不是无形性。可复制性是指作为知识产权客体的符号是一种有使用价值的资源,具备有用性,能为人所利用能带

---

[20] 参见郑成思:《知识产权论》,法律出版社1998年版,页75—89。
[21] 转引陶鑫良、袁真富:《知识产权法总论》,知识产权出版社2005年版,页76。
[22] 参见夏德友:《论域名的法律地位—兼析知识产权的特征》,载《当代法学研究》2000年卷。
[23] 参见曾世雄:《民法总则之现在与未来》,中国政法大学出版社2001年版。

来一定的利益,但这种使用价值具有游离性,同样的价值可以附着于不同载体上,因此不具备可控性,不能为人力所完全支配和控制,具有外倾性,能广泛流传无限复制。㉔可见可复制性是受到知识产权客体的非物质性制约的,也不能成为其特征。

其次,所谓专有性、独占性、地域性和时间性是知识产权的特征的观点更不足为道。就专有性或独占性来看,一般民事权利(物权、人格权)也具有专有性或独占性;况且同时不同的人对同一知识产权对象(客体)享有权利的现象客观上早已存在。例如,我国就允许多人同时对同一专利共同使用,商号在不同的地域范围内为不同的主体同时拥有。就地域性而言,因为对知识产权的保护是以"不承认他国法律"为原则的,故地域性一直被视为知识产权的法律特征。不过,从理论上讲,任何权利都具有地域性,权利是一个法律概念,所有的主权国家皆依据本国法律保护权利,任何创设权利的法律都不具有域外效力。而且,如今随着世界经济一体化和现代高科技的迅猛发展,知识产权的国际化趋势也越来越明显,因此,地域性充其量不过是知识产权的一个法律特征之一,仍然不够彰显知识产权的特征。而就期限性而言,学者李琛认为:"知识产权的期限性,主要源于知识产权对象的特征。物会发生自然的损毁、灭失,故此物权具有自然的期限性,法律无须事先规定期限限制。但是符号财产在物质上不会损耗、灭失,即使符号所依托的载体灭失,符号形式自身仍然永久存续。但是出于利益平衡之需,法律不应当对知识产权进行永久保护。"㉕由此看来,知识产权的期限性是由知识产权的对象的特征所决定的,而并非知识产权本质上的特征。况且,在专利的保护期内,专利很可能会被新的更具有创造性更具有实用性的专利所取代,而商标权只要续展,就可以永久享有,地理标志和商号等根本就没有时间限制。商业秘密只要做到保密,也可以持续永久占有。因此,对知识产权而言,期限性也很难具有代表性。

再次,将创造性、易逝性和法定性作为知识产权的特征,本文也不敢苟同。虽然创造性与知识产权尤其其中的专利权的联系很密切,但是,从《建立世界知识产权组织公约》的规定来看,并没有将创造性作为享有知识产权的必要条件。而且知识产权人对商标享有知识产权并不要求商标具有创造性,而只要求其具有显著性——可以识别。况且,知识产权不但保护智力创造者的权益,也还在一定程度上保护投资者与消费者的利益。易逝性表面上看来很具有吸引力。毕竟,知识产权的享有在通常情况下必须以其客体的公开为前提(商业秘密除外),而一旦知识产权公开,就脱离了生产者的控制,能够同时为社会大众所享有。不过,知识产权客体的这种易逝性并不等同于知识产权本身的易逝性。在法律的范围内,知识产权虽然面临着被侵权的种种危险,但是依然是一种稳定的权利。至于法定性,更不能说明知识产权的特征,凡是权利,撇开哲

㉔ 参见刘春田主编:《知识产权法》(第二版),中国人民大学出版社2002年版,页14。
㉕ 李琛:《知识产权法关键词》,法律出版社2006年版,页16。

学问题不谈,形式上无不具有法定性,所以法定性什么问题也说明不了。㉖

四、知识产权的本质特征——符号性

既然,知识产权的无形性、可复制性、独占性、专有性、地域性和时间性以及知识产权的创造性、易逝性和法定性均不足为知识产权的特征。那就更不可能成为知识产权的本质特征了。非物质性又是知识产权的对象——符号的本质属性,那什么是知识产权的本质特征呢?本文认为,作为知识产权的本质特征,就像非物质性作为知识的本质属性必须符合的标准一样,必须符合两个基本要求:其一,不能是所有民事权利的共同特点或属性,否则便不能将知识产权与其他民事权利区别开来;其二,必须是所有知识产权都具备的而且为知识产权所独有的特点或属性,仅部分知识产权所具有的特点不能作为知识产权的共同特点,否则会将知识产权的本质特征与由其本质特征所决定的它的一般法律属性相混淆。㉗

"符号性"要成为知识产权的本质特征,就必须得符合前文两个基本要求,而要判断符号性是否符合这两个基本要求,首先要对什么是"符号"有一个认识。在认知体系中,符号,也即标记或记号,是指代或创生一定意义的表达形式,可以是文字、点线面、图形图像及其组合,也不妨是声音信号、立体模型及建筑造型等等。同时,符号也可以说是人的认识的结晶及对认识进行表达的工具。由此可见,"符号"具有如下几个特征:其一,符号是形式,不具有实体性,不能独立存在,它必须"栖身"于物质载体,无论是文字、点线面、图形图像,还是声音、立体模型、建筑造型,都必须要依赖一定的"载体"来为人所感知。文字、点线面及图形图像需要以纸张(或类似纸张的东西)来显现,而声音就需要空气来传递,建筑造型需要物质材料来塑造。其二,符号作为一种表达形式,在时间上具有永存性。因为,自从它被创造出来,其后,无论是形之于物质材料,还是被存储于大脑的记忆中,具有永不磨损的品格。靠了这种品格,它可以不断地积淀、传承。形式和物不同。物,不能永存。其三,符号作为表达的工具,无论是文字、点线面、图形图像,还是声音、建筑造型,自从被创造出来,就不受时空限制可以无限地被复制。通过上述分析,可知,"符号"作为一种表达工具,其特性完全符合其表达的对象的特性,可见,符号能够与符号完美的结合,能够作为所有能成为知识产权对象的符号的表达形式。这就如下所说,正是因为知识产权对象的符号化,才能使商标作为一种记号,具有识别功能,使得无形的商业信誉获得了可以辨认的载体,吸引消费者重复购买自己满意的商品或服务㉘;也正是因为知识产权对象的符号化,才能使作品作为一种记号,具有创造功能,使得作者无形的思想能够被有形地表述出来;也正是因为知识

㉖ 参见李扬等:《知识产权基础理论和前沿问题》,法律出版社2004年版,页8—10。
㉗ 参见张玉敏主编:《知识产权法》,法律出版社2005年版,页20。
㉘ 参见李琛:《知识产权法关键词》,法律出版社2006年版,页56。

产权对象的符号化,才能使专利作为一种记号,具有创造功能,使得权利人的技术方案或设计能够被人所掌握及利用。由此可见,"符号性"完全符合前文所述第二个要求。

同时由于"符号性"与物权的"支配性"、债权的"相对性"也是明显不同的。符号,不具实体性,具有非物质的属性。而支配的对象——物,为有体有形之财产,从支配本身的含义上讲,就表明一种控制之意,而作为其对象的物,是可以被事实上控制和占有的,这种占有一旦完成,就具有排他性。这是具有非物质性的符号所不具有的,因为非物质性就决定了符号的共享性。因此,符号,它也不可能在事实上被排他的占有。故此,可以讲"符号性"与"支配性"完全不同。作为请求的对象——行为,既无质料又无形式,为真正的无形无体。[29] 这与具有非物质性的符号是有所不同的,既然"行为"无形无体,那么,它也就不能被符号化,故此,可以讲"符号性"与"相对性"完全不同。由此可见,"符号性"也完全符合前文所述的第一个要求。

综上所述,本文认为,债权作为请求权,将最能体现债权对象"行为"本质的"相对性"作为债权的本质特征从理论上讲是合理的,因为"相对性"能够将债权与作为绝对权的物权与知识产权区别开来。但是,确定知识产权与物权的本质特征,不像确定债权的本质特征那样简单。因为,无论物权的绝对化是来源于物的天然本性,还是知识产权的绝对化是来源于法律的拟制,从法律上来讲,知识产权与物权是绝对化的权利无可争议。因此,绝对性不能够成为知识产权与物权任一方的本质特征。而要将物权与知识产权区分开来,从二者的对象出发来探讨二者的本质特征,不失为一个好的角度。从既要体现物的本质特征,又要能够将物权与知识产权区分开来讲,将最能体现"物"本质的"支配性"作为物权的本质特征是为可取。因此,将体现知识产权本质属性的"符号性",作为知识产权的本质特征也是合适的与合理的。毕竟,知识产权作为一种符号化的民事权利,"符号性"与"支配性"相对应,能够将物权与知识产权区别开来,又能体现二者对象的本质特征。

小结

通过前文的论述,本文认为,"符号"就是知识产权的对象,非物质性是符号的本质属性,知识产权是"符号"的权利化,知识产权的本质特征即为"符号性"。

---

[29] 参见刘春田主编:《知识产权法》(第二版),中国人民大学出版社2002年版,页13。

论专利制度的异化及因应对策
——基于高通诉魅族案的分析

徐慧丽[*]

【摘要】 专利制度伴随着保护和激励技术创新的目的而生,然而随着国际贸易环境的复杂化,该制度逐渐异化为一种商业竞争的手段或工具。高通诉魅族案中这种趋势即有所体现。本文基于对该案例的分析,归纳了中国企业在国际化商业交易中遭遇的三种专利异化形式,指出其因应之道归根结底还在于企业掌握自主研发的核心技术与基础专利,并从政府的宏观政策引导角度提出了几点建议。

【关键词】 专利制度异化;反垄断;专利质量;专利预警;专利保护强度

专利侵权诉讼是海外企业针对发展中国家企业常用的一种商业竞争手段,起诉地点通常选择"对专利保护比较推崇"的法院,而不会选择被诉者占有地利优势的企业所在地。[①] 2016年6月高通诉魅族案,却选择在中国的知识产权法院。虽然最后法院以和解方式结案,但是其意义与影响却并未随之终结。

专利制度伴随着保护和鼓励技术创新的目的而生,然而随着国际环境复杂化该制度逐渐异化为一种竞争手段与贸易政策工具。中国政府早已意识到这一点,在其奖励制度引导下,近年来中国的专利呈爆炸式增长,申请量连续多年高居世界第一。但现阶段,这些专利更多地扮演着"花瓶"的角色,技术密集型科技产品如智能终端设备等领域基础专利和核心专利的缺失,仍然是"中国制造"的短板之一。只有在合适强度的专利体系下,通过提升专利转化率等手段,真正地把创新融入产业应用中,才能更好地

---

[*] 徐慧丽,北京大学法学院2016级博士生。
[①] 参见文家春、乔永忠、朱雪忠:《专利侵权诉讼攻防策略研究》,载《科学学与科学技术管理》2008年第7期,页56。

保障我国科技企业在世界贸易环境中掌握话语权与主动权。

一、案情简析

2016年6月,美国高通股份有限公司(以下简称"高通")向北京知识产权法院起诉珠海市魅族科技有限公司(以下简称"魅族")侵害其无线通信技术相关发明专利权,提出三项诉讼请求,包括赔偿侵权损失5.2亿元[②]等,引起业界广泛关注。除了在北京起诉魅族以外,高通同时还向上海知识产权法院提出侵权诉讼。数月之后,又在海外发起攻击,分别于美国、德国和法国针对魅族采取了法律手段维权,包括向美国国际贸易委员会(ITC)投诉、向慕尼黑地方法院起诉魅族侵权,以及在法国倡导侵权扣押行动,收集魅族在法国的侵权证据。[③] 12月底,高通与魅族双方宣布在平等谈判基础上签订专利许可协议,高通授予魅族在全球范围内开发、制造和销售CDMA2000、WCDMA和4G LTE标准终端的专利许可,并撤回相关诉讼。

高通针对魅族开展全面围攻的主要背景之一就是2014—2015年期间中国国家发改委对高通的反垄断调查及整改。高通在无线通信技术领域拥有一批标准必要专利,其芯片产品则在处理器市场与联发科等企业竞争,但无论智能终端设备是否使用高通芯片产品,要实现无线上网功能就需使用高通的无线通信技术标准必要专利。[④] 2015年2月高通因乱收高价专利许可费、无正当理由搭售非标准必要专利、在芯片中附加不合理条件等行为被发改委认定为滥用市场支配地位,排除、限制竞争的行为。发改委责令高通停止上述违法行为,并处以罚款,额度为2013年度高通在中国市场销售额的8%,高达60.88亿元人民币。[⑤] 此外,高通还同意了降低专利授权费用、取消反向授权协议等条件。[⑥] 这次整改从表象看的确禁止了高通强制专利反授权、产品捆绑等不合理竞争手段,实质上反而确立了高通在中国市场合法收取专利授权许可费的运营模式,所有厂商要想制造、销售智能手机设备都无法规避其许可。整改完成后,包括华为、联想、小米在内的100多家国内企业均先后与高通签订专利授权协议。[⑦] 而坚持使用联发科公司芯片的魅族却迟迟未进入该队列,被称为"最后的斗士"。在与魅族谈判

[②] 参见吴海涛:《从高通公司看国内专利发展》,载《河南科技》2016年7月,页59。

[③] 参见孙永杰:《无奈与无知:高通缘何在专利上屡屡发飙魅族》,载《通信世界》2016年第28期,页9。

[④] 手机生产商在生产手机、基站、交换机等终端设备时,产品符合国际技术标准才能实现无线通信功能,也就意味着无法绕开无线通信技术的标准必要专利。当前国除中国移动的TD-SCDMA 3G手机外,所有3G和4G手机均需要获得高通许可。参见钟磊:《中国反垄断第一大案:高通反垄断案评析》,载《电子知识产权》2005年第7期,页76。

[⑤] 参见国家发展改革委办厅:《中华人民共和国国家发展和改革委员会行政处罚决定书》(发改办价监处罚[2015]1号),http://www.sdpc.gov.cn/gzdt/201503/t20150302_666209.html,2017年4月19日最后访问。

[⑥] 同上。

[⑦] 参见孙永杰:《高通诉魅族,中国知识产权保护升温》,载《通信世界》2016年第18期,页14。

未果后,高通启动法律手段维权,以司法程序确认其许可符合《中华人民共和国反垄断法》(以下简称《反垄断法》),并基于此要求魅族赔偿侵权损失 5.2 亿元。

本案最后以和解方式结案,魅族同意根据高通整改之后的费率,与高通合作并达成许可授权协议;而高通则撤回所有起诉,使魅族免于应诉之苦,也不用遭受高额侵权损害赔偿的威胁。看似"双赢"的结果,却深刻地反映了中国企业在研发实力上的薄弱,以及基础专利和核心专利的匮乏。尤其是中小型企业,缺乏技术专利积累和核心竞争力,面对科技巨头企业在竞争市场中的打压毫无还击之力,只能被掐于脖颈而乖乖就范。

二、专利保护制度的异化

随着全球知识产权市场格局的调整,专利制度的目的已经不再是单纯地保护和激励技术创新、创造科技产业与社会经济共同繁荣的美好愿景。尤其是欧美发达国家,高举"自由竞争"的大旗,利用专利策略对其他国家企业进行贸易打压;当拥有丰厚知识产权实力的跨国企业进入中国市场时,即以知识产权保护为"矛",合法垄断或伺机收取专利许可费,谋求巨大利润;而当中国企业进入本国市场时,则以知识产权为"盾",设置重重壁垒。[8]

典型如本案中的高通,自 1996 年开始在中国申请专利并设置专利布局,至 2014 年中国知识产权局受理的 PCT 国际专利申请中,高通公司申请数量依旧排名第二,仅次于华为。[9] 通过高密度的专利部署,高通在中国市场顺利取得了垄断性的竞争优势。发改委对其进行整顿之后,高通的专利许可更是合法地成为所有智能手机厂商"无法绕开的坎"。中国自 2013 年起就已经成为全球最大的手机制造国,国产品牌手机产量占全球总量的一半以上[10],高通依靠许可费获得的利润之丰厚亦可想而知。而这些费用,厂商往往会通过价格策略转嫁给消费者。

还有其他异化为贸易打压手段的专利策略,如美国 1930 年《关税法》第 337 条(即"337 条款")是美国在本国市场针对国外企业设置的主要贸易壁垒之一,过去曾有效地打压日本、韩国及东南亚等新兴经济体的出口贸易企业。[11] 随着中国产品的出口量增大、技术性增强又缺乏配套的专利保障体系,中国企业越来越频繁地成为 337 调查的打击对象,约占案件总量 50%。[12] 依据该条款,美国境内任意一家企业认为进口产品侵犯知识产权都可以向美国国际贸易委员会(ITC)申请 337 调查、颁发禁令等。较

---

[8] 参见张平:《国家知识产权战略实施五周年有感》,载《中国法律发展评论》2013 年第 5 期,页 32。

[9] 参见中国人民大学知识产权教学与研究中心、中国人民大学知识产权学院编著:《中国知识产权发展报告(2015)》,清华大学出版社 2016 年版,页 14。

[10] 参见杨海峰:《中国应对微软收购诺基亚进行反垄断调查》,载《通信世界》2013 年第 32 期,页 16。

[11] 参见梁正、朱雪袆:《跨国公司在华专利战略的运用及启示》,载《中国软科学》2007 年第 1 期,页 60。

[12] 参见刘晓妍、李祥松:《谨慎应对知识产权打压》,载《科技广场》2015 年第 5 期,页 239。

之于反倾销、反补贴等贸易壁垒手段,这种制裁方式司法程序快而且发起费用低、举证责任轻;如果调查确定侵权成立,出口产品乃至被制裁企业所在国所有类似产品都可能遭受永久禁令等严厉制裁。中国企业遭遇的诸多337调查案件中,很多涉案企业都被认定为侵权事实存在,受到普遍排除令、有限排除令和停止令等制裁[13],给中国企业的出口贸易形成了沉重打击。

第三种异化形式,则是类似于孟山都的"专利陷阱"策略。即在初期放开限制——"放水养鱼"。当市场发展到一定规模时,再伺机利用手中的专利通过侵权诉讼打压本土企业索取损害赔偿,压榨其利润。转基因农作物技术领先于世界的孟山都公司,在阿根廷、巴西、巴拉圭等发展中国家都曾经使用这种策略;起初对于当地农场使用转基因大豆种子培养下一代大豆的行为不作追究,当形成规模和品种依赖性后,再以大豆种子中含有其转基因技术为由对政府施压,收取高额专利许可费。[14] 大量收购技术专利而不实际使用,仅用于专利许可和侵权诉讼并营利的 NPE 公司也属于该类型的异化专利策略实施者。但中国知识产权保护力度目前还处于相对较弱的阶段,有些特殊因素如《专利法》要求专利自授权之日起3年之内投入使用、禁令救济仅当符合明确"不可修复的损害"标准时才能启动、法律规定尚存不确定性等,导致 NPE 这种商业模式在中国难以生存;当然,中国专利法判定的知识产权侵权损害赔偿较发达国家低很多,也导致 NPE 无利可图。[15] 因此迄今为止,NPE 在中国国内市场的专利策略还难以实施与开展。但已经有一部分跨国 NPE 企业在中国设立了办公室,不排除随着中国知识产权保护力度的强化,未来会对国内科技产业市场乃至司法体系的良性发展造成干扰。

三、中国专利贸易保护方式及局限

《专利法》实施30年来,中国政府和市场都已经清楚地认识到知识产权的价值,专利制度建设取得了相当程度的成就。逐步完善的专利保护体系对激励技术创新和促进产业健康发展均起到了良好的保障作用。但除了华为和中兴等少数企业足够重视且拥有雄厚的专利积累以外[16],大多数中国科技公司的研发实力还比较薄弱,缺乏足够经济实力用于创新型技术开发,核心技术与基础专利缺位现象严重。[17] 面对跨国科技

---

[13] 参见王敏、卞艺杰、田泽、邓建高:《知识产权贸易壁垒特征与中国的防范对策》,载《江苏社会科学》2016年第1期,页123。

[14] 参见梁正、朱雪祎,见前注⑪,页58。

[15] See Kelli Larson, The Emergence of Non-practising Entities in China, in Governance of Intellectual Property Rights in CHINA and Europe 287, 296 (Nari Lee, Niklas Bruun & Mingde Li., 2016).

[16] 参见郑云凤:《我国典型企业专利管理地图分析——基于华为和中兴的面板数据》,载《科学学与科学技术管理》2009年第7期,页69。

[17] 参见冯晓青:《企业知识产权战略(第4版)》,知识产权出版社2015年版,页22。

巨头的专利侵权纠纷或海外市场异化的知识产权贸易壁垒,只能被动挨打,屡屡遭受重创,专利反而成为其发展瓶颈。

为了维护本国企业与消费者的合法权益,各发展中国家政府纷纷采取措施进行干预,其中最典型的方式之一就是"反垄断调查"。如印度政府曾对瑞典爱立信启动关于手机专利授权费的反垄断调查,中国商务部前期针对微软收购诺基亚一案也进行了反垄断并购审查。而中国发改委针对高通在中国市场的反垄断调查与整顿,则受到国内业界一致好评,被誉为维护了"公平的竞争环境"。的确,发改委针对高通的反垄断整顿为国内企业争取到了相对公平的许可环境。在反垄断调查开展之前,高通利用其在芯片领域的市场支配地位,按整机价格收取高额专利许可费、要求中国手机制造商就自有专利进行免费反向许可、无正当理由捆绑非标准必要专利、在芯片销售中附加不合理条件等[18]行为,使得中国制造企业在市场竞争中处于极其不利的地位,一部手机缴纳给高通的专利许可费甚至超过其利润。整顿之后高通只能依据其承诺的合理许可费标准按照 FRAND 原则进行专利授权。

同时,司法力量结合政府部门的反垄断措施也能为中国企业在海外市场跟本土企业的专利博弈提供有力的谈判筹码。特别是在通信产业,中国规模庞大的市场已经成为跨国企业的主要利润源[19],失去中国市场与客户群体可能会对这些企业形成严重打击。我国企业在海外市场遭到不公平贸易制裁时,首先可选择诉诸国内法院对跨国竞争企业进行制裁,通过反制形式迫使其遵守竞争规则。例如,华为公司在美国市场遭到 IDC(美国交互数字集团)高专利许可费的要挟,IDC 还要求华为将其所有专利免费反向许可,谈判未妥即向美国州法院提起侵权诉讼,同时向 ITC 申请 337 调查。华为变被动为主动,在深圳市中级人民法院起诉 IDC 违反 FRAND 原则,深圳市中级人民法院支持华为,判定了较三星、苹果最低许可费更低的许可费率,并要求其停止垄断行为,赔偿华为 2000 万元经济损失。同时,我国企业还可向国家发改委提起反垄断调查申诉。上述案例中国家发改委就介入并对 IDC 发起了反垄断调查。为了最小化中国市场的损失,IDC 不断妥协并撤回针对华为等企业发起的 337 调查。

然而需要直视的是,中国与美国差异巨大,类似贸易保护措施存在诸多局限,并非长远之计。首先,是产业领域的局限。中国目前在智能手机、高铁运输等领域发展较迅速,掌握一定话语权,但在医疗健康、汽车制造、能源等大部分产业都还处于落后态势,尚无力进行反制。其次,是地理区域的局限。在世界经济一体化的格局下,即便是国有企业,要做强做大亦不能偏安一隅,应当进入海外市场接受更大范围的挑战。国

---

[18] 参见钟磊,见前注④,页 75。

[19] 例如 2011 财年、2012 财年、2013 财年高通收入中基于中国大陆市场客户和被许可人的比例分别为 32%、42%、49%。See Qualcomm Incorporated, "2013 Annual Report of Form 10-K", available at http://investor.qualcomm.com/annuals-proxies.cfm, last visited at 4-19-2017.

内贸易保护对于大部分国家和地区都鞭长莫及。如2014年底瑞典企业爱立信在印度市场起诉小米公司产品侵犯专利权,导致小米公司面临全线产品禁止进入印度市场的威胁,小米只能自行采取"每台设备提存100印度卢比保证金"的方式自救。[20] 最后,是保护对象范围的局限。国家行政或司法力量的干预,只能对金字塔尖少数实力雄厚的大型企业如华为、中兴等产生积极作用;对内为其提供稳定可靠的知识产权制度保障,对外为其获得公平合理的国际贸易环境提供坚实后盾。就坚持走"低价格、低利润、纯制造"路线[21]的大多数中小企业而言,依赖政府干预反而会导致竞争力进一步弱化,难以适应国际化知识产权环境而遭遇淘汰。

四、企业突破专利异化贸易壁垒的关键点

要突破发达国家专利制度异化形成的贸易壁垒围网式封锁,对于企业而言最核心的一点是要增强自主科技创新实力。高通之所以能够在中国市场形成垄断性竞争优势,除了经营多年的"专利丛林",关键因素还是该企业在网络通信领域强劲的技术研发实力以及配套的专利权。苹果和三星等在行业中占据主导地位,同样要持续改进现有技术,并开发创新技术以不断改善产品设计、提升产品整体性能。尤其在技术密集型产业市场,企业拥有自主创新能力,其产品才能获得消费者青睐而占得一席之地。中国并不是一个缺乏创新能力的民族,在高铁技术领域的原始创新与技术输出,充分论证了这一点。

第二个关键点是企业要通过各种途径掌握尽可能多的核心专利。掌握核心专利就意味着掌握核心竞争力,以及国际贸易中知识产权博弈的话语权和支配权。在跨国企业凭借其技术专利索取高额授权费时,掌握有核心专利的企业可进行交叉许可以降低许可费率;或者应对专利侵权诉讼时,开展反诉以争取在平等基础上进行和解,避免诉累造成人力与财力损耗。必要时还可利用所拥有的技术专利主动发起侵权诉讼以维护公平竞争环境,变被动防御为主动出击。

在高通诉魅族案例中,魅族别无选择的妥协即充分暴露了其技术与专利的匮乏,无法突破高通在基础技术领域的垄断,企图通过拖延策略进行专利反劫持,最终在高额侵权赔偿的威胁下束手就擒,跟高通签订专利授权许可。没有充分技术研发的投入与专利资源的积累,而仅仅依靠市场手段来扩展业务范围,终究只能是无根之木、无源之水,难以拥有长久生命力。[22]

---

[20] See J. Gregory Sidak, FRAND in India: The Delhi High Court's Emerging Jurisprudence on Royalties for Standard-essential Patents, 10 Journal of Intellectual Property Law & Practice 609, 615 (2015).
[21] 钟磊,见前注④,页77。
[22] 参见赵光磊:《高通反垄断背后的价值思考》,载《通信世界》2015年第5期,页1。

五、我国专利政策应对建议

企业之间的贸易竞争归根结底是市场行为，政府可适当介入但不宜越俎代庖，应通过宏观层面制度与政策的建构起到良好的引导作用，最终实现科研创新实力和核心专利方面的突破，真正提升企业在国际贸易市场中的竞争力。针对专利制度建设的宏观引导策略，笔者拟提出以下四条建议：

（一）稳步控制知识产权保护力度

强知识产权保护体系并非创新能力提升与社会经济发展的最优解决方案。正如斯坦福大学 John Barton 教授所言，对于发达国家，知识产权制度好比美酒佳酿；对于发展中国家则相反，知识产权制度就像是苦酒毒药。[23] 不同国家国情和不同产业发展情况应该采纳不同强度的知识产权保护体系，而不应该在欧美发达国家施加的压力之下盲目地最大化保护力度及违法行为惩罚力度。这一方面印度的做法值得借鉴。印度本国在制药业和软件行业取得的绝对优势地位离不开其阶段性发展的知识产权制度环境。以制药领域为例，印度早期专利法规定"化合物本身不提供产品专利保护，而仅为其工艺专利提供 5 年保护期"[24]。制药企业利用这种宽松的制度，通过规避创新药制作工艺，大批生产仿制药并形成稳固的市场基础，乃至发挥其劳动成本低、产品质优价廉的优势排挤跨国药企。当本国药企形成足够资本积累和市场份额优势后，印度适时修改其专利法，引导创新型药品研发并强势进军海外市场。软件业也是类似的发展路线，初期印度对于盗版现象缺乏明确的制度规制曾为发达国家利益群体所诟病，当软件业发展到一定规模，则制定严格的版权法制度为本国软件企业与跨国企业竞争保驾护航。

我国政府在知识产权保护体系建设中，也宜根据具体国情构建适当的制度保护力度。一方面，专利侵权损害的赔偿与责任标准不宜陡增。我国总体科技创新水平相对发达国家还处于较低层次，不宜模仿美国专利法制度采取过于严格的惩罚性赔偿，或者过多地运用刑事手段来规制违法行为，否则具有一定创新能力的小企业将无法突破专利围栏的封锁而被扼杀。中小企业在市场竞争中面临跨国企业施加的多重技术许可压力，足以迫使其为寻求利润生存空间而重视自主技术创新并尊重知识产权。另一方面，我国具有优势的传统资源保护方面，则可适用强保护并推动国际保护标准的强化。中医药、民间文学艺术表达、遗传资源、生物多样性、地理标志等领域都是我国具有优势的传统资源，应当增强国内和国际知识产权保护力度，形成相对于其他国家的

---

[23] 参见曹新明、梅术文：《知识产权保护战略研究》，知识产权出版社 2010 年版，页 1。

[24] 李静：《印度之鉴——浅析印度知识产权保护对我国的启示》，载《中国发明与专利》2011 年第 2 期，页 108。

比较优势,提升我国企业的总体竞争力。[25]

(二) 提升科技成果转化率

在政府的奖励制度引导下,我国当前专利呈现爆炸性增长局面,但仅仅停留在数量层次。[26] 质量方面,大部分专利跟市场需求脱节,利用率低,总体科技创新水平提升缓慢,导致外来企业凭借其核心技术垄断利润丰厚的中国市场。据《2014 年中国有效专利年度报告》统计,国内有效发明专利维持年限集中于 3—6 年,而国外则集中在 6—10 年;国内有效发明专利中维持年限 5 年以上的占比 49.2%,国外则高达 89.1%;国内有效发明专利有效期超过 10 年的仅 7.6%,而国外则有 32.8%。[27] 有效专利的存续期很大程度上关联着专利价值及其创造的市场收益。为增强中国企业在国际市场中的竞争力,当务之急是要在保持专利数量的同时改善专利质量,以促进创新型技术的实施与应用为目的提升科技成果转化率。

一方面,应当完善知识产权政策考核体系。政府在推进知识产权战略实施的过程中仅将专利申请和授权数量作为主要指标纳入考核体系,从而形成了当前在数量方面的优势。要提升总体创新水平,还需要优化专利结构。建议在各项考核体系中增加研发层面的 PCT 申请量、运营层面的专利实施率、创造层面的投入产出额及比率等。尤其是公共财政资金支持的科研项目结项评估中,应当综合考虑上述因素,督促专利质量提升与科研成果转化及实施应用,避免公共资源浪费,真正实现专利制度在创新驱动经济发展过程中的支撑作用。另一方面,还应当促进专利成果的市场化与商业应用。韩国知识产权局(KIPO)2004 年发布的"韩国知识产权管理:愿景和目标"计划中一条重要的政策目标就是"加速专利技术商业化和转让",具体措施包括建立专利技术网上商城、开发并运用各种专利技术市场价值评估方法、帮助大学加速知识产权的商业化和转让、启动"专利捐赠技术"等。[28] 我国《专利法》第四次修订草案中新增了"专利的实施和运用"一章,充分体现了政策引导态度的转变。若能借鉴上述多样化手段促进专利许可、转让、市场公开交易,实现经济效益后为专利权人带来可观利润,可激励更多优质科研成果的开发,还能助力企业核心技术水平的提升,在国际化贸易活动中获得更强竞争力。

(三) 构建完善专利预警体系,加强产业布局

为了避免受到跨国企业设置的"专利陷阱""专利丛林"等贸易壁垒羁绊,应该变被动防御为主动出击,对已经布局的知识产权壁垒实时监测,及时预警;对于产业核心

---

[25] 参见曹新明等,见前注[23],页 145—151。

[26] 根据国家知识产权局统计,2013 年、2014 年、2015 年国内三种专利申请授权数量分别是 122.8 万件、120.9 万件、159.7 万件;而国外三种专利申请授权数量分别是 8.5 万件、9.3 万件、12.1 万件。参见国家知识产权局主办:《中国知识产权统计年报(2015)》,知识产权出版社 2016 年版,页 17。

[27] 参见中国人民大学知识产权教学与研究中心等,见前注[9],页 17—18。

[28] 吴汉东主编:《科学发展与知识产权战略实施》,北京大学出版社 2012 年版,页 467。

技术领域,采取先发制人的态势尽早布局,以并购、转让交易、自主研发等方式获得基础技术与核心技术专利,抢先建立行业标准。就政府机构而言可在宏观层面上发挥资源优势,基于行业分类建立动态数据库预警平台,为参与国际贸易的企业提供可靠的经营决策信息来源;同时通过网络平台建设梳理和总结不同的知识产权贸易壁垒诉讼应对经验案例,为企业制定应对指南。[29] 目前美国、日本、欧盟都建成了类似预警系统。在掌握足够多核心技术专利的领域中,政府还可以对各区块技术开展全面专利检索及分析,找出关键技术部位,并引导企业联合起来,利用专利组合或技术标准进行专利布局,以先发制人的态势在国际市场竞争中占据主导地位。如日本企业就通过彼此间专利交叉许可垄断光学变焦镜头市场数十年,让其他国家竞争者毫无插足之地,甚至连最早取得光学变焦镜头专利的美国和德国企业都无法涉足[30],及早进行专利布局的重要性可见一斑。

(四)适度应用反垄断执法手段

虽然有其局限,但是对于某些大型跨国企业带有市场垄断性质的"专利丛林"式布局,反垄断执法手段仍不失为一项有力的应对措施。跨国企业在技术相对欠发达国家或地区设置"专利丛林",利用技术与专利优势打压商业竞争对手、设置高额许可费,有违专利法平衡专利权人垄断利益和社会公共利益的二元价值目标,属于权利滥用行为。反垄断规制的目标在于维护有效竞争的市场交易环境[31],促进经济发展与社会进步。当专利权人滥用权利有碍市场自由竞争时,政府部门可适用反垄断执法手段进行规制。就在高通与魅族达成和解的前几日,韩国公平贸易委员会也对高通进行了反垄断制裁。但反垄断措施的应用宜适度。过于严格的反垄断适用政策从长远看不利于国外先进技术的引进,并可能削弱国内技术研发者的创新动机,最终阻碍技术进步、损害消费者福利。[32]

美国《谢尔曼法》《克莱顿法》《联邦贸易法》构成美国反垄断法三大支柱,适用专利权行使中的非法垄断行为;1995年发布并于2017年修订的《知识产权许可的反托拉斯指南》针对知识产权许可中的反垄断执行问题又进行了专门性规范。[33] 我国《反垄断法》第55条规定"经营者滥用知识产权,排除限制竞争的行为,适用本法"。除此外暂无针对性规定,但学界已有相当程度研究,国务院反垄断委员会《关于滥用知识产权的反垄断指南》的起草制定工作也已接近尾声,对"滥用知识产权,排除限制竞争的行为"的范围、判定标准及反垄断法与知识产权法之间的衔接将进行说明阐释。随之由

---

[29] 参见张燕生等:《贸易保护主义:中国对策》,中国经济出版社2012年版,页181。
[30] 参见谢顺星、高荣英、翟卫军:《专利布局浅析》,载《中国发明与专利》2012年第8期,页28。
[31] 参见王晓晔:《反垄断法》,法律出版社2011年版,页34。
[32] 参见吴广海:《专利权行使的反垄断法规制》,知识产权出版社2012年版,页3。
[33] 同上注,页56—67。

国家工商总局起草《关于滥用知识产权的反垄断执法指南(国家工商总局第七稿)》则将反垄断规制相关标准明确化。相信在上述规定的指导下,我国政府部门能够利用反垄断方法有效地制约市场中滥用专利权的行为。

六、结语

如业界所言,高通诉魅族案是高通在中国市场起诉本土企业侵权第一案,但预计不会是最后一案,除非中国企业能够掌握未来5G通信时代的核心专利。即便如此,也难以保证在其他技术领域不会出现第二个高通、第三个高通……企业实力强大如华为、三星者,进入欧美市场也屡屡遭受当地企业的专利策略羁绊。归根结底,企业只有掌握了创新科技硬实力与核心专利软实力,软硬兼修,才能在激烈的国际贸易竞争中占据一席之地。

网络音乐作品版权产业的现有模式及其进路

李一笑[*]

【摘要】 互联网的出现使得音乐行业的格局产生了巨大变化。网络音乐平台逐渐取代唱片公司成为产业的枢纽,其他网络服务提供者也在产业中起到重要作用。目前网络音乐行业存在的问题包括侵权形式多样、付费模式扭曲、权利实现困难等。在著作侵权问题方面,需要认清产业中各方的角色,坚持根据网络音乐商业模式和技术变迁来调整版权制度,通过多种途径推动网络版权环境的改善。对于扭曲的付费模式,需要做的是强化版权保护促进用户付费,还要完善权利人的权利范围,使得网络音乐平台需支付的许可费用提高从而促使其对网络用户收费;付费问题中涉及的音乐作品集体管理制度也需要改进,建议允许不同的集体管理组织并存。就权利实现困难的问题,目前网络音乐平台正在寻求通过替代营利机制来获取利润。

【关键词】 网络音乐;版权产业;著作侵权;网络服务提供者;替代机制

一、引言

近两年来,我国网络音乐产业发展迅速,市场格局变动巨大。腾讯集团于 2016 年 7 月收购中国音乐集团,又于 2017 年 1 月将其与腾讯原有的音乐品牌整合为腾讯音乐娱乐集团,目前拥有酷狗音乐、QQ 音乐、酷我音乐等音乐品牌。[①] 阿里巴巴集团于

---

[*] 李一笑,北京大学法学院 2014 级博士生。

[①] 网易科技报道:《QQ 音乐业务和中国音乐集团全面整合》,http://tech.163.com/17/0124/17/CBIG-AL4T00097U7R.html,2017 年 2 月 10 日最后访问。

2015年7月成立阿里音乐集团,旗下包括2013年收购的虾米音乐,以及由天天动听改造的阿里星球,后者于2016年12月彻底取消音乐播放器服务,成为粉丝运营社区。② 百度旗下的百度音乐曾因收购千千静听迅速成为业界巨头,但其市场份额被之后兴起的其他软件挤占,2015年底与太合音乐集团合并之后尚无起色。③ 网易云音乐亦在行业内颇具盛名。以上提及的企业均声称完成了曲库的正版化。

相比于影视、文学作品,音乐作品更可以反复回味,因而生命力更强,周期更长。因而各大互联网公司都希望能在网络音乐市场中分一杯羹。然而,网络音乐的发展实际上正在一个瓶颈期:尽管正在逐渐正版化,但行业仍受盗版音乐和网络非法内容的侵害,真正盈利的经营企业并不多;音乐作品的传播逐渐脱离著作权主体的控制、音乐平台提供大量免费音乐致使权利主体利益失衡。以下将从版权产业的现有模式入手,分析其特点以及其中各方的角色定位,讨论其进路。

二、网络音乐作品版权产业的现有模式

(一)网络音乐作品的版权体系

网络音乐作品版权可以分为两个部分,一是传统音乐作品版权保护的内容,二是"网络"而带来的特殊内容。许多分析往往容易忽视第一部分。音乐作品一般较为短小,常见的版权问题是整部音乐作品被复制导致的纠纷。但其实音乐作品的著作权保护体系相当复杂,有许多权利交织(本文只讨论著作财产权的部分)。其中涉及的主体主要有:词曲作者、录音制品制作者和表演者。《伯尔尼公约》将音乐作品定义为"配词或未配词的乐曲(musical compositions with or without words)"④,我国《著作权法》也未区分乐曲和歌词。不过词曲分离的情况下,乐曲、歌词可分别作为音乐作品、文字作品受到保护。音乐作品的著作权人享有包括复制权、表演权、信息网络传播权等在内的权利束。录音制品制作者享有的是邻接权,其权利仅包括复制权、发行权、出租权、信息网络传播权。乐曲的演奏者、歌曲的演唱者都享有作为邻接权的表演者权。⑤

---

② 参见张娜:《关闭天天动听后,阿里星球又宣布停止音乐服务》,http://news.zol.com.cn/619/6192598.html,2017年2月10日最后访问。

③ 参见王珑娟:《巨头瓜分千亿音乐市场:腾讯独大百度尴尬阿里野心,不计成本的资本角逐迎双寡时代》,http://business.sohu.com/20161010/n469887776.shtml,2017年2月10日最后访问。

④ See Berne Convention for the Protection of Literary and Artistic Works, http://www.wipo.int/wipolex/zh/treaties/text.jsp?file_id=283696,2017年2月19日最后访问。

⑤ 需要注意复制权、发行权与信息网络传播权的差异:复制权控制的复制行为是一种一次性、不可持续的行为,而信息网络传播权控制的则是一种使得公众得以获得作品的持续性状态,单一的"复制权"不足以在网络环境中保护权利人的权益。发行权与信息网络传播权最大的区别在于交互性。参见崔国斌:《著作权法:原理与案例》,北京大学出版社2014年版,页448。另外,提到音乐通常还会涉及音乐录影带(Music Video, MV),只要MV能够满足著作权法中关于独创性的要求,应当属于视听作品中的"以类似摄制电影的方法创作的作品"。若唱片公司作为MV的制片者,享有相应的著作权。同时涉及在MV中演出人员的表演者权、录像制作者权等。这部分本文不做重点讨论。

（二）网络时代音乐作品版权产业的特点及存在的问题

互联网的出现使得音乐行业的格局产生了巨大的变化。在网络时代音乐作品音乐版权产业模式有以下特点：

（1）网络音乐平台取代唱片公司的角色，成为联系权利人、网络用户等的桥梁。其他网络服务提供者也在接入服务、搜索服务中扮演着重要角色。

前网络时代的商业模式是，唱片公司是整个体系的中心枢纽，在产业链上游，唱片公司完成与词曲作者、歌手的对接，制作发行实体唱片（包括磁带、CD等）；在产业链下游连接使用者，将实体唱片卖给使用者供个人欣赏或者允许其他使用者使用。在网络时代，唱片公司已经逐渐减少了实体发行，而是进行数字发行，但是相当依赖网络渠道。由于其音乐制作的专业性，唱片公司暂时难以被取代，但是其传播功能被弱化。网络音乐平台逐渐成为整个体系的中心：向权利人（可能是唱片公司）或者集体管理组织（集体组织再与权利人分成）付费；将音乐提供给网络用户使用（免费或收费）；为支撑其免费模式，与第三方合作，通过向广告商、游戏商等第三方导入用户而参与收益分享。在进行数字发行的场合，网络音乐平台一定程度上扮演了唱片公司作为发行方的角色，但不介入专辑制作。另外，搜索引擎、云盘等其他网络服务提供者则为用户搜索、存储音乐作品提供了便利。

（2）权利中心发生转换。版权由一个权利束构成，在不同的技术环境下，权利人需要控制和主要获得收益的权利不同。在前互联网时代，控制复制行为是保护著作权的最佳途径。因为复制在当时是发行等其他行使著作权行为的前提，也是所有侵权行为的源头，制止侵权最重要的方式就是控制未经授权的复制行为。而在网络时代作品的复制成本极低，传播也不依赖有形复制品，因而传播行为在实现作品经济利益上发挥着更为重要的作用，控制传播远比控制复制更能有效遏制侵权行为。⑥ 以传播为中心的版权体系中，权利人对于传播行为的控制成为关键，付费的内容和机制都需要得到改进。

目前存在主要的问题包括：

（1）侵权形式多样。"著作权从一开始就是技术之子"⑦，当互联网技术爆炸式发展时，著作权权利束中的权利可能会相应得到增加，而新的著作权侵权模式也不断涌现。比如云盘，用户在云盘上传本地歌曲，并将链接分享给他人，这一行为可能构成直接侵权行为，云盘本身也可能要承担一定的责任。又如搜索引擎提供网页快照，直接从网站上抓取全部歌词并在搜索界面显示，可能侵害第三方网站的信息网络传播权。较之互联网出现之前实体唱片的翻录问题，如今的问题多且复杂，如何应对这些问题

---

⑥ 参见田小军、柏玉：《我国网络版权制度演化的现状、挑战与应对》，载《中国版权》2016年第3期，页33。

⑦ 〔美〕保罗·戈斯汀：《著作权之道：从谷登堡到数字点播机》，金海军译，北京大学出版社2008年版，页22。

成为讨论的热点。

（2）付费模式扭曲。如今网络音乐平台替代了传统的"使用人"，其与权利人之间的市场是付费市场（网络音乐平台需要向权利人缴纳大量的许可费），与网络用户之间的服务市场则基本属于免费模式。尽管网络音乐平台尽力从第三方获得利益或开拓新的收入来源，以维持目前的商业模式，但是权利人—网络音乐平台—网络用户这一链条两端的不平衡性，使人不免有链条终会断裂的担忧。

（3）权利实现困难。网络时代之前的新技术引发的主要问题是赋权问题，即网络音乐著作权是否需要延伸到新的传播领域。网络技术出现之后，法律及时地确认了信息网络传播权[8]，并按照过错责任原则设定网络服务提供者的注意义务，但作品的非法传播依然非常严重。网络环境下著作权问题的重点不仅在于权利的认可，更在于权利的实现，而后者涉及社会观念、市场环境等诸多因素，不是单一的法律问题。[9] 尤其是网络音乐平台，在对上游支付许可费用，对下游被迫免费的情况下，如何实现权利、实现盈利，是其面临的大问题。

三、网络音乐作品版权产业的进路分析

（一）网络音乐版权产业侵权问题之应对

网络时代著作侵权爆发式增长，音乐著作侵权几乎出现在大部分当前热议的侵权问题中。例如，网络云盘提供巨大存储空间供用户存放资料，使得用户得以随时随地联网使用资料，节约本地空间。若用户上传歌曲至网络云盘，发布云盘链接供他人下载，云盘服务提供者经常可以引用"避风港原则"（运用"通知—删除"机制）获得免责。又如，搜索引擎在收录网页过程中根据技术自动安排将被搜索网页的 HTML 编码保存到搜索引擎服务器中进行备份，从而产生网页快照，使得用户得以较为迅速地查看网页。若搜索引擎抓取了第三方网站上的完整歌词，并在搜索界面中显示，这时，搜索引擎的行为属于复制并上传侵权作品的行为；搜索引擎的行为使得第三方网站完全被替代，影响了第三方网站的访问量，难以认定其属于合理使用；因而搜索引擎的行为可被认为侵害了第三方网站的信息网络传播权。

技术的进步、新商业模式的出现会催生出现新的侵权问题，这是版权产业难以逃避的事实，也无法找出一劳永逸的解决办法。本文以下总结解决问题需要坚持的原则，"以不变应万变"：

1. 根据网络音乐商业模式和技术发展现状处理版权问题

第一，厘清各方角色，平衡各方利益。与前网络时代相比，网络环境下音乐作品的商业模式已经发生了巨大变化。现有的商业模式下，存在网络用户、网络服务提供者

---

[8] 当然，是否需要继续拓展权利的范围，值得讨论。
[9] 参见李琛：《网络环境下著作权法与市场的互动》，载《中国版权》2012年第4期，页21。

(包括网络音乐平台、其他传播介质,如搜索服务提供商)以及权利人各方的角力。网络音乐版权产业中的权利人,主要包括各大唱片公司、独立音乐人等。权利人一般希望能尽可能扩张权利,并有不少人积极推动立法、对侵权行为发起诉讼、开发版权保护技术措施等,以对抗网络侵权。就网络用户而言,网络时代著作侵权分散化、业余化成为趋势。网络环境下,公开传播不再是专业活动,大量的、分散的个人成为网络中非法传播的主体,其中很多侵权者并无商业性目的,只是抱着资源分享的理念,对于自己行为的非法性毫不知晓。网络用户的下载行为应被确认为复制行为,但是对于数以亿万计的终端用户下载盗版音乐的行为,权利人往往无力全面追责。网络服务提供者是较大、较好的目标,权利人常常要求网络服务提供商承担责任,网络用户基本不会受到惩罚。⑩

第二,正确认识"技术中立"。从美国"索尼案"开始,"技术中立"的概念一遍遍出现在因技术发展而导致的知识产权问题中。在索尼案中,原告认为家庭使用录像机录下电视节目构成侵权,并认为生产此种录像机的公司构成辅助侵权。美国最高法院通过"实质非侵权用途理论"认为生产录像机的公司不构成辅助侵权。如果产品可能被广泛用于合法的、不受争议的用途,即"能够具有实质性的非侵权用途",即使制造商和销售商知道其设备可能被用于侵权,也不能推定其故意帮助他人侵权并构成辅助侵权(contributory infringement)。后来的 Napster 案中,共享服务提供者 Napster 提供用于检索并最终过滤用户歌曲的中央服务器,用户使用 Napster 传输音乐,所以法院认为 Napster 具有控制用户的能力,明知用户侵权而不制止,因此认为其构成代理侵权(vicarious infringement)。而后用户转向其他免费服务提供者(如 KaZaA 和 Grokster,没有中央服务器,提供"点对点"服务),"互联网终有一天会使得著作权人面对亿万个侵权人,却找不到一个机构来承担责任"⑪。

我国对于网络版权侵权问题的讨论,往往也会涉及这个问题。但是需要注意区分技术本身的中立性和使用技术的行为的中立性。技术本身一般无所谓善恶,技术发展是必需的和不可阻挡的,法律不可能也不应当限制技术发展。但使用技术的行为不一定具有中立性。判断具体使用行为是否中立,取决于行为人的意图及其行为自身的特征与后果,要按照侵权责任标准进行具体衡量和判断。⑫ 不能将技术本身的中立性和使用技术的行为的中立性混为一谈,笼统地以"技术中立"作为侵权行为的合理化事由。

第三,对待新类型的侵权行为时,应避免陷入技术细节,应立足于著作权法的立法目的和立法价值,从行为本质着手讨论。⑬ 还需注意要从我国《著作权法》的规定出发

---

⑩ 下文将讨论应追究网络用户的侵权责任,对其形成威慑效力。
⑪ 保罗·戈斯汀,见前注⑦,页169。
⑫ 参见孔祥俊:《网路著作权保护法律理念与裁判方法》,中国法制出版社2015年版,页275。
⑬ 参见田小军、柏玉,见前注⑥,页34。

讨论问题。比如美国最高法院讨论合理使用时经常使用的概念"转换性使用(transformative use)"并非我国法的概念,在我国法律语境下讨论问题时,虽可借鉴相关思路,但是仍需在我国法律中寻找依据。如认为需要引进此概念,则需要促进立法予以回应。又如在网络著作侵权中经常提及的"间接侵权",但我国法律中只有"共同侵权"的概念。"间接侵权"实际上是美国判例发展而来的概念,包括辅助侵权(contributory infringement)、代位侵权(vicarious infringement)和诱引侵权(inducing infringement)。⑭ 将美国通过判例法发展出来的制度和大陆法系在共同侵权理论下进行讨论的制度都称为"间接侵权"制度是并不合适的,容易引起概念上的混乱,在讨论时也应注意。

2. 通过多种途径推动网络版权保护环境的改善

法律界往往将司法看得极为重要。实际上司法存在许多问题:审理周期长,权利救济不够迅速;音乐作品盗版每首赔偿金额600—800元,甚至大大低于诉讼支出的金额⑮;即使单个诉讼胜利,但是侵权问题依然存在,"产业该怎么玩还怎么玩",无法解决竞争秩序恢复的问题。业界提出的提高赔偿额,加大司法临时禁令的适用力度,增加惩罚性赔偿,仍无法完全解决问题。

因此还需要重视其他途径的力量,比如行政途径。行政机关的行动往往更迅速、效率更高。例如,2015年起各大网络音乐平台的正版化进程,一方面是由于企业的商业决策,另一方面则与2015年7月国家版权局在"剑网行动"中发布的《关于责令网络音乐服务商停止未经授权传播音乐作品的通知》密不可分。该通知要求2015年7月31日前,各网络音乐服务商必须将未经授权传播的音乐作品全部下线;逾期违规,国家版权局将依法从严查处。在该背景下,各大网络音乐平台大大加快了正版化进程。可见通过行政手段恢复竞争秩序极有效率。

由于网络音乐平台用户已经习惯了免费模式,习惯了免费下载和传播音乐作品。与此同时,网络音乐平台在培养用户付费习惯、鼓励正版方面所做的努力也很重要。我国行业协会力量的薄弱一直受到诟病,著作权集体管理组织的代表性也受到质疑,但这些机构能够通过联合大量市场主体的力量,也可以在良性版权秩序的形成中发挥力量。

(二)权利内容与许可模式

对于"扭曲的付费模式",即网络音乐平台向权利人付费,网络用户则免费使用这一模式,在网络音乐平台与网络用户一端,需要做的是引导网络用户增强付费意愿,需要进行强版权保护来推动付费机制。由于网络时代著作侵权的分散化、业余化,大量的、分散的个人成为网络中非法传播的主体,权利人往往无力追责,转而向各类网络服务提供者追责,但是这些网络服务提供者又常常有"避风港条款"护身。若不加强对于

---

⑭ 参见冯震宇:《网路服务提供者商标间接侵权责任之研究》,载台湾《智慧财产月刊》(175卷)2013年07期,页14。

⑮ 参见张丰艳:《中国音乐生态圈的现状问题与产业发展研究》,载《中国版权》2016年第2期,页54。

终端用户的追责,权利人的权利可能难以实现,也难以对其进行震慑。对于网络用户非法使用进行强力追责,则可能促使其为使用付费。欧盟法院甚至直接否定了荷兰允许用户免费下载音乐的做法。⑯ 另一方面,若权利人的权利束足够大,网络音乐平台需要支付足够的许可费用,则网络音乐平台将会更有向网络用户收费的动力。以下以美国法上的权利内容与许可机制为例看我国相关机制的改进。

1. 权利的全面覆盖——以美国为例

在美国法律中,由于音乐著作权人的强势地位和发达的行业协会、集体管理组织,美国音乐产业得以在数字音乐付费主体问题上取得较强的话语权,从而使得在普通音乐作品著作权之外,通过《录音制品数字表演权法案》《数字千年版权法案》等规定了一系列复杂的直接授权、法定许可内容。其中1995年《录音制品数字表演权法案》认定数字音乐传输包含对音乐作品的机械复制、发行或者公开表演,特定类型的数字传输行为被纳入强制许可的范围。1998年《数字千年版权法案》则规定了对于纯粹的交互式数字音频播放,即在选定时间地点以下载或在线播放数字录音制品的行为,录音制品制作者享有完全排他性的数字表演权,使用者就上述利用行为需要获得录音制品制作者的直接授权;非交互式网络广播采取强制许可模式。⑰ 这些规定使得著作权人的权利能够覆盖整个产业链。根据这些规定,音乐行业建立了数字音乐订购付费模式,其中网络用户需要对于网络点播等交互式数字音频的播放缴纳费用(一般的做法是要向网络音乐平台付费,网络音乐平台与唱片公司进行分成,唱片公司按照与艺人约定的比例向艺人支付费用)。

与之相对比,我国著作权人在互联网时代的权利还有缺失,需要对音乐作品权利人在网络时代下的权利进行扩张,使得音乐著作权类型全面涵盖网络传输类型。比如目前法律规定下,广播权(以有线、无线为区分标准)、信息网络传播权(以交互式/非交互式为区分标准),而非交互式的有线网络广播被现有权利体系忽视,网络广播又是流媒体技术利用数字音乐的重要方式。因而学者建议将广播权和信息网络传播权合并为公开传播权。⑱ 同时也要看到,美国的规定非常复杂,权利主体多头,我国对于著作权内容的规定则集中于《著作权法》,可以在现有的体系内扩张,使得著作权人的权利得以覆盖产业链,而不一定要仿照美国复杂的模式。

2. 许可主体问题——关于音乐作品集体管理制度的讨论

因应音乐作品数量巨大,权利复杂且分散的情况,产生了集体管理制度。较早的

---

⑯ 参见《欧盟法院规定荷兰公民将不能免费下载拥有版权的电影和音乐》http://www.cnbeta.com/articles/tech/282147.htm,2017年3月30日最后访问。

⑰ 参见熊琦:《美国音乐版权制度转型经验的梳理与借鉴》,载《环球法律评论》2014年第3期,页146—147。

⑱ 同前注,页158。

音乐集体管理组织是美国的音乐著作权集体管理组织,包括美国作曲家、作家与出版商协会(ASCAP)和美国广播音乐协会(BMI)。其中 ASCAP 的产生是在音乐作品公开表演权难以实现的情况下,由作曲家和音乐出版商自主发起的,成立之初收费很艰难,后来利用诉讼确立了商业表演"营利性"的判断标准(该判断标准相当宽泛),从而得以对各种营利性表演收费。BMI 则是广播组织为了对抗 ASCAP 高额许可费而自行成立的音乐许可机构。政府曾试图对两者进行反托拉斯诉讼,在双方的和解条件中,对于 ASCAP 和 BMI 的许可费做出一定限制。[19] 可见,美国的集体管理组织是民间自发成立的组织,初衷是为了解决权利人难以有效监控音乐使用情况的问题,发展过程中又有来自产业和官方的制衡机制。

我国音乐相关的著作权集体管理组织包括中国音乐著作权协会(简称"音著协")、中国音像著作权集体管理协会(简称"音集协"),前者是由国家版权局和中国音乐家协会共同发起成立的目前中国大陆唯一的音乐著作权集体管理组织[20];后者是我国唯一音像集体管理组织,依法对音像节目的著作权以及与著作权有关的权利实施集体管理。[21] 我国集体管理组织受到诟病的方面包括:分走大部分收入、管理费用过高,著作权授权使用费的平等协商机制缺失等。[22] 同时,由于这些集体管理组织并非由权利人自主创设,两者并未建立广泛的合作关系,主要唱片公司尚未加入上述集体管理组织,网络音乐平台的音乐作品和录音制品著作权很多其实来源于和唱片公司的直接许可协议。[23] 在这种情况下,第三次《著作权法》修订试图允许著作权集体管理组织代表非会员开展延伸性著作权集体管理业务,遭到以音乐界为代表的著作权人的强烈反对。[24]

---

[19] 整个历史参见保罗·戈斯汀,见前注⑦,页 56—63。
[20] 参见音著协网站,http://www.mcsc.com.cn/mIL-5.html,2017 年 2 月 18 日最后访问。
[21] 参见音集协网站,http://www.cavca.org/gyxh.php,2017 年 2 月 18 日最后访问。
[22] 参见陈明涛:《权力与市场的错位——修改中的著作权法集体管理制度之殇》,载《检察日报》2012 年 9 月 28 日第 005 版。
[23] 参见熊琦:《数字音乐之道:网络时代音乐著作权许可模式研究》,北京大学出版社 2015 年版,页 78。
[24] 2012 年的《著作权法修改草案第二稿》第 60 条试图允许著作权集体管理组织代表非会员开展延伸性著作权集体管理业务,以解决很多作者没有加入相应的集体管理组织,在现实中出现的使用者愿意合法使用作品却找不到权利人的情况。参见版权局网站《关于〈中华人民共和国著作权法〉(修改草案)的简要说明》,http://www.ncac.gov.cn/chinacopyright/contents/483/17745.html,2017 年 2 月 15 日最后访问。该条规定:著作权集体管理组织取得权利人授权并能在全国范围代表权利人利益的,可以向国务院著作权行政管理部门申请代表全体权利人行使著作权或者相关权,权利人书面声明不得集体管理的除外。由于产业界强烈反对,2014 年修订草案送审稿第 63 条第 1 款将延伸性集体管理限缩在自助点歌系统,参见国务院法制办网站《关于〈中华人民共和国著作权法〉(修订草案送审稿)的说明》,http://www.chinalaw.gov.cn/article/cazjgg/201406/20140600396188.shtml,2017 年 2 月 15 日最后访问。该条规定:著作权集体管理组织取得权利人授权并能在全国范围内代表权利人利益的,可以就自助点歌系统向公众传播已经发表的音乐或者视听作品以及其他方式使用作品,代表全体权利人行使著作权或者相关权,权利人书面声明不得集体管理的除外。另外,两稿的条款都将退出管理的成本加到著作权人身上,规定"选择退出"而非"选择加入"的机制。

针对集体管理组织的现状和网络音乐版权产业的问题,建议应打破目前半官方垄断式的集体管理机制,允许网络音乐平台组成新的集体管理组织,并由其创制符合互联网商业模式和网络用户需求的许可模式。㉕ 至于并存的集体管理组织可能存在冲突的问题,本文承认冲突不可避免,但是数个集体管理组织能够根据成员需求制定相关许可模式,并能促进分配的透明化,利远大于弊。美国 ASCAP 和 BMI 多年以来的发展可作为例证。

当然,目前有理论提出版权许可模式的创新,讨论构建音乐版权电商模式,以绕过集体管理组织这个机构。㉖ 更有理论认为,随着数字技术的发展,著作权人和用户对于音乐的使用情况进行有效监控的技术正迅速成熟,著作权人自我管理著作权越来越容易,实际上集体管理组织代为独占管理的正当性逐步被否定。㉗ 在这方面,近期区块链技术的发展引人注意。区块链(Blockchain)原为比特币的一个重要概念,是指一串使用密码学方法相关联产生的数据块,每一个数据块中包含了过去十分钟内所有比特币网络交易的信息,用于验证其信息的有效性(防伪)和生成下一个区块。㉘ 区块链本身所具有的分类账技术能够将每一首在区块链网络上注册过的歌曲的数字内容以及其他所有相关信息完整保存。在这种情况下,使用者和版权人之间的距离将真正被拉近,版权人完全有能力通过追踪相关信息实现版权自我管理。

(三) 权利的实现?——网络平台的替代性营利途径

目前各大网络平台对于音乐版权许可的需求,使得版权权利人(指词曲作者、唱片公司等)的权利得到了实现(尽管许可费用不一定很高)。但对于网络平台来说,其与网络用户之间的服务市场的免费模式一时难以改观。在付费推广的实践方面,由于美国的版权集中在几大唱片公司手里,只要几大唱片公司坚持要求有偿,推广音乐付费相对容易;但是在中国版权集中度不够,权利人分散,总会有人为成名而把作品在网络上免费传播,从而破坏行业规则,因而全面付费困难较大。㉙ 而且在盗版方面,盗版技术似乎永远比反盗版技术"魔高一丈"。虽然法律及时地确认了信息网络传播权,并按照过错责任原则设定网络服务提供者的注意义务,但作品的非法传播现象依然非常严重,网络环境下版权权利的实现有赖于长时间的社会观念、市场环境的转变。"与'免

㉕ 参见熊琦:《音乐著作权许可模式的转型路径选择》,载《法学家》2014 年第 1 期,页 129。

㉖ 参见孟兆平、周辉、盛星宇、杜一凡:《网络音乐版权价值实现的路径分析:电商模式构建》,载《电子知识产权》2015 年 Z1 期,页 107—113。

㉗ See Herman Cohen Jehoram, The Future of Copyright Collecting Societies, European Intellectual Property Review 2001, pp. 134—139.

㉘ 参见曾建红:《区块链技术如何推动音乐版权数据管理?》,http://mp.weixin.qq.com/s?__biz=MjM5NzQyMjkyOQ==&mid=210653420&idx=2&sn=1ab46041b73087d43394f4396e19e6d8&scene=21#wechat_redirect,2017 年 2 月 10 日最后访问。

㉙ 参见修大普:《版权价值体系探究》,2016 年 10 月 31 日在中国传媒大学的讲座。

费'相竞争,会是数字商业挑战的持续性特征。权利人要面对一个许多商业都要面对的特殊的挑战——如何提供消费者愿意花钱购买的独特的产品。这不是一个令人失望的忠告,而是对事实的承认。"㉚

在音乐产业不够强势无法尽快推动著作权法改革,而用户又习惯了网络免费提供的情况下,网络音乐平台为维持自身运营,只能从第三方获得利益或努力开拓新的商业模式促进用户付费,比如以内容、服务、功能吸引用户付费,有些平台已经实现了盈利(此前大部分平台都是亏损状态,依靠不断融资来支撑现有产业模式)。㉛ 市场自身似乎总能找到适应整个经济法律环境的发展路径。㉜

1. "内容为王"。版权产业发展的前提是有丰富的作品,优秀的作品是版权产业的基石。获得独家许可以吸引用户,曲库的大小已经成为竞争的重要助力。有的平台开始独家发行热门音乐人的作品㉝,或是推出扶持独立音乐人计划,吸引独立音乐人的小众粉丝。

2. 优质服务。对于付费用户提供音质更好、附加值更高的服务是各大网络音乐平台通用的做法。为解决中国手机流量费用高,难以推广流媒体服务的问题,有些平台还与移动运营商合作,推出在线畅听流量包,用户支付少量费用即能享受使用 app 听歌、下载、看 MV 免流量费。

3. 功能差异化。例如,有些平台发展音乐播放器、直播秀、版权转授权、广告、游戏联运及其他音乐衍生业务,或利用"粉丝经济"打造粉丝追星与娱乐平台。㉞

四、结语

互联网深刻影响了音乐行业的格局,改变了权利中心、传播中心,使得整个行业进行了大洗牌。目前网络音乐行业存在的问题包括侵权形式多样、付费模式扭曲、权利

㉚ Ian Hargreaves, Digital Opportunity: A Review of Intellectual Property and Growth, No. 8.42 & No. 8.43 available at https://www.gov.uk/government/publications/digital-opportunity-review-of-intellectual-property-and-growth. (Lastly visited on Feb. 21, 2017).

㉛ 参见陈贤江:《QQ 音乐终于承认了:已经实现盈利》,http://ent.qq.com/a/20160729/026904.htm, 2017 年 2 月 17 日最后访问。

㉜ 借用 Life will find its way(中文翻译为"天无绝人之路"),本文认为 Market will find its way。

㉝ 例如李宇春的专辑《野蛮生长》,分为四个部分在网络音乐平台发行,每部分支付 5 元才能下载,每个部分的销售量都超过百万张。数据根据 QQ 音乐专辑页面显示,统计时间截至 2017 年 2 月 21 日上午 6:00。

㉞ 如腾讯开发的熟人社交唱歌软件"全民 K 歌",由腾讯支付版权费用,用户可以在该软件中演唱歌曲并上传至个人主页,其他用户可以向其赠送虚拟礼物(虚拟礼物用货币购买,可以折价变现),腾讯公司与用户就礼物价值分成。而阿里音乐旗下的"阿里星球"则侧重于对于粉丝经济的利用,成为粉丝娱乐平台,集追星、粉丝社区、明星直播、明星行程、偶像应援、粉丝福利、线上线下见面会为一体,粉丝愿意为偶像的活动支付大量费用,平台能得到分成。

实现困难三大问题。对于随着商业模式和技术发展而涌现的新侵权模式，本文认为需要认清产业中各方的角色，坚持根据网络音乐商业模式和技术变迁来调整版权制度，通过多种途径推动网络版权环境的改善。对于扭曲的付费模式，需要做的是强化版权保护促进用户付费，还要完善权利人的权利范围，使得网络音乐平台需支付的许可费用提高从而反过来促使其对网络用户收费。另外，付费问题中涉及的音乐作品集体管理制度也需要改进，建议允许不同的集体管理组织并存。在目前的经济法律状况下，网络音乐平台正在寻求通过替代营利机制来获取利润。但从长远看，若想使得网络音乐产业真正健康发展，使得权利人—网络音乐平台—网络用户这一不平衡的链条不至于断裂，网络用户的付费仍是必由之道。

专利行政执法问题研究

石 丹*

【摘要】 专利权保护的司法和行政双轨制作为中国特色的专利保护制度一直备受争议。在专利法第四次修改中,专利行政执法呈现出扩张趋势。但无论从该制度的历史背景和自身特点着眼,还是结合该制度的实践效果考察,专利侵权行政执法都应当逐步弱化,转而发挥司法保护的主导作用。本文建议专利行政执法借鉴国外制度经验,调整执法方向,突出知识产权的国家利益和产业利益保护,推动社会创新和科技进步。

【关键词】 知识产权;专利行政执法;产业利益保护

专利行政执法是我国知识产权制度的特色。但纵观专利法三十年进程,专利权行政保护的问题一直争议不断。支持行政执法的学者认为,该制度具有维权成本低、效率高的优势[1],并且实践中绩效显著[2];但也有学者认为该制度有违知识产权的私权属性,同时存在公权力滥用的风险[3],特别是部分专利权人将行政执法程序作为打击竞争对手的手段,背离专利行政执法制度设立的初衷。[4]

在最新《专利法修改草案(送审稿)》(以下简称《送审稿》)中,国家知识产权局全面扩大专利侵权执法的范围和力度,增加对群体侵权、重复侵权等故意侵权行为的查

---

* 石丹,北京大学法学院2016级博士生。
① 参见冀瑜等:《试论我国专利侵权纠纷行政处理机制及其完善》,载《知识产权》2011年第7期,页97。
② 参见邓建志:《中国专利行政保护制度绩效研究》,载《中国软科学》2012年第2期,页81。
③ 参见李玉香:《完善专利行政执法权之再思考》,载《知识产权》2013年第4期,页69。
④ 参见张平:《知识产权法》,北京大学出版社2015年版,页172。

处,加大对假冒专利的处罚力度。⑤ 此次修改引发社会各界对于专利行政执法范围和限度的新讨论,专利行政机关主张加强行政执法,致力于建立中国特色的专利行政执法制度⑥,而法院则主张在立法中限缩专利行政保护力度,全面加强专利司法保护。本文结合专利行政执法特点和效果,从比较法的角度,对该制度存在的必要性和正当性进行深入探讨,为专利法修改提出建议。

一、专利行政执法的概述

专利行政执法主要是指管理专利工作的部门依照法定职权和程序,处理专利侵权纠纷、调解专利纠纷以及查处假冒专利行为。⑦ 虽然专利行政执法制度在历史上曾发挥过重要作用,但是结合当前社会变迁以及行政执法特点,参考国外专利行政保护制度,我国专利行政执法的转变势在必行。

(一)历史背景

我国的专利行政执法制度起源于 1984 年第一版《专利法》,当时的立法者认为专利侵权纠纷处理是专业性很强的工作,因此专利权人因专利侵权引起的民事纠纷,先由专利行政机关处理为宜。一方面,当时我国司法制度刚刚起步,法官审判水平还无法适应专业性较强的专利案件;另一方面,专利行政部门的人员普遍具有相关领域技术背景,对涉案技术较为熟悉,由其处理专利行政纠纷符合当时的时代背景和需求。事实上,第一版《专利法》制定时,主要争议在于专利制度本身的存废,关于专利行政执法的探讨并非热点。⑧

进入 21 世纪后,随着中国加入 WTO,我国为适应 TRIPS 协议的要求对专利法进行了第二次修改。TRIPS 协议第 41 条第 4 款⑨要求司法当局对行政决定具有最终审查权,第 49 条⑩则强调行政程序作为民事救济措施,应当遵守司法程序大体相同的规则。从文本上看,TRIPS 协议认可各国开展知识产权行政执法,但并不能由此将该协议作为专利行政执法的法律渊源。TRIPS 协议出于各国的不同国情,赋予成员国专利行政

---

⑤ 《专利法》(送审稿)中行政执法扩张的条文内容主要包括第 60 条至第 63 条、第 66 条至第 68 条。具体条文参见:http://www.sipo.gov.cn/ztzl/ywzt/zlfjqssxzdscxg/xylzlfxg/201512/t20151202_1211994.html, 2016 年 8 月 10 日最后访问。

⑥ 参见崔宁:《专利法第四次修改中的专利行政执法相关问题研究》,载《中国知识产权》杂志总第 121 期。

⑦ 《专利行政执法办法》第 2 条:管理专利工作的部门开展专利行政执法,即处理专利侵权纠纷、调解专利纠纷以及查处假冒专利行为,适用本办法。

⑧ 参见邓建志:《我国专利行政保护制度的发展路径》,载《知识产权》2012 年第 3 期,页 69。

⑨ TRIPS 协议的第 41 条第 4 款:诉讼各方应有机会让司法当局对最终行政决定及根据一成员方法律中关于一案件重要程度的司法规定对至少是对一案件案情实质最初司法裁决的法律方面进行审查。然而,没有义务为对刑事案件中的判定无罪进行审查提供机会。

⑩ TRIPS 协议的第 49 条:在能够决定以任何民事补救作为关于一案件案情实质的行政程序之结果的范围内,此类程序应遵守与本节中所规定的那些原则大体相等的原则。

执法权力，但明确要求专利行政执法的结果不具有终局性，需要受到法院裁判约束。因此，2001年《专利法》取消专利行政部门裁决侵权赔偿数额的职能，仅仅保留"认定侵权行为"和"责令停止侵权"两项职能⑪，将专利行政执法部门的行政职能从主要处理专利侵权纠纷，转移到调解专利纠纷和查处假冒专利方面。⑫

近年来，随着中国法治建设的日益完善以及知识产权战略计划的推动，我国在专利领域的司法审判水平不断提升。进一步地，我国现已在北京、上海、广州三地建立了专门的知识产权法院，在全国范围内培养了一批高水平的知识产权审判人员。当前环境下，我国法院在处理专利案件上已经不再有技术阻碍，《国家知识产权战略纲要》也已经明确提出"发挥司法保护知识产权的主导作用"这一战略要求⑬，专利行政执法制度的发展需要重新思考。

（二）我国专利行政执法的特点

专利行政执法是一把双刃剑。我们在看到专利行政部门高效、低成本地帮助专利权人维权的同时，也不应忽视其存在的权力滥用、公平性欠缺等问题。专利行政执法需要进一步的利益平衡，寻找适合发挥其特点的领域。

1. 维权成本低，滥用风险大

一般而言，行政救济相比司法救济的维权成本低。在司法救济中，当事人需要支付的费用包括法院诉讼费、律师费以及取证费用等；但在行政救济中，当事人诉诸专利行政部门处理侵权纠纷一般不需交纳案件费用和取证费用，亦不需聘请律师，专利权人可以用更小的成本处理专利纠纷。

但我们应当注意到，专利权人节省的维权成本事实上转移到行政成本上，最终由纳税人承担。有学者认为，考察专利侵权行政执法的制度成本，绝不应该仅考虑专利权人的维权成本，还应考虑该制度的建设与运行成本。⑭ 在行政执法的案件中，培训执法人员、建设执法平台、处理执法投诉等都需要政府公共财政支持。此外，由于专利的技术含量较高，培养高水平的技术人员处理侵权纠纷问题往往需要高昂的政府财政支出。当然，也有学者利用法经济学"成本—收益"的思路，指出如果一项制度运营的收益大于其成本，这项制度即存在必要性。换言之，如果行政执法能有效降低社会成本，促进我国知识产权保护，该制度依然是一个可行的选择。⑮ 如果仅仅考虑社会成本，用行政执法替代司法诉讼在部分领域的确是一种更高效的途径，有助于解决专利维权

---

⑪ 参见刘银良：《论专利侵权纠纷行政处理的弊端：历史的选择与再选择》，载《知识产权》2016年第31期，页34。
⑫ 参见邓建志，同注释⑨，页70。
⑬ 参见陶凯元：《充分发挥司法保护知识产权的主导作用》，载《民主》2016年第4期，页11。
⑭ 同前注⑪，页34。
⑮ 参见刘峰：《我国知识产权侵权救济"双轨制"的正当性——一种经济分析法学的诠释》，载《知识产权》2008年第8期，页50。

"取证难""成本大"的问题。比如存在群体侵权时,在司法程序中,当事人在全国范围内大面积搜查侵权证据非常困难,往往调查到一家侵权单位后,其余侵权者可能迅速变更生产线,大量的时间金钱投入成为沉没成本。而在行政执法程序中,当事人可以通过公权力部门高效地搜集证据,利用国内庞大的执法队伍快速查处违法行为,立即查封扣押侵权产品,有效降低当事人的时间成本和金钱成本。

但如果考虑到存在行政权滥用的风险,用行政手段来管理专利侵权纠纷就值得仔细斟酌。多年的实践证明,正因为专利行政执法启动成本低、行动快捷,有部分专利权人专门滥用该制度,通过向专利行政部门虚假举报竞争对手的正常生产经营行为,实现打击竞争对手从而垄断市场的不法目的。不同于商标、著作权等其他知识产权客体,专利权效力自身存在不稳定的特点。如果通过行政手段维护"瑕疵专利",可能会破坏市场竞争秩序,阻挠社会知识创新。综上,行政执法虽然降低了当事人的维权成本和举证难度,但不应忽视其存在的行政权滥用问题。

2. 维权效率高,公平性欠缺

众所周知,行政执法相比司法救济,在审理周期、执行程序上具有效率优势。《专利行政执法办法》规定,专利侵权纠纷的处理期限为立案之日起3个月,案情特别复杂的案件可延长1个月。[16] 然而,在司法诉讼中,专利案件经历管辖权争议、无效宣告、无效诉讼等程序,再加上文书送达、起诉期限、上诉期限等等期间,一个侵权纠纷的尘埃落定最终可能需要五六年,甚至更长。在执行问题上,行政执法的效率优势则更为明显。依照《专利行政执法办法》第43条规定,专利行政部门认定侵权行为成立后,可以销毁侵权产品、专用于制造侵权产品或者使用侵权方法的零部件、工具、模具、设备等。当事人就处理决定提起行政诉讼的,在诉讼期间不停止决定的执行。然而在司法诉讼中,判决赔偿数额偏低,执行不到位,当事人赢了案件却输了市场的情形比比皆是。[17]

我们也应看到行政执法提高维权效率的同时带来的对相对人权利保护不足、公平性欠缺的问题。在司法诉讼中,被诉一方可以通过无效程序、现有技术抗辩等方式维护自身的合法权利,对侵权之诉予以回击。虽然处理期限较长,但保障双方的程序权利,更有可能得出妥当的结论。但是,在专利行政执法程序中,由于缺乏完整的制约机制,权利人向专利行政机关请求认定侵权行为成立后,被诉一方可能失去举证质证的机会。此外,专利侵权纠纷还涉及专利无效、等同侵权、权利要求分析等复杂内容,仅仅三四个月的处理时限会迫使专利行政机关为了完成任务而草草结案,难以保证案件的查办质量。进一步地,这可能是效率与公平作为法律价值目标选择的问题。在知识

---

[16] 《专利行政执法办法》第21条:专利侵权纠纷应当自立案之日起3个月内结案,案情特别复杂的案件可延长1个月。

[17] 参见人民网:《专利:司法和行政保护缺一不可》,http://www.npc.gov.cn/npc/xinwen/jdgz/zfjc/2014-06/18/content_1866958.htm,2016年8月10日最后访问。

产权领域,由于知识产权客体的生命周期比较短,对于维权的快速与高效有着迫切的需求,"效率优先,兼顾公平"的行政执法制度也顺应我国当前保护知识产权、激励科技创新的政策要求。因此,为了提高知识产权保护效率,在制度设计中牺牲一定的公平是无可厚非的。事实上,我国立法者常常在制度设计中采取一些效率优先的方案。比如,"通知—删除"制度、"现有技术抗辩"制度在一定意义上都体现上述思路。专利行政执法在制度设计的初始也有基于效率优先的考量。

然而,这并不意味着专利行政执法为了提升效率可以无限度地牺牲公平。在不能保证公平的情形下,单纯地追求效率不仅没有意义,还可能影响其他价值目标,增加无谓的社会成本。[18] 本文认为,专利行政机关高效办案的同时必须给予双方当事人基本的程序保障,不能损害当事人的合法权益。比如在苹果与北京市知识产权局专利侵权行政处理纠纷案中,北京知识产权局的行政处罚决定虽然高效地阻止了涉案行为,但是其行政处理程序违反了依法行政原则、听证原则、行政公开原则,最终被法院撤销。[19] 可见,这样的效率提升并未真正地带来社会价值。

值得思考的是,提高专利维权效率的政策目标是否必须通过行政执法的手段?这个答案可能是否定的。近些年,司法机关也在大力解决专利诉讼"周期长"的问题,最新的《专利法司法解释(二)》专门设计了"先行裁驳、另行起诉"[20]的制度,使得审理专利侵权纠纷案件的法院可以在专利复审委员会作出专利权无效的决定后,直接作出"驳回起诉"的裁定,无需等待行政确权诉讼的最终结果。此外,在上述苹果公司专利侵权行政处理纠纷案件中,法院在撤销被诉决定的同时,就原告提出的确认其行为不构成对涉案专利权的侵犯作出了裁判。法院在专利行政诉讼中,依据当事人申请一并解决相关民事争议,有效提升了司法效率,值得肯定。数据上看,北京知识产权法院2015年专利权纠纷一审案件的平均审理周期为176.7天,其他知识产权一审案件的平均审理天数为152天。[21] 对比之下,德国专利法院对专利案件的审理时间长达3—6年[22],美国专利诉讼审理周期平均大约2.5年[23]。据此,我国司法途径的维权效率相较于其他发达国家事实上并不低。

---

[18] 参见刘银良,见前注⑪,页36。

[19] 参见苹果公司等与北京市知识产权局专利侵权行政处理行政纠纷案(2016)京73行初2648号判决书。

[20] 《最高人民法院关于审理侵犯专利权纠纷案件应用法律若干问题的解释(二)》第2条:权利人在专利侵权诉讼中主张的权利要求被专利复审委员会宣告无效的,审理侵犯专利权纠纷案件的人民法院可以裁定驳回权利人基于该无效权利要求的起诉。有证据证明宣告上述权利要求无效的决定被生效的行政判决撤销的,权利人可以另行起诉。

[21] 《中国法院知识产权司法保护状况(2015年)》。

[22] 参见郭寿康、李剑:《我国知识产权审判组织专门化问题研究》,载《法学家》2008年第3期,页61。

[23] 参见张韬略:《1995—2013年美国专利诉讼情况实证分析》,参见:http://www.sipo.gov.cn/zlssbgs/zlyj/201505/t20150525_1122370.html,2016年8月10日最后访问。

（三）比较法中的专利行政执法

虽然专利行政执法和司法审判"双轨制"是我国专利制度的特色，但是专利行政执法制度本身并非中国独有。美国、英国等发达国家，乃至墨西哥、菲律宾等发展中国家均有专利行政救济手段。但是，深入对比可以发现，中国的专利行政执法与英国专利执法制度、美国337法案、欧盟海关制度在功能定位上并不一致。

首先，在英国专利法框架下，虽然知识产权局有权处理专利纠纷，但其主要负责裁决专利权属争议和专利许可争议，调解专利侵权纠纷。该制度与中国现有的行政执法制度并不完全相同，英国的行政机关采用的非诉讼纠纷解决机制（ADR），只有在当事人合意前提下才可启动纠纷裁决，不涉及专利侵权、假冒专利等行为，无意打击专利侵权行为[24]；而我国专利行政机关的职能包括处理侵权纠纷、打击假冒专利等，致力于提高维权效率，两者在手段、目的上存在区别。

其次，在美国知识产权体系下，国际贸易委员会发起的"337调查"是其知识产权全球保护的重要环节。值得注意的是，美国的"337调查"在调查对象、法律依据、制裁结果等方面与我国专利行政执法完全不同。该调查主要针对进口产品侵犯美国知识产权的行为以及进口贸易中的其他不公平竞争行为，其法律依据是美国《1930年关税法》第337节的有关规定。[25] 实践中，美国"337调查"往往经本国权利人申请，由国际贸易委员会（ITC）对进口到美国的产品进行调查，本质上属于一种准司法行为。虽然国际贸易委员会可以调查侵犯专利权的行为，但只能针对进口产品侵犯专利权的情况，无权介入美国国内的专利侵权纠纷，这一点与我国极为不同。因此，"337调查"的制裁措施主要是针对进口产品的排除令，即禁止涉案产品进入美国市场。相比之下，我国的专利行政机构主要负责处理我国国内发生的专利侵权行为，甚少涉及国际贸易中的知识产权侵权行为。由此可见，美国的"337调查"是强有力的国际贸易保护措施，而中国的行政执法是打击国内知识产权侵权行为的有效手段，美国的制度经验无法为我国专利行政执法的扩张提供依据，但可以为我国当前专利制度的改革指引方向。

依据《欧盟知识产权海关执法条例》，欧盟海关有权对涉嫌侵犯欧盟知识产权的行为进行执法检查，并通知权利人。但该制度主要对知识产权侵权产品的跨国交易进行规制，本质上是海关的执法行为，并非专利行政部门的直接执法行为。[26] 此外，上述《条例》明确规定海关边境执法行为不对成员国判定知识产权侵权与否的实体法产生

---

[24] 参见炼红：《英国知识产权纠纷行政调解服务的发展与启示》，载《知识产权》2011年第7期，页74—78。刘银良，见前注⑪，页41。

[25] 《1930年关税法》第337条：以不公平竞争方式和不公平行为将货物进口美国，由其所有人、进口人、收货人及其代理人在美国销售，造成现存的工业企业实质损害或损害威胁，或阻碍该工业企业的建立，或限制和垄断商业贸易，这种不公平竞争方式和不公平行为属于非法。

[26] 参见朱雪忠：《欧盟知识产权海关执法条例的修订及其影响评析》，载《知识产权》2014年第5期，页91。

影响,执法手段限于暂扣假冒货物、盗版货物。

总体上看,各国之间对专利行政执法的理解存在分歧。前述国家的专利行政执法鲜少涉及专利侵权纠纷处理,其职能限于国际贸易和国际知识产权纠纷,有浓厚的贸易保护色彩;然而我国的专利行政执法职能一直定位于处理国内侵权纠纷,对于本国产业利益保护、本国专利权人的利益保护仍有欠缺。

二、我国专利行政执法的现状

中国专利行政执法现已实行三十多年,"去与留"抑或"强与弱",需要观察该政策在我国的实施效果。理论上,我国实行专利行政执法并未背离 TRIPS 协议的要求,但实际效果如何需要实证研究支持。

为了研究在我国《专利法》第三次修改之后专利行政执法的现状,本文选取 2009 年至 2014 年全国专利行政执法案件、专利司法案件的情况进行深入分析。

(一)全国专利侵权行政执法情况统计分析

表1　2009—2014 年全国专利侵权行政执法案件数量和结案方式统计表㉗

年度	受理	结案	结案方式						绩效评价
			处理	调解	撤诉	裁定	驳回	其他	
2009	937	741	166	234	291	0	25	25	54.0%
2010	1077	712	139	218	299	4	9	43	50.1%
2011	1286	1019	225	330	396	13	25	30	54.5%
2012	2225	1294	138	603	424	6	39	84	57.3%
2013	4684	3536	241	1774	461	10	532	518	57.0%
2014	7671	7640	442	5256	1942	0	0	0	74.6%

通过表1发现,专利侵权行政执法受理案件的数量逐年上升,从 2009 年的 937 件,到 2014 年增长至 7671 件。特别是 2013 年和 2014 年两年,分别增长了 2459 件和 2987 件,这说明我国行政执法存在一定的现实需求。与此同时,2009—2012 年间结案数据的变化不明显,在 2013 年和 2014 年两年结案数量同比增长 173% 和 116%,这说明我国近两年执法效率显著提升,这也反映出行政机关对知识产权日益重视,专利行政部门不断扩张以应对日益增多的专利行政案件。㉘

从专利侵权行政执法案件的结案方式来看,专利行政执法部门以调解作为主要解

㉗ 数据来源:《专利统计年报》,参见 http://www.sipo.gov.cn/tjxx/jianbao/year2015/h.html,2016 年 8 月 10 日最后访问。

㉘ 参见秦倩、马治国:《论我国〈专利法〉修改草案(征求意见稿)中专利侵权行政执法的"得"与"失"》,载《中国知识产权法学研究会 2015 年年会论文集》,页 114。

决方式,并呈现逐渐上升的趋势。2014年,调解占据所有结案方式的68.8%。这说明当前行政调解作为一种化解侵权纠纷的有效手段越来越受到重视。有学者认为,行政调解提供了专利权从侵权行为向许可行为的转换,同时也为专利权技术扩散和生产力的转化提供了合法途径。通过行政调解帮助双方当事人实现互利共赢,促进技术成果的推广使用,对于我国创新产业发展有着重要意义。㉙ 最新《送审稿》第61条㉚取消调解协议经法院确认有效的前置程序,明确行政调解协议的效力,避免行政和司法循环诉讼带来社会资源浪费,在一定程度上有利于充分发挥行政调解的效果。

但是,在另一方面,我们应当认识到受案数量和结案数量的攀升仅仅能代表"量"的增加,并不能说明"质"的提升。对比结案方式就可以发现,事实上只有处理、调解两种方式意味着专利行政执法取得实效。专利权人诉诸专利行政部门解决侵权纠纷,不管最终拿到的是处理决定书还是调解协议书,都说明专利侵权纠纷通过行政执法得到了解决。而撤诉、驳回等结案方式则意味着专利权人提出的侵权纠纷诉求未得到实质解决。因此,本文在表1中对执法绩效进行了统计分析,其中绩效的计算方式就是处理和调解两种方式占全部结案方式的比例。从该比例来看,2010—2013年间,行政执法的绩效都稳定在50%—57%的区间内,变化幅度不大;而到2014年,突升至75%,这主要是因为调解案件数量大幅上升。绩效评价体系中,55%的绩效意味45%的侵权纠纷即使进入行政程序也无法得到解决,这说明2009—2013年间专利侵权行政处理的实际效果并不理想,无法满足专利保护的实际需求。对于权利人而言,将侵权纠纷诉诸行政机关需要审慎对待,因为有一半的可能性最终还是需要走向司法程序。

进一步而言,本文中专利侵权纠纷行政执法的实际绩效可能小于表1中的数据。因为即使专利行政部门作出认定专利侵权行为成立或不成立的决定后,双方当事人均可以就该处理决定向人民法院提起行政诉讼。即表1中的部分"处理"决定并不具有终局效力。而由此带来的行政程序与司法程序的衔接问题,不仅增加当事人负担,也浪费社会资源。依前文所述,理论上行政执法具有效率优势,但统计数据说明一半左右的侵权纠纷通过行政执法程序无法得到一个终局性的裁决,反而需要从头再来㉛,实际执法绩效并不理想。

(二) 行政执法与司法救济的情况对比

当前,专利行政执法工作主要在处理专利侵权纠纷、查处假冒专利行为、调解专利

㉙ 参见苗妙、魏建:《知识产权行政执法偏好与企业创新激励》,载《企业经济研究》2014年第6期。

㉚ 《专利法修订草案(送审稿)》第61条:处理专利侵权纠纷的专利行政部门,应当事人的请求,可以就侵犯专利权的赔偿数额进行调解;调解不成的,当事人可以依照《中华人民共和国民事诉讼法》向人民法院起诉。调解协议达成后,一方当事人拒绝履行或者未全部履行的,对方当事人可以申请人民法院确认并强制执行。

㉛ 《最高人民法院关于审理专利纠纷案件适用法律问题的若干规定》第25条规定:即使侵权纠纷已经经过行政管理部门处理,人民法院仍应当就当事人的诉讼请求进行全面审查。

纠纷三项。因为调解专利纠纷职能在学术界和实务界争议较小,本节不做过多的讨论。本节主要围绕专利行政部门前两项工作,参考2009—2015年间处理专利侵权纠纷案件数量、处理假冒专利案件数量与同期全国地方法院一审受理专利民事纠纷案件的数量,对比行政执法和司法救济的情况。㉜

本文调查发现,在2009—2014年间,法院受理的专利侵权纠纷案件数量高于专利行政部门处理的侵权纠纷案件数量,司法救济是该阶段解决专利侵权纠纷的主要方式。2015年,专利行政部门处理的侵权纠纷案件超越法院,行政执法成为当前处理专利侵权纠纷的主要手段。从增长趋势看,专利行政部门办理的侵权纠纷案件数在近三年呈现急剧攀升的态势;然而法院在受理案件总数上从2012年起稳定在10000件左右,呈现平稳发展趋势。这说明法院受理专利侵权纠纷案件并不受专利行政部门的办案数量变化的影响,司法保护在专利侵权纠纷案件中依然发挥着独一无二的作用,这种作用从数据来看可能是行政执法难以完全替代的。

针对专利行政部门办案数据分析可以发现,从2011年开始,受理专利侵权纠纷案件与查处假冒专利案件的数量都在持续上升。尤其是所查处的假冒专利案件,"十二五"期间实现连续五年增长,年均增长率达96.1%,办案总量超过5.7万件。㉝ 这说明我国打击假冒专利力度大幅提升,执法办案工作取得了一定成效。考虑到假冒专利、山寨产品的大量存在严重挫伤专利权人创新积极性,扰乱市场竞争秩序等问题,专利行政部门加大假冒伪劣商品的打击力度值得肯定。

三、我国专利行政执法的完善建议

2015年4月,《专利法修改草案(征求意见稿)》(以下简称《征求意见稿》)加强专利侵权执法的范围和力度,扩张专利行政部门执法权限,受到诸多学者的质疑,引发极大的争议。之后12月的《送审稿》第60条在一定程度上限缩了专利行政执法的范围,相比现行《专利法》规定仍然呈现出扩张趋势。结合前文中专利行政执法的问题、现状,本文对当前《送审稿》提出一些改进建议。

(一)弱化行政执法,强化司法救济

不论从理论基础,还是从现实意义上而言,《送审稿》加强专利行政执法的立场值得商榷。随着国家法治建设的逐步推进,专利侵权执法的弊端日益显现,侵权纠纷行政救济的逐渐淡化符合我国的法治进程,也符合我国企业专利保护的实际需求。

首先,司法救济可以更好体现专利权的私权本质。不论是 TRIPS 协议本身还是国

㉜ 数据来源:《专利统计年报》,参见 http://www.sipo.gov.cn/tjxx/jianbao/year2015/h.html,2016年8月10日最后访问。

㉝ 数据来源:《2015年知识产权系统执法办案数据分析》,参见:http://www.sipo.gov.cn/zscqgz/2016/201601/t20160118_1230431.html,2016年8月10日最后访问。

内外的理论实践,普遍认为知识产权属于私权。㉞ 当然,私权体系并不意味着完全地排除公权力机关介入,在涉及公共利益时行政机关对私权进行干预具有合理性和必要性。比如在现代社会,公民对私有财产的保障无法通过自力救济实现,必须依靠行政机关对侵犯财产权的行为进行处理。但是,有形财产权的公共利益保护是否可以延伸到无形财产权,这一点值得反思。本文认为,由于知识产权专有性、无形性的特点,其权利救济与公共利益之间的关系较为疏远,知识产权行政保护的必要性相对较弱。换言之,知识产权权利人可以通过诉诸司法或者寻求和解有效解决侵权纠纷前提下,公权力机关不应主动介入。

其次,《专利法》应着力解决前文提到的公平性欠缺、执法效果不好的问题,但当前《送审稿》却执著于扩大专利行政部门的执法权限。比如《送审稿》第67条㉟中,立法者为行政部门增设对专利侵权行为调查取证的职权,这意味着专利行政部门可以主动对涉嫌侵权行为的当事人实施讯问、现场检查、查阅复制有关资料等措施,而在现行《专利法》中行政部门仅仅针对涉嫌假冒专利的当事人才有权采取该措施。假冒专利的行为扰乱市场秩序、欺骗消费者,行政机关为了维护公共利益主动介入具有正当性和必要性。但是将该处理查处职能扩张到专利侵权行为时,则突破了现行法律框架,有行政权滥用的风险。《送审稿》说明中指出,通过加大执法力度、完善证据规则,力图解决专利维权"举证难""效果差"的问题,但是如前文所述,不能为了提升效率而无视公平,扩张执法权限不应忽视专利行政执法绩效不佳的现实问题。十八届三中全会以来,我国一直着力转变政府职能,全面建设法治政府和服务型政府。减少政府的行政管制,使市场在资源配置中起决定性作用是现代政府的要求。㊱ 在打造服务型政府的背景下,政府应当更多地为公众提供行政服务,而不是利用行政执法手段去干涉民事主体间的私权纠纷。㊲ 因此,顺应政府转型趋势和法治建设潮流,专利行政部门也应当由行政执法者逐步转变为行政服务者,将专利侵权纠纷的裁决交由法院,而在专利管理中加强行政服务功能。比如加强行政调解服务、推广技术交易平台、帮助国内创新

㉞ 《与贸易有关的知识产权协议》(TRIPS协议)中序言部分规定:认识到知识产权为私有权。

㉟ 《专利法修订草案(送审稿)》第67条:专利行政部门根据已经取得的证据,对涉嫌侵犯专利权行为或者假冒专利行为进行处理或者查处时,可以询问有关当事人,调查与涉嫌违法行为有关的情况;对当事人涉嫌违法行为的场所实施现场检查;查阅、复制与涉嫌违法行为有关的合同、发票、账簿以及其他有关资料;检查与涉嫌违法行为有关的产品,对有证据证明是扰乱市场秩序的故意侵犯专利权的产品或者假冒专利的产品,可以查封或者扣押。专利行政部门依法行使前款规定的职权时,当事人应当予以协助、配合。当事人拒绝、阻挠专利行政部门行使职权的,由专利行政部门予以警告;构成违反治安管理行为的,由公安机关依法给予处罚;构成犯罪的,依法追究刑事责任。

㊱ 参见《中国共产党十八届三中全会公报》,http://news.xinhuanet.com/house/tj/2013-11-14/c_118121513.htm,2016年8月10日最后访问。

㊲ 参见王亚利:《专利侵权行政执法的边界——兼论〈专利法〉第四次修改》,载《知识产权》2016年第5期。

企业实现成果转化等等更实际的工作。然而,《专利法》第四次修改中增强行政执法的力度、扩张侵权执法范围等规定显然与当下简政放权的体制改革方向相违背。

此外,前文的研究也发现行政执法虽然具有维权效率高、成本低的优点,但仅仅是结案数量高,绩效并不理想,无法帮助专利权人终局性地解决纠纷。此次专利法的修法目的就在于加强知识产权保护、提高自主创新能力。[38] 但上述目的的实现并不必然依赖于增强专利行政执法,通过司法保护完全可以达到促进产业创新目标。随着我国司法制度的不断完善,审判人员水平不断提升,专利司法保护理应成为国家知识产权战略的中心。本文认为,专利行政执法应当逐步退出历史舞台,建议《送审稿》中逐步删除或者弱化专利行政部门处理侵权纠纷的职能,转而强化专利司法救济。

(二)调整执法方向,规范行政执法

专利行政执法在知识产权近三十年的发展中发挥了重要作用,但是在未来需要转变执法方向,并从以下几个方面着手改进:

首先,专利行政执法应强化产业利益保护。借鉴美国"337调查"和欧洲的海关制度,专利行政执法应当突出产业政策,真正与知识产权的自身价值相匹配。从产业政策角度出发,专利权的首要目的并非保护发明人的私有财产,而是促进产业发展,推动社会进步。[39] 从国际贸易和国际竞争的角度提高创新动力,保证本国企业的全球竞争力,也是产业界的迫切要求。[40] 因此,我国专利行政执法应当从国家整体利益出发,维护权利人合法利益的同时,着力于帮助我国创新产业实现长远发展。在专利保护制度中,建议参考美国的方案,一方面通过司法手段保障国内知识产权当事人的公平竞争,另一方面通过行政手段保障进出口贸易中的公平竞争,真正实现专利保护"双轨制"。

对于我国的创新产业而言,侵权纠纷尚可以通过司法途径解决,而专利市场中面对的高价许可费、搭售非必要专利、联合定价等等限制竞争的行为却申诉无门,这点在涉及标准必要专利的案件中尤为明显。[41] 在当前专利市场中,国外专利权人常常滥用专利权以限制中国企业参与国际竞争,严重影响我国产业持续发展。比如高通公司滥用在无线标准必要专利许可市场的支配地位,收取不公平的高价专利许可费,并且在无线标准必要专利许可中没有正当理由搭售非无线标准必要专利。[42] 因此,如何应对知识产权许可中的垄断问题,如何解决专利权滥用问题,是我国知识产权创新发展中迫切需要解决的问题。[43] 专利的行政执法不仅仅是需要查处侵权人,也需要规范

---

[38] 参见《国家知识产权局关于〈中华人民共和国专利法修订草案(送审稿)〉的说明》,http://www.sipo.gov.cn/ztzl/ywzt/zlfjqssxzdscxg/xylzlfxg/201512/t20151202_1211994.html,2016年8月10日最后访问。
[39] 参见张平:《知识产权法》,北京大学出版社2015年版,页9。
[40] 参见宋柳平:《企业创新发展的知识产权保护》,载《法治社会》2016年第3期,页6。
[41] 参见宋柳平:《标准必要专利的若干重要问题》,载《中国知识产权报》2015年第12期,页8。
[42] 参见高通反垄断案行政处罚决定书,发改办价监处罚(2015)1号。
[43] 参见张平:《专利联营的反垄断法规制》,载《电子知识产权》2007年第7期,页15。

专利权人的行为。建议在《送审稿》中增加对专利权滥用等限制竞争行为的处理，帮助我国企业解决创新发展中遇到的实际难题。当然，对专利权垄断、滥用等问题的查处仅仅依靠国家知识产权局是不够的，需要整合执法资源，包括工商局、商务部等等，实现专利行政执法的高效统一。建议设立一支专业的跨部门执法队伍，将分散于不同系统的高水平专利执法人员整合起来，明确执法目标，建立统一标准，提高执法效率。

其次，专利行政执法应规范其调解专利纠纷、查处假冒专利的职能，弱化侵权纠纷处理职能。专利行政执法目的之一就是保证市场竞争秩序，防止"市场失灵"。就这次修法而言，加大对假冒专利的处罚力度值得肯定，结合前文的调研来看，打击假冒专利违法行为已经取得成效。而调解专利纠纷从数据上看也成效颇丰，理论上几无争议。但是，新增的针对"群体侵权""重复侵权"等故意侵权行为的规定却值得思考。《送审稿》第60条第2款规定："对群体侵权、重复侵权等扰乱市场秩序的故意侵犯专利权行为，专利行政部门可以依法查处，责令侵权人立即停止侵权行为，并可以没收侵权产品、专门用于制造侵权产品或者使用侵权方法的零部件、工具、模具、设备等，对重复侵犯专利权的行为，专利行政部门可以处以罚款。"相比于《征求意见稿》，该条款在处罚范围和力度上已经有所限缩：比如将罚款范围从全部的故意侵权行为缩减到"重复侵权"行为；删除"销毁"等行政强制措施等。这体现出立法者也开始审慎对待专利行政执法的界限问题，适当地介入市场竞争但不至于对私权利过多干预，这种主动限缩值得肯定。㊹ 但我们不应忽视，目前的《送审稿》对于"群体侵权""重复侵权"等故意侵权行为仍然缺乏明确的操作标准。在实际执法中，此类行为对于地方各级的专利执法人员而言非常难以判断，错判、误判风险非常高，如果贸然采取行政强制措施更可能会对被控一方产生无法弥补的损害。不同于商标案件、著作权案件，专利"故意侵权""重复侵权"的判定属于相对复杂的法律问题，交由法院裁决更为合理。事实上，企业在专利研发、申请中的一些细节瑕疵就有可能导致专利"重复侵权"，包括华为、中兴、小米、腾讯等等国内大型创新企业也屡屡作为专利侵权被告。在知识经济时代，专利侵权纠纷可能仅仅是双方企业合作谈判、专利运营的序曲，并不一定对市场秩序造成严重影响。然而《送审稿》的规定则可能将一些普通专利侵权行为升级到破坏市场秩序行为，容易导致从事专利运营的本土创新企业屡屡认定为"重复侵权"，其正常的生产经营活动被扰乱。因此，建议《专利法》在后续修改中删除对群体侵权、重复侵权等故意侵权行为的相关规定，将行政执法重点回归到产业利益保护和打击假冒专利中。

综上所述，运用行政资源维护市场秩序具有必要性。建议专利行政机关加强假冒专利行为的查处，而对其中扰乱市场行为的执法重心应当从打击故意侵权行为转移到产业利益保护。侵权纠纷中"重复侵权"等故意侵权行为的判定等交由司法部门更为

㊹ 参见王亚利，见前注㊳，页77。

合适,专利行政执法最重要的职责应当是为我国创新企业的全球发展保驾护航。

四、结论

经过三十多年的努力,我国的专利行政执法制度从无到有,从粗到细,逐步完善。相比于司法救济制度,我国专利行政执法具有维权成本低、效率高的特点,但也存在着行政权滥用、公平性欠缺等突出问题。借鉴英国、美国、欧洲的专利行政执法制度,迎合专利保护的国际发展趋势,不断强化知识产权产业利益保护,鼓励创新企业发展,应当是我国专利行政执法转型的重点。在对专利行政执法现状调研中,我们发现专利行政执法尚具有现实的存在基础,在打击假冒专利、调解专利纠纷中取得丰硕成果,但在侵权领域虽然受案数量在不断上升,但执法绩效上并不理想,无法有效帮助权利人解决侵权纠纷。因此,健全专利行政执法的重点放在调整专利行政执法的方向中。

据此建议,在新一轮的《专利法》修改中:在专利侵权行政执法中,应当确立以司法救济为中心的保护模式,逐步淡化行政机关处理侵权纠纷职能。此外,重新规划行政执法重点,将有限的行政资源集中于创新产业保护和打击假冒专利,着手解决专利权滥用、标准必要专利等问题,推动产业的持续创新和健康发展。

浅议标准必要专利的禁令救济规制的路径选择

连 冠[*]

【摘要】 标准的制定与运用是当代科研与商业中最重要的组成部分。知识产权天然的排他性与标准技术的市场影响力相互组合,提高了标准制定与实施对竞争环境造成损害的可能性。SEP 权利人对标准专利寻求禁令救济的行为,也可能对标准制定的竞争环境带来极大的影响。特别是如果允许做出了公平、合理、非歧视许可承诺的标准必要专利人寻求禁令的话,将使其有能力强迫潜在被许可人接受不公平的许可条款。这将会破坏标准化竞争的环境,损害消费者的福利。对于 SEP 寻求禁令的可行性问题,最高人民法院在 2016 年通过司法解释的方式做出了限制。但是与专利法同时存在的,是反垄断执法机关在"知识产权滥用反垄断指南"的制定草案中体现出来的,通过反垄断规则进一步强化规制的路径。这两种选择是否有共存的必要?本文通过对中美欧三国对于标准必要专利的禁令救济规制问题的实践经验出发,梳理三种不同的处理思路,并主张:在专利法严格限制对标准必要专利申请禁令救济的可行性的情况下,禁令对于潜在被许可人而言可能并没有威胁性。此时再设立额外的反垄断责任,是对市场行为的过度规制,将会损害专利法本身促进与奖励创新的政策目标。

【关键词】 标准必要专利;FRAND;禁令救济;专利法;反垄断法

1. 引言

知识产权法与竞争法共享同样的目标——促进市场多样性与消费者福利,这早已

---

[*] 连冠,清华大学法学院知识产权法方向博士研究生,美国华盛顿大学 L.L.M.。研究方向为知识产权法、竞争法、网络法。

是被广泛认可的观点。而在技术标准制定的领域,两者间的利益冲突却也更加凸显,因而在这一交叉法域上存在各种具有争议性的问题。

"技术标准",是指技术系统重复实现特定目标的基准或要求,往往体现于由产业联盟或标准化组织所制定的,包含统一工程或技术的指标、方法或程序的正式文本。尽管它们可能没有法律上的强制力,但因其制定在先、实施在后的形式,一般还是将之称为"法律上的"标准(de jure standard)、"制定标准"(agreed standard)或"正式标准"(formal standard)。① 与之相对的,技术操作的习惯、协定、企业标准等,以及通过市场竞争而被广泛接受的技术方案,则被称为事实标准(de facto standard)。

专利与技术标准是现代科研工作的两项主要成果。② 的确,"网络效应"在现代商业技术领域的效果愈发凸显,标准化工作因而在竞争中起着至关重要的作用。企业利用知识产权,围绕标准技术,构建专利"生态系统",形成了巧妙的"合作竞争"(coopetition)环境。③ 在市场竞争的各个层级广泛开展的标准化工作,具有促进竞争的效果。首先,它从两个方面促进了产品市场的竞争:(1)标准促进了产业系统中互补产品的研发;(2)它还降低了供应链多个环节上的市场准入门槛。④ 其次,标准制定往往会激励市场对于研发新技术的投资,促进创新市场的竞争。在标准制定时,产业中所有可替代的技术都会得到标准化组织的讨论。因为生产者可以期待自己研发的技术被纳入标准之后,相应的需求也会随之扩张。⑤

但是标准与知识产权的结合也会产生风险。知识产权的价值将会随着它被纳入技术标准而得到显著提升。当专利的一个或多个权利要求覆盖了标准中的技术方案时,这个专利就会被称为"标准必要专利"(Standard Essential Patent,下文简称

---

① 当然,由政府标准机构所制定推行,具有强制性的标准也符合这种特征。例如我国由国家标准化管理委员会制定的 GB 标准。
② See Rubi Bekker et al., "Case studies on the interface between research and standardization, and case studies on patent pools as a coordination mechanism", Project co-funded by the European Commission within the 6th Framework Programme, STREP, Priority 8, Contract 503 594, at p. 53, available from http://www-i4.informatik.rwth-aachen.de/Interest/D04.pdf, Retrieved on 2017/3/29.
③ See Björn Lundqvist, Standardization under EU competition Rules and US antitrust Laws, at p.5.
④ See Jonathan Hillel, Standards × Patents ÷ Antitrust = ∞: The Inadequacy of Antitrust to Address Patent Ambush, at 4 (2010).
⑤ 如同美国第三巡回法院在 Qualcomm 案中所指出的:"标准制定……降低了生产者的风险……(他们无需担心)花费巨额资源研发技术而无法得到市场认可。" Braodcom Corp. v. Qualcomm, Inc., 501 F.3d 297 309 (3d Cir. 2007)。

"SEP")。⑥ 由于标准技术所处市场上的参与者难以绕开 SEP,禁令的效果更加强大。当产业被绑定在一项技术标准之下时,如果专利法还允许 SEP 权利人寻求禁令救济,将会为他们在"未来的许可谈判中带来优势地位"⑦。假设技术的实施者与 SEP 权利人进行许可谈判,最终却未能达成一致;这时专利权人径直向法院起诉,以损害赔偿诉讼或禁令救济为要挟,技术实施者就会处于极其不利的地位。他只能选择放弃对相关技术标准的使用,或者在谈判桌上接受专利权人提出的不平等条件。这即构成所谓的"专利挟持"(Patent Holdup)。此时,专利禁令救济的作用被扭曲了。

为了避免这一风险,标准制定组织(Standard Setting Organizations,以下简称 SSO)也会在标准制定过程中,要求各参与成员做出 FRAND 承诺——如果成员所拥有的专利技术被纳入标准,它将会以"公平合理非歧视"(Fair, Reasonable and Non-Discriminatory)的条款提供专利使用许可。但是,SSO 作为私营性质的机构,没有强制力来保证成员在事后的许可活动中遵守 FRAND 义务,也无法制止 SEP 禁令救济被扭曲的情形。

错综复杂的国际贸易与技术环境,使得把握各国专利纠纷与反垄断执法的发展变得更加困难。同时,知识产权诉讼与反垄断诉讼都是成本与风险极高的诉讼类别,双方都缺乏完整走完司法途径来处理纠纷的觉悟与动力。在这种情况下,知识产权诉讼往往只是将对方拉上谈判桌,增加谈判筹码的一种手段。因此,探讨禁令救济在技术标准背景下的适用空间,在专利法和竞争法的理论与实践上同时具有的重要意义。

本文从比较研究的视角出发,梳理国内外(主要是美国和欧盟)对 SEP 禁令救济的处理方式。并继续分析我国强化 SEP 禁令救济的反垄断规制之趋势,以及其中的问题。最后,呼吁反垄断执法机构放弃将 SEP 禁令救济纳入反垄断法管制范围的选择。

2. 我国 SEP 禁令救济的立法与执法现状

2.1 专利法对 SEP 禁令救济的规制

对标准技术的禁令救济规则的理解不能脱离对专利禁令救济基本制度的分析。从国内专利法案例来看,专利法同样允许 SEP 寻求禁令救济。2012 年最高人民法院

---

⑥ 值得注意的是,专利权对于标准实施是否必要,完全依赖于权利人单方面的声明。从理论上来讲,权利人声称是必要的专利,也有可能实际上对于标准而言并不必要。但因为 SSO 在标准化过程中只会要求成员披露可能的必要专利权并做出 FRAND 承诺,但并不会对专利的"必要性"本身进行审查。参见:Jones-Day, Standard-Essential Patents and Injunctive Relief, at 2, available at http://www.jonesday.com/standards-essential_patents, Retrieved on 2017/3/29。即便在司法审判中,法院也不会主动对"必要性"做审查,而是基于上述声明推定"必要性"真实存在;除非权利人希望绕开 FRAND 原则,那么他就需要在诉讼中举证说明涉案 SEP 实际上并非必要的专利。参见 In re Innovatio IP Ventures, LLC Patent Litigation, 956 F. Supp. 2d 925, 936 (N. D. Ill, 2013)

⑦ Realtek Semiconductor Corp. v. LSI Corp., 946 F. Supp. 2d 998, 1006 (N. D. Cal. 2013).

在张晶廷诉子牙河公司一案⑧中明确指出:在未经专利权人许可且拒绝支付许可费的情况下,侵权救济不应因专利属于 SEP 而被限制;一审判决停止侵权并无不当。

我国《专利法》长期以来缺乏关于停止侵权救济的具体规定。⑨ 2001 年最高人民法院颁布了《关于诉前停止侵犯专利权行为适用法律问题的若干规定》,以及 2008 年《专利法》修改新增第 66 条,填补了"临时禁令"⑩规则的空白。综合来看,主要审查要素包括:侵权成立的可能性、侵权继续是否会导致难以弥补的损害、申请人提供担保的情况、以及公共利益。⑪《专利法》第 60 条虽然将停止侵权列为终局救济的一种,但对于根据什么原则判断是否应当发放"永久禁令"⑫却一直没有做出规定。司法实践则往往采取一旦认定侵权成立就发放禁令的方针⑬,判决的主要依据是《民法通则》第 118 条、第 134 条和《侵权责任法》第 2 条、第 15 条。

不过,直到 2016 年最高人民法院才在《关于审理侵犯专利权纠纷案件应用法律若干问题的解释(二)》(以下简称"《解释(二)》")中对永久禁令发放的原则做出了指示。第 26 条给出了一般性规定:被告构成对专利权的侵犯,权利人请求判令其停止侵权行为的,人民法院应予支持,但基于国家利益、公共利益的考量,人民法院可以不判令被告停止被诉行为,而判令其支付相应的合理费用。《解释(二)》还明确限制:具有 FRAND 义务的 SEP 权利人,只有当被控侵权人在许可谈判中存在过错时,禁令请求才会得到支持。⑭ 而对于没有 FRAND 义务的 SEP 权利人则可以适用第 26 条的规定。尽管最高人民法院没有对"公共利益"的具体内涵进行阐述,但考虑到我国法院已经广泛认识到技术标准对于公共利益的巨大影响,即便是未曾做出过 FRAND 声明的 SEP 权利人申请的禁令请求,也有很大可能受到本规定的影响,而导致法院不会无条件给予

---

⑧ 张晶廷与衡水子牙河建筑工程有限公司等侵害发明专利权纠纷提审案(最高人民法院(2012)民提字第 125 号)。

⑨ 司法审判中曾有一种意见认为《民法通则》第 118 条已经提供了停止侵权的法律依据,即使《专利法》不增加具体的特别规定,已经处于有法可依的状态。参见:北京市第一中级人民法院知识产权庭编著:《知识产权审判实务》,法律出版社 2000 年版,页 237。

⑩ 即"诉前保全"和"诉中保全"制度,为求行文一致与简洁,正文中非引用部分将统一以"临时禁令"代之。

⑪ 《最高人民法院关于对诉前停止侵犯专利权行为适用法律问题的若干规定》(法释[2001]20 号)第 3 条。《专利法》第 66 条。张广良:《知识产权侵权民事救济》,法律出版社 2003 年版,页 44。

⑫ 即"停止侵权"救济,为求行文一致与简洁,正文中非引用部分将统一以"永久禁令"代之。

⑬ 在最高人民法院 2010 年 4 月发布的《中国法院知识产权司法保护状况(2009)》报告中提到:"30 年来,人民法院知识产权司法保护力度不断加大。人民法院严格依法判令侵权人承担侵权责任,努力降低维权成本,加大侵权成本。在认定侵权成立的情况下,一般都会判令侵权人立即停止侵害,同时确保权利人获得足够的损害赔偿,依法适当减轻权利人的赔偿举证责任。"另可参见崔国斌:《专利法:原理与案例》,北京大学出版社 2016 年版,页 818。

⑭ 《最高人民法院关于审理侵犯专利权纠纷案件应用法律若干问题的解释(二)》(法释〔2016〕1 号)第 24 条第 2 款。

支持。因此，从《专利法》司法实践的角度而言，SEP 禁令救济的可适用性已经开始受到严格限制。

2.2 反垄断法对 SEP 禁令救济的规制

我国法院在华为诉 IDC 一案中首次尝试通过反垄断法限制 SEP 的禁令救济。在本案终审判决中，广东高院认为过高定价属于不合理和不公平的许可行为，并严词指出：做出 FRAND 承诺的权利人寻求禁令救济的行为，加强了这一不公平性。法院用很严厉的语言表示 FRAND 义务不仅禁止权利人过高定价，也禁止权利人对善意被许可人提起禁令之诉的权利。[15] 此时的起诉不仅不是权利人合法行使诉权的行为，反而是以此胁迫要求高价的垄断行为。在本案中，法院没有为特定情况下的禁令救济留下适用空间。

这种通过反垄断法限制 SEP 禁令救济的思路，被反垄断执法机关所吸收。2014 年，商务部附条件批准了微软对诺基亚手机业务的收购，其中也包括了对双方持有之 SEP 禁令救济的限制。商务部认为，微软具备通过拥有的安卓操作系统专利组合来限制下游智能手机市场竞争的能力，且微软在收购了诺基亚的手机业务之后完成了对市场的纵向整合，具有以限制许可来排除竞争的动机。因此商务部对微软提出的要求包括：(1) 不得就做出 FRAND 承诺的 SEP，针对国内手机制造商寻求禁令；(2) 仅可在潜在被许可人未按照诚实信用原则进行许可谈判后，才可对非 SEP 寻求禁令。诺基亚虽然退出了手机制造市场，但依然保留了专利，有更强的依赖许可进行盈利的动机，因此商务部对诺基亚提出了以下要求：(1) 仅在被许可人没有善意地回应 FRAND 许可要约时，才可对 SEP 寻求救济；(2) 应每年报告对具有 FRAND 承诺的 SEP 寻求禁令的情况。[16]

另一方面，执法机构还试图在行政立法中扩大对 SEP 禁令救济的规制。工商总局在 2015 年《关于禁止滥用知识产权排除、限制竞争行为的规定》第 13 条中，原则性地禁止了 FRAND 许可人排除竞争的行为，不过并未具体涉及禁令的问题。在 2016 年初公布的《关于滥用知识产权的反垄断执法指南（国家工商总局第七稿）》中，则明确指出"滥用禁令救济或者诉权强迫被许可方接受其提出的各种不合理的交易条件"，是排

---

[15] 参见(2013) 粤高法民三终字第 306 号。同时，在许可费纠纷中法院也表达了"IDC 公司……进行的诉讼行为，明显不符合 FRAND 的要求"，因而 IDC 过去向华为做出的报价在对 FRAND 许可费的司法确定中不具有参考价值的结论。参见(2013) 粤高法民三终字第 305 号。不过在各国对 FRAND 合理许可费的司法确定的案例中，争议双方在过去就涉案专利曾交换的许可报价在绝大多数情况下都不具有参考价值——这从逻辑上很容易理解；如果这一报价符合 FRAND 原则的话，双方理应就此报价达成一致，签署许可协议才对。

[16] 参见，《关于附加限制性条件批准微软收购诺基亚设备和服务业务案经营者集中反垄断审查决定的公告》(商务部公告 2014 年第 24 号)。

除限制竞争的行为。[17] 本条文乍看上去似乎没有问题,但值得注意的是:《指南》在第26条规定了"附加不合理交易条件"的情形包括独占性回授、不质疑条款、寻求超过专利有效期的限制、免费交叉许可、禁止对方与第三人交易、其他不合理条件这7种情形[18],但是对于不公平高价、拒绝许可、搭售和差别待遇,其本身却是独立于"不合理条件"的违法情形[19];那么按照文义理解,利用禁令或诉权威胁所达成的不公平高价、搭售与差别对待,却不属于违法的滥用行为。从指南体现出的强化规制的思路看,特别对这三种情况网开一面显然没有什么道理,只能认为是《工商总局指南》的撰写有问题,因而产生了歧义。

2015年国家发改委公开的《关于滥用知识产权的反垄断指南(征求意见稿)》的规定更加宽泛一些。首先,任何SEP权利人利用禁令救济谋求不公平高价和不合理许可条件,均被视为会对竞争造成损害的行为。其次,在具体分析时,SEP是否具有FRAND承诺、谈判双方的真实意愿、谈判中双方交换的条件、以及禁令对市场环境与公共利益的影响,均应该得到考虑。[20]

上述规定引出了一个重要问题,那就是在《专利法》已经限制了SEP禁令适用空间的情况下,还有必要通过《反垄断法》进一步规制吗?要回答这一问题,有必要对国际上处理该问题的经验与理论进行梳理。

3. SEP禁令救济规制的国际经验

3.1 美国:以专利法限制禁令的适用空间

在美国,知识产权权利人可以寻求的停止实施专利的救济,包括法院提供的"禁令"(Injunction)和国际贸易委员会(International Trade Commission,以下简称ITC)提供的"禁制令"(Exclusion Order)。它们统称为"排除性救济"(Exclusive Relief)。前者禁止在美国境内对专利的使用与销售,而后者阻止可能的侵权产品进入境内。

3.1.1 行政机关的意见

将这两种救济适用于SEP可能带来的影响并没有被忽视。2013年初,司法部与专利局发表联合政策声明指出:具有FRAND许可义务之SEP权利人寻求排除性救济,原则上来说"与公共利益相违背"且"可能损害竞争与消费者权益"。[21] 不过政策声明也提到,特定情况下的排除性救济仍是合理的选择,例如当被许可人拒绝接受FRAND

---

[17] 《关于滥用知识产权的反垄断执法指南(国家工商总局第七稿)》第28条。
[18] 同上注,第26条。
[19] 它们分别是《关于滥用知识产权的反垄断执法指南(国家工商总局第七稿)》的第23条、第24条、第25条、第27条。
[20] 《关于滥用知识产权的反垄断指南(征求意见稿)》第三(二)6条。
[21] DOJ/PTO, Joint Policy Statement on Remedies for Standard-essential Patents Subject to Voluntary F/RAND Commitments, at 6.

许可、拒绝谈判、坚持要求非 FRAND 的条件、不在能够执行损害赔偿法院管辖范围内㉒等情形。㉓ 当然,排除性救济是否合理,依然需要根据各案情况具体分析。尽管联合政策声明本身并没有任何的法律强制力,两机构也没有发放任何一种禁令救济的决定权,但声明中所表达的方针在之后被美国行政与司法机关广泛接受。

ITC 是根据专利权人的申请,审查发放禁止令的行政机关。㉔ 标准必要专利的权利人从理论上也拥有向 ITC 申请发放禁止令的权利。2011 年,苹果与三星展开了智能手机专利诉讼"大战"㉕,其中一件诉讼正是三星提交的禁止令申请。该申请在 2013 年得到批准,成为了第一件基于 SEP 发放的禁止令。㉖ 然而决定做出之后不满一个月,美国贸易代表处(United States Trade Representative,以下简称 USTR)就驳回了该项禁止令决定。㉗ USTR 援引了 DOJ/USPTO 联合政策声明的意见,认为禁止令只应该在政策声明提到的情况下才可以适用。㉘ 此后至本文成稿的 2017 年 4 月为止,没有 SEP 权利人成功获得 ITC 发放的禁止令的情形出现。

无独有偶。同年 7 月 FTC 在针对摩托罗拉和谷歌的反垄断调查决定㉙里也表示,带有 FRAND 义务的专利申请禁令救济的空间,应当被严格限定在当潜在被许可人处于以下四种情形下:(1) 不在美国法院的管辖范围内;(2) 以书面形式或宣誓证言形式表明他将不会接受任何符合 FRAND 条件的许可;(3) 不接受经法院或仲裁庭所裁定后的 FRAND 条件的许可;(4) 在收到 FRAND 条件提议的 30 天内没有回复。㉚ 在同日发出的公开信中,FTC 更加明确地表示"FRAND 承诺排除了向所有有意愿的许可人

㉒ 在这里,比较典型的情况是当侵权发生在国外,而国外法院判决损害赔偿的可能性又比较低的时候。这时专利权人如果又不能申请禁止令阻止侵权产品进口,将有可能因为专利权用尽而无法获得任何救济。

㉓ Supra n. 51, at 8.

㉔ See J. Gregory Sidak, International Trade Commission Exclusion Orders for the Infringement of Standard-essential Patents, https://www.criterioneconomics.com/docs/itc-exclusion-orders-for-standard-essential-patents.pdf, Retrieved on 2017/3/29.

㉕ See Michael A. Carrier, A Roadmap to the Smartphone Patent Wars and FRAND Licensing (2012).

㉖ See In the Matter of Certain Electronic Devices, Including Wireless Communication Devices, Portable Music and Data Processing Devices, and Tablet Computers, Inv. No. 337-TA-794, I (July 5, 2013) (Final), available at http://essentialpatentblog.com/wp-content/uploads/sites/234/2013/07/337-TA-794-Commission-Opinion-Public-Version.pdf, Retrieved on 2017/3/29.

㉗ Veto of USITC Inv. No. 337-TA-794 (2013) (letter from Ambassador Michael B. G. Froman to the Honorable Irving A. Williamson, Aug. 3, 2013), available at https://ustr.gov/sites/default/files/08032013%20Letter_1.PDF, Retrieved on 2017/3/29.

㉘ Id, at 2.

㉙ In the Matter of Motorola Mobility LLC and Google Inc., 156 F. T. C. 147.

㉚ Id, at 8.

寻求禁令与禁制令的可能"㉛。

虽然上面两项决定仅仅针对具体的诉讼行为,但能够看出美国执法机关对于 SEP 的禁令救济所持的态度还是基本一致的,即只有在潜在被许可人明确表示出了逃避达成许可的意向,以及被许可人不在美国司法管辖范围内两种情况下,专利权人才可以寻求禁令救济。

3.1.2 司法审判的标准

法院禁令在美国是一种衡平救济,意味着在成文法中只有原则性及程序性规定㉜,而具体判断是否发放禁令可以由法院根据案件事实做出自由裁量。㉝ 永久禁令要求原告证明四个因素:(1) 他遭受了不可弥补的损害;(2) 其他救济措施,如金钱赔偿等,不足以弥补损害;(3) 衡量原被告双方的困难,考虑禁令这种衡平救济是否具有正当性;(4) 永久的禁令不能损害公共利益。㉞ 同时,上述因素的判断应当根据个案的事实来进行。㉟ 在 2006 年的 eBay 案㊱后,法院越来越重视四要素的全面审查,特别要求权利人提供对"不可弥补的损害"的实际证明。因此,成功获得禁令变得愈加困难。

相对而言,临时禁令的目的在于避免侵权行为在案件诉讼阶段继续发生,而导致当事人受到无法弥补的损失。㊲ 一般来说,美国法院会审查下述部分或全部的四个因素,来决定是否发放禁令:(1) 申请方胜诉的可能性;(2) 缺少临时禁令是否可能对申请方造成难以弥补的损失;(3) 衡量案件中原被告双方的困难;(4) 禁令对公共利益的影响。㊳ eBay 案带来的谨慎态度也影响到了临时禁令的发放。2008 年,美国最高法院在 Winter 案㊴中推翻了这一宽泛的标准,认为"仅仅根据存在不可弥补损害的可能性就发放临时禁令"是错误的,原告必须要证明不可弥补损害的实际存在。㊵

在上述背景下,SEP 禁令救济的适用空间被严重压缩。尽管专利作为 SEP 并不当然地排除禁令救济的可能性,但法院在 2012 年的案例中就认定:"承诺将专利许可给

㉛ Letter to Commenters, Motorola Mobility LLC & Google Inc., FTC File No. 121-0120 at 3, (July 23, 2013), available at https://www.ftc.gov/sites/default/files/documents/cases/2013/07/130724googlemotorolaletter.pdf, Retrieved on 2017/3/29.

㉜ Fed. R. Civ. P. 65.

㉝ 11A Charles Alan Wright, Arthur R. Miller & Edward H. Cooper, Federal Practice and Procedure § 2947 (2d ed. 1995).

㉞ Id, 391.

㉟ Id, at 393—394.

㊱ eBay v. MercExchange, LLC, 547 U.S. 388 (2006).

㊲ 11A Charles Alan Wright, Arthur R. Miller & Edward H. Cooper, Federal Practice and Procedure § 2947 (2d ed. 1995).

㊳ 13 James WM. Moore et al., Moore's Federal Practice § 65.22(1)(a) (3d. ed. 1999).

㊴ Winter v. NRDC, Inc., 555 U.S. 7 (2008).

㊵ Id, at 21—22.

任何愿意支付 FRAND 许可费的人，暗示了（权利人）知道许可费足以补偿对专利的使用"㊶。也有法院认为禁令救济与 FRAND 声明相违背，应当直接驳回："（FRAND 声明）保证了权利人不会采取措施排除可能的用户，例如寻求禁令"㊷。法院的意见自 2013 年以后开始趋于一致，普遍认为：FRAND 声明的存在，与禁令救济四要素中的"不可弥补的损失"存在矛盾㊸；并且从联合政策声明中，意识到保留 FRAND 专利在特定条件下获得禁令救济的必要性："如果侵权人拒绝接受 FRAND 许可费或不合理地拖延许可谈判，那么禁令就具有一定的正当性。基层法院应当根据案件事实，具体判断案件中被拒绝的许可条件是否符合 FRAND 原则，并考虑标准化过程中的利益平衡等问题"㊹。

可以看到，在 SEP 禁令救济的适用性问题上，美国法院认可 DOJ/USPTO 的观点，与行政机关的思路基本一致。除此之外还值得注意的是，具有 FRAND 义务的权利人寻求禁令或禁制令，是一种违反由 FRAND 承诺所带来的"诚实信用义务"（Duty of Good Faith and Fair Dealing）的行为，属于合同受益方可诉的违约情形。㊺

3.2 欧盟：重视禁令的反竞争效果

相比美国法院更倾向于强调标准技术在专利法和合同法上的一般性，欧盟地区法院讨论 SEP 问题时更注重标准技术在市场支配力上的特殊性。SEP 权利人往往被推定为在市场上具有支配地位㊻，这使得他们可以借助禁令威胁来谋取更高额的许可费。㊼ 这种基本思路上的差异，使得欧盟地区选择以竞争法对 SEP 禁令救济的问题加以规制。其中，第一件重要案例是德国"橙皮书标准"（Orange-Book-Standard）案。㊽

㊶ Apple, Inc. v. Motorola, Inc, 869 F. Supp. 2d 901 (N. D. Ill., 2012).

㊷ Microsoft Corp. v. Motorola, Inc., 696 F. 3d 872, 885 (9th Cir. 2012).

㊸ Apple Inc. v. Motorola Inc., 757 F. 3d 1286, 1331 (Fed. Cir. 2014); Microsoft Corp. v. Motorola, Inc., 795 F. 3d 1024 (9th Cir. 2015).

㊹ 757 F. 3d 1332 (2014).

㊺ 这种行为可以被法院认定为"不诚信"（Bad Faith）。在 2015 年第九巡回法院对微软诉摩托罗拉案的判决中，法院认为：尽管"寻求禁令救济并不当然违反 RAND 承诺"，但摩托罗拉在本案中知道其寻求 FRAND 对可能会影响陪审团对其行为是否诚信的判断，同时摩托罗拉在案件过程中正在就其行使 SEP 的行为而接受 FTC 的调查，并且它寻求禁令的动机并不是为了避免无法弥补的损失。因此摩托罗拉寻求禁令的行为不诚信，构成了对 FRAND 承诺的违约行为。Microsoft Corp. v. Motorola, Inc., 795 F. 3d 1024, 1045—1047 (9th Cir. 2015)。相似意见还可参见：Realtek Semiconductor Corp. v. LSI Corp., 946 F. Supp. 2d 998 (N. D. Cal. 2013)。

㊻ See Huawei Technologies Co. Ltd v ZTE Corp., ZTE Deutschland GmbH (Case C-170/13), at (53) et esq.

㊼ Id. Also see KZR 39/06, ("Orange-Book-Standard").

㊽ See Federal Supreme Court (Bundesgerichtshof) May 6, 2009 – Case No. KZR 39/06 (Orange-Book-Standard).

3.2.1 德国"橙皮书标准"案

2009年的"橙皮书[49]标准"案涉及了CD-R和CD-RW的标准必要专利。CD-R与CD-RW的技术标准属于典型的"事实标准",飞利浦在其中几项标准技术上均拥有专利,且未做出过FRAND承诺。本案原告飞利浦以专利侵权为由,起诉数家未能与其达成许可的CD制造商,要求法院提供禁令救济。本案其中一名被告辩称:飞利浦在许可要约中所要求的许可费过高且存在歧视,这是它们无法达成许可的根本理由,飞利浦在持有占有市场支配地位的标准必要专利的情况下,寻求禁令救济的行为,是对市场支配地位的滥用,违反了《欧盟条约》第82条的规定。

德国联邦最高法院在本案判决中认为,标准必要专利本身可以形成独立的相关市场,而专利权人在该市场中具有市场支配地位。因此,在涉及SEP的专利侵权案件中,被请求停止侵权的被告在特定条件下可以提出反垄断抗辩,以免除禁令的威胁。这些条件是:

(1)被告提出了无附加条件的许可要约,该许可的条款无歧视亦无其他限制条款,但专利权人没有正当理由拒绝该要约;

(2)被告如同实际的被许可人一样行动,持续地向权利人或第三方(例如法院或其他权威机构)管理的账户支付足够的许可费。

可以看到,后者已经类似于一种强制许可。然而本案中,被告既没有主动提出要约,也没有自发地持续支付许可费,因而反垄断抗辩并未被法院接受。橙皮书标准案尽管得到了学术界的广泛关注,也常常被后续案例引用讨论,但除了德国本地之外,欧盟级别的机构从未明确采纳本案原则。

3.2.2 欧盟委员会的意见

2011—2012年,摩托罗拉与三星在欧盟范围内向苹果发起了多起SEP诉讼,请求法院提供临时或永久禁令。欧盟委员会很快做出了异议声明(Statement of Objections),宣布对两公司行使专利权的行为展开反垄断调查。[50] 2014年4月29日,欧盟委

---

[49] "橙皮书"(Orange Book)是关于激光唱片(Compact Disc)格式标准的系列文件——虹皮书系列(Rainbow Books)的其中一本。"橙皮书"记载了飞利浦与索尼的"可录制CD标准"(Sony's Recordable CD Standard),出版于1990年。尽管在光学盘片领域,一直存在多项相互竞争的技术,但飞利浦与索尼主导的CD标准是毫无疑问的事实标准。关于虹皮书的更多介绍,可以参见:The Great Book, Oracle ThinkQuest, available at http://archive.is/ZQ9V, Retrieved on 2017/3/29。

[50] 欧盟委员会对三星异议声明参见:Samsung - Enforcement of ETSI standards essential patents (SEPs), MEMO-12-1021, available at http://europa.eu/rapid/press-release_MEMO-12-1021_en.htm, Retrieved on 2017/3/29。摩托罗拉异议声明参见:Commission sends Statement of Objections to Motorola Mobility on potential misuse of mobile phone standard-essential patents- Questions and Answers, MEMO-13-403, available at http://europa.eu/rapid/press-release_MEMO-13-403_en.htm, Retrieved on 2017/3/29。

员会分别对两案做出决定。[51]

委员会在两案中均认为 SEP 权利人寻求禁令救济并不当然违法,但"在特殊情况下且无正当理由时"会构成滥用市场支配地位。[52] 委员会认为(1)参与标准制定过程,(2)且向 SSO 做出了 FRAND 承诺,就是这里所说的"特殊情况"。也即,参与标准制定与 FRAND 声明会使 SEP 承担欧盟竞争法下的特别义务。[53] 当实施人有意达成许可时,权利人不得寻求禁令救济,此即该义务的其中一项内容。摩托罗拉在曾向 ESTI 做出过 FRAND 承诺的情况下,无视苹果的许可要约在德国寻求禁令救济的行为,对竞争造成了损害,"属于欧盟反垄断规则所禁止的在特殊情况下对市场支配地位的滥用"[54]。有趣的是,尽管委员会禁止摩托罗拉在未来继续寻求禁令救济,却以各国对禁令救济的适用性尚存争议且法院没有先例为理由,决定不对摩托罗拉进行罚款。

三星在遭受欧盟委员会调查后,很快提交了整改方案寻求和解。根据三星的承诺,它将向所有潜在被许可人提供"安全港",不会针对愿意根据三星提供的框架进行谈判的被许可人寻求禁令救济。该框架内容为:(1)双方进行最多一年期间的许可谈判;(2)如果无法达成一致,则交由任一方所选择的法院,或双方同意的仲裁庭,来确定 FRAND 授权条件。[55] 委员会认为这种有条件放弃禁令救济的承诺消除了反垄断风险,因此停止调查。但也同时重申三星不能自动地对不愿意接受授权框架的潜在被许可人获得寻求禁令的权利,委员会保留事后根据个案进行监督的可能。[56]

3.2.3 华为诉中兴案

2015 年 7 月,欧盟法院(The Court of Justice of the European Union)对华为诉中兴案做出了判决。[57] 本案也试图回答 SEP 权利人在什么情况下可以提寻求禁令救济,而不至于触犯欧盟竞争法规定的问题。[58] 法院在判决中认为:本案针对的是曾做出过 FRAND 声明的 SEP;但即使如此,当潜在被许可人仅仅表达出谈判意愿时就剥夺权利人寻求禁令的权利并不公平。[59] FRAND 声明是 SEP 权利人自愿做出的对知识产权行

---

[51] Commitments Decision, Case AT. 39939, available at http://ec. europa. eu/competition/antitrust/cases/dec_docs/39939/39939_1501_5. pdf, Retrieved on 2017/3/29. Case AT. 39985, Prohibition Decision, available at http://ec. europa. eu/competition/antitrust/cases/dec_docs/39985/39985_928_16. pdf, Retrieved on 2017/3/29.

[52] Commitments Decision, Case AT. 39939, at (56). Prohibition Decision, Case AT. 39985, at (278).

[53] Prohibition Decision, Case AT. 39985, at (492).

[54] Antitrust: Commission finds that Motorola Mobility infringed EU competition rules by misusing standard essential patents, IP/14/489 (2014).

[55] Commitments Decision, Case AT. 39939, at (78).

[56] Id, at (123).

[57] Huawei Technologies Co. Ltd v. ZTE Corp., ZTE Deutschland GmbH (Case C-170/13).

[58] Id, at (40)—(42).

[59] Id, at (47)—(52).

使范围的限制,不仅包括他将会许可他人使用的承诺,也包括对他人足以通过支付金钱来对其专利使用行为进行回报的认识。(60) 考虑到在通信技术标准领域,SEP 的数量、有效性以及对于标准的必要性等事实问题十分复杂,即便是大型的通信设备制造商,往往也无法在按照市场计划推出产品之前,完全消除可能的知识产权障碍。因此从制度设计上,允许 SEP 的 FRAND 许可谈判可以在技术实施之后才进行,并无不合理之处。(61) 在这样的背景下,SEP 权利人寻求禁令救济的权利应当被严格限制。法院认为只有当权利人具有寻求 FRAND 许可的善意并为之努力,却因为实施人没有善意地回应而无法达成时(62),才可以向法院寻求禁令救济;否则就是对 SEP 市场支配地位的滥用。(63)

总结来看,虽然欧盟倾向于选择竞争法规则来处理 SEP 禁令救济问题,但实际采取的标准也和美国基本一致。同样认为 SEP 与禁令救济并非具有不可调和的矛盾,但 FRAND 承诺在很大程度上限制了权利人寻求禁令的可能性。欧盟法院并没有直接禁止 FRAND 义务人寻求禁令,而是对许可谈判的基本框架做出规定,强调由双方的善意行为引出的对方的义务。这一思路极其类似合同中双方权利义务对等的原则,显示欧盟虽然认识到 SEP 的禁令对竞争环境的影响,但在具体规制上依然采取尽可能允许商业自由的谨慎态度。

4. SEP 禁令规制的合理路径——专利或反垄断?

4.1 国内反垄断执法机构扩大管制的趋势

技术标准的形成过程,本质上来说是产业内成员对特定技术方案的选择,以及对其他替代性方案的排除,粗看上去与反垄断法上的“合谋抵制”具有相似性。如果不考虑技术标准给产品供应带来的正面效果,制定技术标准本身就是具有反竞争风险的行为。(64) 因此,SSO 往往会通过内部知识产权政策,要求其成员提交各自拥有的可能覆盖标准技术的专利列表,并承诺将会在未来对这些专利提供 FRAND 许可,以消解可能对竞争环境造成的损害。这使得技术标准的制定与实施本身,就构成了一个促进产业创

(60) Id, at (60).

(61) Id, at (81)—(82).

(62) 法院认为 FRAND 许可谈判中双方的权利义务包括:(1) SEP 权利人需要向技术实施人发出侵权警告;(2) SEP 权利人还需要提供具体的包含 FRAND 条款的书面要约;(3) 实施者必须“勤勉地”回复这一要约,不得不合理的延误;(4) 如果实施者无法接受这一要约,他们必须在回复中包含自己认为符合 FRAND 原则的条款;(5) 如果这一反向要约也无法令双方达成一致,则一方可以要求由独立第三方来确定许可费的数额;(6) 权利人不得要求实施人放弃在谈判的同时或未来挑战 SEP 的专利有效性或对于标准的必要性的权利。Id, at (83) et esq.

(63) Id, at (80).

(64) Horizontal Cooperation Guidelines, supra n 3, ¶¶ 279 and 285, see also ETSI IPR Policy, art 6.

新与消费者福利的竞争环境。

反垄断法应当重视对于FRAND承诺的违约行为,这不仅源于SEP权利人可以通过违反FRAND承诺来获得垄断利润,更因为如果单方面违反FRAND承诺的行为不受制止,将会从事实上破坏FRAND承诺的效力,打击标准化工作的整体环境,从而损害由标准实施带来的公共福利。这对于制定"法律上的"标准还是事实标准而言是一样的。

美国与欧洲的模式,在我国分别对应了最高人民法院案例与法释意见和反垄断执法指南意见的两种思路——即选择采用专利法还是反垄断法解决SEP禁令救济适用性的问题。美、欧两地区反垄断机关均以"SEP并不当然地与禁令救济相冲突,FRAND声明的存在与否才是关键"为基本思路。其中,仅有德国法院依据了关键基础设施原则,进行反垄断规制。即便如此,德国法院也仅给予被诉停止侵权方基于反垄断原则的抗辩理由,以强制许可作为解决方案;而非直接对寻求侵权方施加反垄断处罚。

相比之下,我国反垄断执法机构对技术标准持警惕态度,试图通过反垄断指南直接管制SEP禁令救济。在微软收购诺基亚案中,商务部对于诺基亚提出的要求乍看之下与欧美的标准一致,实则更加严格:商务部明确允许微软可以就非SEP向不诚信善意的潜在被许可人寻求禁令的同时,却没有留下任何允许SEP寻求禁令的例外条件;这两点结合来看,微软即使在潜在被许可人逃避FRAND要约时,也没有就SEP寻求禁令的权利,显然比美国和欧盟的相关规定更加严格。工商总局和发改委指南的基本思路则更加直白:SEP权利人寻求禁令救济本身就是一种可以构成违反反垄断法的行为。对于工商总局而言,是否违法在于是否通过禁令威胁要求不合理交易条件;而对于发改委来说,不仅需要考虑FRAND的存在与否、禁令对公共利益的影响,甚至许可双方的谈判过程都成为了判断行为对竞争环境损害的因素。这些方面都可以看出反垄断机关通过指南介入专利领域进行执法的趋势。

4.2 在SEP的禁令问题上强化反垄断规制没有合理性

首先,在SEP权利人寻求禁令救济的问题上设置反垄断责任的理论基础已不复存在。

专利权人在标准制定过程中对SSO做出的FRAND声明,无论如何认定其法律属性,都应该毫无疑问地承认它是对SEP权利人行使权利之自由的限制。[65] 因此,无论是2013年法院在华为诉IDC案中的判决,还是2014年商务部附条件同意微软收购诺

---

[65] 对FRAND声明的性质,它究竟是要约、要约邀请还是承诺,国内学界尚没有定论。类似讨论可参见陈建民:《FRAND条款(声明)的效力分析》,载《中国知识产权》2016年3月(总第109期),页52。然而,毫无疑问的各国法律实务界均认同其承诺效力可以及于SEP的被许可人。美国、欧洲的司法审判意见可参见本文第4章。而我国学者与法官的主流意见也同意:FRAND承诺不仅仅是对SSO的承诺,也是对潜在的许可人的承诺。参见:《标准必要专利研讨会(现场实录"上")》,中国知识产权杂志网络版,http://www.chinaipmagazine.com/news-show.asp?id=18633,2017年3月30日最后访问。

基亚手机业务案中的判决,限制禁令救济的决定均具有合理性。但是,有必要通过反垄断法管制 SEP 禁令行为的基础,在于禁令威胁的切实有效。在最高人民法院通过 2016 年出台的《解释(二)》第 24 条已经明确消除了具有 FRAND 义务的 SEP 权利人寻求禁令救济的成功可能性时,这种理论基础已然不复存在。

按照国际上对 SEP 禁令救济可能带来负面效果的理论,SEP 权利人寻求禁令救济本身并非当然地属于滥用专利权的行为。技术标准形成的方式、权利人的 SEP 组合的规模,影响了 SEP 本身的市场支配力。⑥⑥ 在动态的诉讼环境与多样化的策略之下,很难说寻求禁令救济的行为本身,会对竞争环境造成多少直接影响。当 SEP 的市场支配力不明确时,通过反垄断法惩罚权利人寻求禁令救济的行为,并没有正当性。

即便推定 SEP 拥有一定的市场支配力,此支配力也一直处于被挑战的风险之中:虽然权利人可以发起侵权诉讼,但其他人也会因此对 SEP 的有效性提起反诉,挑战 SEP 的根基。禁止 SEP 权利人寻求禁令救济乍看上去似乎有效地保护了公共利益。但事实上这一做法虽然限制了 SEP 权利人获取超额利润的能力,却阻碍了专利法消除无效专利的政策目标:如果专利权人提起侵权诉讼,则被诉方会有更大的动力通过司法或行政程序对专利发起挑战,那么无效 SEP 被消除的可能性自然也会更高。

而反垄断执法机构试图建立的规则,因为限制了寻求禁令救济的行为本身,反而也降低了无效反诉的数量,降低了 SEP 受挑战的风险,反而使得许多实际上无效的技术得以维持专利权。这种情况不仅不符合专利制度的政策目标,还会提高商品的价格因而对消费者产生损害,也不符合反垄断法本身的政策目标。

其次,对 SEP 权利人寻求禁令救济进行反垄断执法没有必要。

重新回顾美国法在处理 SEP 禁令问题时的逻辑:对于通过司法手段寻求的停止侵权禁令而言,四要素法依然是最基本的确定是否发放禁令的判断标准。在 DOJ 与 US-PTO 联合声明指出 SEP 禁令救济在反垄断法与专利法两个层面可能存在的问题后,法院迅速调整了相应的禁令审查规则。因为 FRAND 声明的存在,SEP 权利人无法证明四要素中"不可弥补的损失",因此禁令申请将不受支持。同时,对 FRAND 声明的专利寻求禁令的行为,是对先前 FRAND 承诺的违反,属于合同履行中的不诚信行为,因而被诉侵权方具有基于合同提起反诉的权利。类似的,对于行政上的排除性救济而言,

---

⑥⑥ 法国学者 Marc、Yann 和 Tim 的研究表明,拥有 SEP 并不意味着就拥有获取高额许可费的能力。SEP 的经济价值受到产业内竞争环境、供选择的替代标准的数量、专利本身的有效性,以及企业的谈判能力等诸多因素的影响。综合来看,权利人拥有的专利组合的规模,以及被许可人对技术的需求,共同决定了 SEP 收取许可费的能力。参见:Marc Bourreau, Yann MÈniÈrey, Tim Pohlmannz, The Market for Standard Essential Patents, available at https://www.parisschoolofeconomics.eu/IMG/pdf/market-for-standard-essential-patents-menieres-workshop-pse-june2015.pdf, retrieved on 2017/3/30。

USTR明确了依据337调查而发放的禁制令在SEP上的适用性严格受限的方针,从事实上令ITC至今为止不再对SEP发放禁制令。

在这样的环境下,一个SEP技术的实施人(潜在被许可人)在收到禁令威胁时,不仅可以合理预测该禁令没有成功的可能性,更可以预测它有很高的机会能够通过反诉争取条件更为有利的许可。因此SEP权利人的"禁令威胁"在事实上是无效的。这说明通过专利法对FRAND专利寻求禁令进行限制,足够消除SEP禁令救济可能带来的反竞争风险。DOJ在2013年针对三星向ITC申请禁制令展开反垄断调查,又在USTR驳回该禁制令后认定本案没有反竞争风险的决定,佐证了这一观点。[67]

与美国相比,欧盟依然选择通过竞争法规制SEP禁令救济问题的原因,在于欧盟无法在联盟法层级直接调整禁令救济规则,而成员国对于专利禁令适用的判断标准并不统一。因此从维护整体竞争环境的角度,选择了竞争法作为切入点。即便如此,欧盟法院的判决依然着重于建立一个平衡权利人与许可人利益的FRAND谈判机制,而非直接将寻求禁令的行为视为反垄断违法。我国法院也已经通过专利法制度的调整,限制了SEP禁令的适用空间。根据《解释(二)》的意见:(1)对于具有FRAND承诺的SEP寻求的禁令救济,除非被许可人存在过错,否则将不予支持;(2)其他情况下的禁令申请,如果与国家利益和公共利益相左,也不会被支持。前者的处理与美、欧的处理方式基本一致,意味着SEP禁令在我国专利法下的可行空间已经非常有限。在专利法与合同法已经可以杜绝SEP的禁令威胁的情况下,没有必要再通过《知识产权反垄断指南》强化反垄断责任。

4.3 回归专利法寻求利益平衡的机制

或许会有人认为,即使没有必要对SEP禁令救济进行反垄断规制,专利权人滥诉的行为本身就依然是切实的威胁——特别是在知识产权诉讼本身持续时间与成本都不断攀升的现在,对一个经济实力、法律团队实力均不强的技术实施者,诉讼本身给公司经营带来的压力,或许就足够让他们选择在谈判中放弃一部分利益,去接受并不公平的许可条款。但是,在各国司法与立法普遍限制SEP权利人行使知识产权的自由的当下,这一威胁究竟是否实际存在,仍然值得怀疑。特别是考虑到诉讼可能招致对专利有效性的挑战[68],以及SEP侵权诉讼确定的赔偿额往往低于预

---

[67] Press Release, U. S. Dep't of Justice, Statement of the Department of Justice Antitrust Division on Its Decision to Close Its Investigation of Samsung's Use of Its Standards Essential Patents (Feb. 7, 2014).

[68] 例如,在2016年高通起诉魅族专利侵权案中,根据笔者从代理律师处了解,魅族对所有高通起诉侵权的专利均提起专利无效之反诉。最后,双方均撤销各自诉讼请求达成和解。关于对专利侵权与专利无效之诉的和解声明,参见高通与魅族联合声明:《Qualcomm和魅族签订3G/4G全球专利许可协议》,http://www.qualcomm.cn/news/releases-2016-12-30,2017年3月30日最后访问。

期⁶⁹这两点因素时,"滥诉"对于 SEP 权利人来说并非有利可图的选择。无论如何,SEP 权利人发起诉讼是否具有对竞争环境造成损害的实际风险,必须要经过详尽的经济学与统计学的论证,方能具有说服力。而我国反垄断机构在这一问题上明显没有提供具有充分说服力的依据。

仅仅从行为违法的角度出发的反垄断规制,会产生很大的过度管制风险。⁷⁰ 反垄断立法的错误可能会给产业的创新与发展带来严重的损害,过度干预市场行为所产生的后果,与反垄断法自身的目标也是相违背的。⁷¹ 正如美国法院在反垄断案件中指出的,对市场行为的过度干预会带来反面效果。⁷² 同时,过度干预专利法的私权配置与救济体系,也会影响专利法本身的政策目标,最终对公共利益造成负面效果。正如前文所述,在禁令救济领域过度扩张反垄断执法,反而会导致由侵权诉讼引发的消除无效专利的机制无法运作,破坏专利法的公共利益平衡。在专利法已经开始重视滥用禁令救济可能造成的负面效果,并加以规制的时候,反垄断执法机关持续扩大规制的尝试,并不能说是一个很好的选择。在知识产权反垄断指南尚未出台之际,笔者认为有必要呼吁政策制定者审慎对待知识产权法与反垄断法之间的利益平衡,适度收缩反垄断法管制的触角,特别是对 SEP 禁令救济的问题,应该交由专利制度进行处理。

我国法院通过司法解释细化的禁令救济规则,已经对 SEP 禁令救济的问题做出了基本充分的回应。最高人民法院《解释(二)》第 24 条第 2 款与第 26 条均涉及 SEP 禁令救济的问题。但是对于无 FRAND 义务的 SEP 和有 FRAND 义务的 SEP,不支持禁令请求的原因并不一致。根据《解释(二)》第 26 条的原则性规定,"公共利益"是阻却禁

---

⁶⁹ 在禁令救济不可能得到支持之后,权利人能够寻求法院支持的只剩下损害赔偿的请求。但是美国大量基于 SEP 寻求损害赔偿的案件判决中都可以看到:因为在 FRAND 条件下,通过司法途径确定的合理赔偿只能是"合理许可费";而法院确定的合理许可费毫无例外的都远低于诉前谈判中权利人提出的许可费率。例如:Microsoft Corp. v. Motorola, Inc., 2013 WL 2111217, (W. D. Wash. 2013), affirmed, 795 F. 3d 1024 (9th Cir., 2015). In re Innovatio IP Ventures, LLC Patent Litigation, 2013 WL 5593609, (N. D. Ill. 2013). Realtek Semiconductor Corp. v. LSI Corp., 946 F. Supp. 2d 998 (N. D. Cal. 2013)。这些案件中 SEP 权利人诉讼请求中要求的许可费均未能得到支持。

⁷⁰ Damien Geradin, A Proposed Test for Separating Pro-competitive Conditional Rebates from Anti-competitive Ones, 32 World Competition 1 (2009), available at https://www. kluwerlawonline. com/abstract. php? area = Journals&id = WOCO2009004, Retrieved on 2017/3/29.

⁷¹ 对市场行为过度管制在欧美反垄断法中被称为"第1型错误"(Type 1 Error)或"阳性判断错误"(False Positive)。这是从统计学中借用的概念,指拒绝接受事实上为真的虚无假设的错误。例如血液检查显示病人患有某种疾病,但事实上病人没有患病,就是典型的"第1型错误"。反垄断法上的"第型错误"即是:将事实上没有反竞争效果的行为认定为对竞争产生了损害的情形。对反垄断法第1型与第2型错误的更详尽分析,可参见:Alan Devlin, Michael Jacobs, Antitrust Error, 52 William & Mary L. Rev. 75 (2010), available at http://scholarship. law. wm. edu/wmlr/vol52/iss1/3/, Retrieved on 2017/3/29.

⁷² 特别是在处理复杂技术问题的时候,过度规制可能产生的成本将会难以估量。See Verizon Communications Inc. v. Law Offices of Curtis V. Trinko, LLP, 540 U. S. 398, 414—415 (2004).

令救济的一般性理由。那么按照逻辑,立法者选择将 FRAND 语境下的条文单独列出,就说明它不仅是对"公共利益"的考量;否则本条文完全可以作为特别情况在第 26 条下设一款说明。而根据第 24 条第 2 款的规定,FRAND 下的 SEP 禁令是否应当发放,取决于实施人是否存在主观过错或者过错的大小,并结合同样被单独列出的第 25 条"善意使用人无需停止侵权"的情形一起考虑。可以看出,这两条属于特殊的阻却禁令救济的事由,考虑的是权利人与使用人之间的利益平衡。

禁令救济的目标在于防止侵权损害不可弥补的情况出现,正是对双方利益平衡的调整。《解释(二)》的规定回归了专利法本身对于禁令救济理论的正确方向,值得肯定。虽然当前规定依然存在一些不足,例如未能进一步明确"被诉侵权人在协商中无明显过错"的内涵。虽然具体个案的情况存在差异,也不认同像欧盟法院那样对具体的谈判流程进行设计的做法。但我们还是可以参考美国的规定,对于较为普遍的过错情形(例如拖延谈判、拒绝支付等)做出列举。同时,伴随着我国企业逐步走向国际标准制定的战场,也应考虑诸如技术实施人不在中国法院管辖内,导致损害赔偿难以执行的情况下,禁令救济适用的空间。

5. 结语

中国尚处于技术进口国的地位,反垄断执法机构对跨国技术巨头拥有的标准技术威胁的警惕可以理解。然而,随着产业从"中国制造"到"中国创造"的转型,越来越多的国内技术企业开始在国际标准制定与实施的竞争环境中站稳脚跟,包括华为、大疆在内的技术创新企业在国际标准制定活动中已经占有了重要的一席之地。在此发展趋势下,对 SEP 实施的过度规制反而有可能会对国内创新企业未来的发展造成负面影响。特别是在 SEP 的禁令救济问题上,当我国法院已经开始使用专利制度对其适用空间进行限制的时候,其实质威胁性已经很值得怀疑,此时再进一步施加反垄断责任,不仅没有必要,更有可能破坏专利法本身对创新竞争环境的平衡。从美国和欧盟的处理方法看来,通过专利法对禁令救济的利益平衡判断机制,限制具有 FRAND 义务的 SEP 获得禁令的空间,可以消除禁令救济可能对竞争带来的负面效果。考虑到这些因素,我国反垄断执法机构在反垄断执法指南中试图扩张对标准知识产权行使管制的趋势,从长远来看并非明智之举。

论署名权的行使方式
——兼评《著作权法(修订草案送审稿)》相关规定

王玉凯*

【摘要】 署名权的本质是表明作者身份的权利,专属于作者。署名权不得转让,但其行使方式可以按照合同约定、行业惯例和公序良俗等受到限制,以协调权利专属与作品流通之间的矛盾。署名权不包括在合作作品中主张署名先后的权利,特定情形下对署名顺序的主张应以署名利益为请求权基础。著作权法应当保留法人作品的设置,并对其外延作严格的限缩解释。对于职务作品、委托作品和自传体作品,应以对署名权行使方式的限制来平衡作者与单位、委托人或特定人物的关系。

【关键词】 署名权;行使方式;署名限制;署名顺序;法人作品

近期,围绕电视剧《芈月传》的编剧纠纷①、某市版权局给网络作家天下霸唱关于著作权转让合同的回复②、电影《九层妖塔》的署名争议③等实例,署名权的行使问题引起广泛关注。影视作品在收益方面具有相当的时效性,一旦作品热播则往往伴随署名争议的现象,不仅关系作者著作人身权的保护,也会对此类的作品经济利益的实现产

---

* 王玉凯,欧盟伊拉斯莫项目"法律、科学与技术"方向博士研究生(Yukai Wang, Doctoral Candidate, Erasmus Mundus Joint International Doctoral Degree in 'Law, Science and Technology', supervised by University of Bologna, CIRSFID)。

① 参见王磊、许思鉴:《大戏未播编剧争端再起》,载《法制晚报》2015年11月11日,第A26版;殷泓:《〈芈月传〉编剧署名纠纷案一审宣判》,载《光明日报》2016年11月25日,第09版。

② 参见《某市版权局给网络作家天下霸唱回复(摘编)》,载《中国新闻出版广电报》2015年3月24日,第5版。

③ 参见吕可珂:《天下霸唱诉中影公司等侵权案进入二审》,载《中国知识产权报》2016年8月17日,第17版;王彦:《天下霸唱诉〈九层妖塔〉侵权获胜》,载《文汇报》2016年6月29日,第8版。

生干扰,及至影响公众对整个著作权制度的正当性和稳定性的评价。

署名权的妥当行使是表明作者与作品联系的基础,在作品上的著作人身权与著作财产权日渐分离的情况下,更是作者维系其与作品关系的最主要方式。妥当地表明作者身份,不仅关系到作者与传播者利益的分配和实现,更是良善的文化产业秩序建构之必需。

有关署名权的理论与实践争议,大致可以分为两类,一类是署名权的可转让性问题,一类是署名权的行使方式问题。对于前者,学界多有讨论,笔者亦已撰文梳理,并得出署名权不可以转让的结论。④ 2014年6月6日,国务院法制办公布《中华人民共和国著作权法(修订草案送审稿)》(以下简称《送审稿》),从其对署名权的定义及其体系规定来看,其对于署名权不得转让的态度更加明确。在此基础上,对于署名权具体如何行使,特别是如何协调作者表明身份的主张与作品的经济利用之间的紧张关系,《著作权法》及其实施条例则无明确规定。在具体作品类型如前述影视作品,以及合作作品、法人作品、自传作品等情形下,如何妥当地界定署名权的行使方式则更具争议。本文将在重申署名权专属性的前提下,进一步就署名权的行使方式特别是其限制问题进行系统分析。

一、署名权及其行使方式

(一) 署名权及其专属性

署名权是著作权的一项权能。对此,现行《著作权法》的定义是"表明作者身份,在作品上署名的权利"。《送审稿》的定义是"决定是否表明作者身份以及如何表明作者身份的权利"。《送审稿》除了明确"表明身份"在署名权定义中的核心地位,也肯定了署名权的内容或曰其具体实现方式的多元性:既可表明身份,也可不表明身份;如选择表明身份还有多种方式。《送审稿》对署名权与表明身份的对应关系的强调是合理的,也进一步突出了署名权的专属性。⑤ 无论从一般认识还是从法律规定来看,署名权专属于作者(包括事实作者与拟制作者),这也是本文的价值判断基础和逻辑起点。⑥

---

④ 参见王玉凯:《论署名权转让及其法律效力》,载《知识产权》2014年第5期,页50—55。

⑤ 现行《著作权法》对署名权的定义系以署名行为为核心,而以表明身份为限定。《送审稿》的定义则突出了表明身份的决定意志和选择意志,将其与作者之外的其他主体更显失当。体系地看,《送审稿》第13条较之现行《著作权法》第10条,更加突出了著作人身权和著作财产权的分类,以及署名权属于人身权的法定性质。《送审稿》在"权利的行使"一章中,增设一条,规定"著作权人可以通过许可、转让、设立质权或者法律允许的其他形式行使著作权中的财产权",较之现行《著作权法》第25条对可得转让的权利的间接规定,更加突出了可得以交易方式行使的权利仅有著作财产权。是故,从文意解释和体系解释出发,《送审稿》对署名权专属于作者而不得转让的立场更加明确。

⑥ 必要处本文以"创作者"表述事实层面的完成作品的自然人,以区分法律意义上的存在个别拟制情况的"作者"。

除了有限承认精神权利的英美法,比较法上有关表明身份问题的立法模式大致可以分为三种类型:第一种是只强调姓名的标示,如日本、韩国;第二种是只强调身份的表明,如埃及;第三种是同时规定主张身份的权利和标示姓名的权利,此种立法模式以巴西最为典型,德国、法国、俄罗斯等欧洲大陆国家的模式与此相类。[7] 由于标示姓名实际是表明身份的最主要方式,上述立法模式的实际效果是相似的。只是在解释上,《著作权法》和《送审稿》的立法模式更接近于第三种,包含了表明身份的权利与选择表明身份的方式的权利,其中前者与《伯尔尼公约》第6条之二中规定的"主张对其作品的著作者身份的权利"直接对应。

(二) 署名权的转让与行使

在以表明身份作为署名权之权利本质的情况下,保留"署名权"这一名称而不直接使用"表明身份权"的表述,很大程度上是出于对习惯的尊重。另外,署名实际也是作者身份最简明的表达方式。特别地,著作权法意义上的"署名"并不完全对应事实性的在作品上标注姓名或名称的行为,事实性的"署名"是否构成署名权的行使或对署名权的侵犯,关键在于其是否客观地建立起署名者与作品之间的创作关系。[8] 法律意义上的署名权的行使,与事实性地将姓名或名称标示于作品所在载体或其相近载体的行为,并不一一对应。比如,购书者在书籍上签名或加盖印章的行为,显然表明的是作为作品载体的"书"的物权归属,而不具有著作权法上的署名意图。但另一方面,公认的表明作者身份的署名,比如书籍封面标题下所印姓名、绘画边角所书姓名等,则具有相当公信力。基于经验共识,此类署名行为系表明作者身份的行为,行为人不得作相反的意思主张。

法律是第二性的行为规范,其抽象性决定了其与客观事实之间存在歧义可能与相应的解释空间。作品类型及其载体的不断丰富,更加剧了抽象规范所对应的事实的复杂性。署名权尽管属于著作权的一项权能,但其具体实现方式并不明确。类比同属绝对权的所有权的权能,我们可以区分署名权的转让与行使。广义地看,权利的转让亦属行使方式之一,狭义地看,转让对应物权权能中的"处分",署名权一旦转让则与创作者再无联系。不论从人身权不得转让的传统解释出发[9],还是基于对"署名者一般被

---

[7] 参见《十二国著作权法》翻译组译:《十二国著作权法》,清华大学出版社2011年版,页11、37、66、149、372、436、513。

[8] 参见王迁:《"署名"三辨——兼评"安顺地戏案"等近期案例》,载《法学家》2012年第1期,页133、140。

[9] 参见王光:《论署名权》,载《吉林大学社会科学学报》1993年第1期,页15;张秀玲:《我国委托作品著作人身权的归属探析》,载《河南师范大学学报(哲学社会科学版)》2013年第2期,页96—99。

认为作者"的社会观念的尊重，此种制度后果均不合理。⑩ 本文所谓署名权的行使则基本对应物权权能中的"使用"，系指作者自主决定是否以及如何表明身份的行为。

署名权专属于作者，并不意味着作者的署名行为不受约束。主张署名权可以转让的观点，多是在否定人格理论的基础上从功利视角出发，认为署名权的专属性会妨碍对作品的经济利用。但本文主张，署名权专属性与作品流通的协调，可以通过对权利具体行使方式的规定和解释实现，无需夸大专属性的消极影响并依此主张与社会观念和法律体系格格不入的署名转让制度。而对于认为现实中广泛存在署名转让从而在法律上肯定其效力的主张，其逻辑错误在于以结果的存在反证行为的合理，并不足取。

（三）署名权行使方式的类型

《送审稿》对署名权的定义符合学理和实践对署名权行使方式的认识，具体有署真实姓名、署别名、不署名三种。同时，既然存在多种署名方式，也就存在署名的变更问题。此外，在合作作品、改编作品的情况下，涉及作者身份的具体说明，如"主编"与"撰稿"以及"原著"与"改编"等，也应属于署名权的调整范围。当然，法律不理琐事，实践中对作者身份的具体说明可能千差万别，法律予以调整的部分应有适当界限。作者对具体身份的主张必须有事实基础，具体判断中也应站在客观立场、考虑经验共识，而非一味依照作者主观意愿。

多种署名方式及其变更可能的存在，既有历史和社会基础，也与发表权和保护作品完整权共同构成了作者表彰其与作品之间的创作关系的完整途径。发表权不行使，则作品实际处于作者的控制之下。但发表权的行使是一次性的，如署名权的行使方式只有署真名一种，则作者与作品之间的联系将随之完全公示。署别名和不署名的存在，可以在作品发表的情况下模糊乃至继续隐藏创作关系。而保护作品完整权则能保障创作对象的真实和完整，也就保持了创作关系的对应性。同时，对于特定作品而言，署名的多元选择有利于创作自由的实现。

---

⑩ 随着讨论的深入，支持署名权转让的观点中出现了一种区分作者身份与署名权的认识，参见杨信：《作者身份的专属性与署名权的转让》，载《广西政法管理干部学院学报》2012年第6期，页37—40。依此观点，即便署名权得以移转，继受权利人也只能选择表明或不表明以及如何表明实际作者身份，而不能作其他署名尤其是故意混淆真实作者的署名。如果不考虑著作人身权应与一般人身权一致保持不可转让性的预设，此种观点在逻辑上是成立的。但在此种观点下，署名权之外产生了作者主张真实创作身份的问题。如作者身份与署名权可区分，作者转让署名权后，如其主张真实的创作者身份，依然应当得到法律的支持——尽管此时在解释上作者的主张应以兜底性的民事权益而非"署名权"为依据，从而存在"署名权"与"主张作者身份的利益"并存以至冲突的可能。在最极端的情况下，如权利移转后作者本人作出与"权利人"不同的署名方式，则作者亦应当承担侵犯署名权的民事责任。在价值判断上，此观点与本文一致，但在《送审稿》采前述第三种立法模式的情况下，作此理解以支持署名权转让并不可取。

二、署名权行使方式的限制

权利的"限制"在著作权领域有特定指向[11],即现行《著作权法》第二章第四节"权利的限制"所指称的合理使用与法定许可制度。在此类制度中,可得限制的著作权不包括作为著作人身权的署名权。此处所谓"限制"则是一般意义上的对署名权行使方式的制约,不应与特定的著作权限制制度相混淆。

署名受到限制的观念在比较法上以《韩国著作权法》的表述最直接,该法第12条第2款规定,"如无作者相反意思表示,作品的使用者应当以作者已经采用的方式标明作者身份,但因作品性质、使用目的和方式无法标明的除外";第14条第2款规定,"作者死后,作品使用者也不得实施损害作者精神权利的行为。但根据行为的性质及程度,认定此行为不构成对作者在世时名誉损害且符合社会习惯的除外"。[12] 这里的"作品性质、使用目的和方式"和"社会习惯"构成对作者署名选择的制约。《日本著作权法》第19条第3款也有省略作者姓名表示的规定。[13]

署名限制观念在我国现行法上也有明确体现,《著作权法实施条例》第19条规定:使用他人作品的,应当指明作者姓名、作品名称;但是,当事人另有约定或者由于作品使用方式的特性无法指明的除外。实务中对不宜署名的作品亦当采相对宽松的解释,考察作品的具体使用方式。[14] 在前述《某市版权局给网络作家天下霸唱回复(摘编)》中,该版权局认为,"在著作权合同当中,任何有关作者署名权的转让、买卖、限制条款都是非法的和无效的,对作者不具有约束力"。[15] 这里说署名权转让和买卖的条款无效是正确的,但认为署名权的限制条款一概无效则并不妥当。

采广义的限制观念,对署名的限制可分为一般限制和特别限制:前者指的是基于一般法律原则,权利的行使受到制约,主要约束对象是不特定的作品使用者即公众;后者则指基于特别约定对署名权行使方式的限制,发生在作者与著作财产权的被让与人或被许可人之间。

(一) 一般限制

对署名的一般限制之法律依据首先在于诚实信用原则。署名权的行使方式是多

---

[11] 知识产权领域研究的这些特定的限制制度,在一般的权利限制理论中被归纳为"权利限制的关联制度",即制度本身不是以限制权利为目的,而是通过赋予特定主体享有相应的权利以维护交易安全或特定利益为价值目标,参见丁文:《权利限制论之疏解》,载《法商研究》2007年第2期,页144。

[12] 参见《十二国著作权法》翻译组译:《十二国著作权法》,清华大学出版社2011年版,页513—514。

[13] 同上注,页372。

[14] 参见周晓冰:《署名权在司法实践中的几个问题》,载蒋志培主编:《著作权新型疑难案件审判实务》,法律出版社2007年版,页191—192。

[15] 参见《某市版权局给网络作家天下霸唱回复(摘编)》,载《中国新闻出版广电报》2015年3月24日,第5版。

元的,但此权利具有对世性,这意味着公众如违反了作者对署名方式的选择,需要承担责任(在此主要是恢复原状)。但依过错责任原则,作者从多元的署名方式中所作选择如欲发生署名权的法律效力从而对公众具有约束力,前提是基于经验共识,此种署名系表明身份的行为。这排除了两种表明身份的行为:一种是与署名权的定义和目标直接对立的使公众误认他人为作者的行为,即署名转让行为。法律尽管允许作者不表明身份,但不允许作者故意造成作者身份的混淆,以此为目标的转让行为不属于署名权的范畴,社会公众对此类行为的违背也不构成对署名权的侵犯。另一种是在一般观念里不属于表明身份的行为。例如,笔名属于署名的方式,但如作者随意杜撰一个图形标示于作品之上,则一般地不被认为是表明身份的方式。与此存在可比性的是,《日本著作权法》第14条对署笔名等假名有"采用通常的方法"的要求。[16] 特别地,在《送审稿》明确肯定了表明身份的方式的多元性的情况下,作者就更不能据此随意主张与社会经验不符的行为具有署名权的行使效果。此外,作者有权变更署名,但除受下文所述特别限制之外,实际上也要受到一般限制。基于信赖保护,善意公众得以作者的任意一项选择作为侵权的抗辩事由。

当然,署名权的行使亦受法治原则和公序良俗原则的制约,我国《著作权法》第4条的规定于此适用。现行实践中,对署名的一般限制主要表现为根据《著作权法实施条例》第19条的规定,基于条件限制、社会习惯,允许作品使用者在特定情况下不为作者署名。[17]

(二) 特别限制

值得讨论的是依合同约定或交易习惯对署名的特别限制。署名权一般与可以转让的著作财产权一并行使,并影响后者的行使效果。由此,有必要对署名权行使加以限制,使其无碍著作财产权的实现。即便从人身权的角度出发,传统民法也只是否定人身权的转让,而并不否定其依合同约定受到限制。晚近民法领域更是展开了对人格权商业化的讨论。[18] 允许依合同约定限制署名行使方式,不违背民法与著作权法的体系要求。所以,特定主体如职务作品中的单位、委托作品中的委托人等如与作者就署名方式达成合意,只要这种合意不违背法律的禁止性规定(包括通过解释可得的署名权不得转让),则此种合意当然具有法律效力,缔约双方应予尊重。

进言之,有关署名限制的合同可以是概括的,也可以是具体的,取决于合同双方的关系及其意愿。由于现实中作者与作品利用人关系的多元性,及作品类型与其利用方式的复杂性,有时双方并不一定就特定作品的署名作出具体约定。此时作者署名方式

---

[16] 参见《十二国著作权法》翻译组译:《十二国著作权法》,清华大学出版社2011年版,页370。
[17] 参见梁志文:《著作人格权保护的比较分析与中国经验》,载《法治研究》2013年第3期,页51。
[18] 参见王利明:《论人格权商品化》,载《法律科学》2013年第4期,页54以下。著作权领域有关署名权转让问题的讨论,与民法上人格权商品化问题的讨论有着相近的社会背景。

仍体系性地受合同法约束,需依合同目的、内容、交易习惯等,进行补充解释。如在"韩建华诉上海健特生物科技有限公司等著作权侵权纠纷案"中,法院在认定被告对照片的使用符合委托作品使用目的的同时,不支持广告中未署名侵犯原告署名权的主张。[19] 又如,某些作品如计算机程序和文档等需要多人参与,在作品载体上逐一标明作者可能存在操作上的难度,也会妨碍作品销售和使用的便利,此时对具体作者的署名进行限制乃至不予署名,解释上就符合《著作权法实施条例》第19条的规定。比较法上对著作权持一元论的德国对于职务作品署名的规定亦与此相类:约定不明时,署名取决于对于劳动合同本质的理解以及企业的营销决定。[20]

此外,现实中合同双方往往概括性地约定全部著作权归相对人。比较地看,有限承认精神权利的美国法,规定署名权专属于作者而只能由其行使(exercise),不得转让(transfer),但可以在作者明确授权的情况下"放弃"(waive)。[21] 英国版权法第87条对此亦有规定。采严格的创作者原则的德国也有限地允许精神权利放弃[22],但在解释上德国法上的放弃署名权在效果上等同于永久性选择某一署名或不署名,属于债法义务[23],他人只能以之作为抗辩事由,而不同于美国法上认为在有合同明确约定的情况下,创作者就永久丧失并不得主张作者身份。[24] 更何况,美国法上对于Works for hire (雇用作品)的规定,系直接以法定方式将作者身份授予雇主。[25] 采《合同法》第56条

---

[19] 参见北京市第二中级人民法院(2002)二中民初字第5465号,北京市高级人民法院(2003)高民终字第106号。

[20] 参见〔德〕雷炳德:《著作权法》,张恩民译,法律出版社2005年版,页420。

[21] See Robert P. Merges, Peter S. Menell & Mark A. Lemly, Intellectual Property in the New Technology Age, Wolters Kluwer, 2010, pp.577—578.

[22] See Mira T. Sundara Rajan, Moral Rights: Principles, Practice and New Technology, Oxford University Press, 2011, pp.16—17. 即便对精神权利保护最严格的法国,一定条件下的权利放弃也是允许的。see Russell J. DaSilva, Droit Moral and the Amoral Copyright: A Comparison of Artists' Rights in France and the United States, 28 Bull. Copyright Soc'y U.S.A. 1 (1980—1981), p.16.

[23] 德国法上只有创作者才是作者,并享有请求承认作者身份的权利。即便经作者同意,他人在作品上署名,这也是债法上的约定,不具有著作权法上的效力,参见《德国著作权法》,范长军译,知识产权出版社2013年版,页8。

[24] See Neil Netanel, Alienability Restrictions and the Enhancement of Author Autonomoy in United States and Continental Copyright Law, Cardozo Arts & Entertainment, Vol.12:1, 1994, p.37. 当然,美国也有学者认为仅基于雇佣关系即全面剥夺包括署名权在内的作者权利的做法是值得商榷的。see Benjamin S. Hayes, Integrating Moral Rights into U.S. Law and the Problem of the Works for Hire Doctrine, Ohio State Law Journal, Vol.61:1013, p.1030.

[25] See Jessica Johnson, Application of the Copyright Termination Provision to the Music Industry: Sound Recordings Should Constitute Works Made for Hire, University of Miami Law Review, Vol.67:661, p.663. 当然,美国也有学者认为仅基于雇佣关系即全面剥夺包括署名权在内的作者权利的做法是值得商榷的。see Benjamin S. Hayes, Integrating Moral Rights into U.S. Law and the Problem of the Works for Hire Doctrine, Ohio State Law Journal, Vol.61:1013, p.1030.

规定的部分无效制度,前述概括性移转著作权的约定对著作财产权有效,但署名权不依约转移。但如果双方真实目的只是限制作者表明身份的方式而非混淆创作者身份,则解释上宜认为其系对署名的限制,以促进合同整体目的之实现。

在《送审稿》肯定了多元化的署名方式之后,对署名的适度限制就更有必要。在前引《芈月传》编剧署名纠纷案中,一审法院认为,为宣传电视剧而制作的海报、片花并非作品本身,此类载体上不署名不应当认定为对作者署名权的侵犯,当属合理。㉖ 总之,署名方式得依合同约定、交易习惯或行业惯例等进行限制,这是保持署名权的专属性或曰不可让与性(inalienability)但不影响作品传播和利用的基础。㉗ 与署名权行使方式的基本分类相一致,对署名权行使方式的限制从内容上也可以分为署真名、署别名、不署名三种。基于署名权的绝对权性质,作者有权变更署名,但此主张不能对抗作品既有载体的持有者即物权人,同时也需要承担可能的违约责任。㉘ 约定限制与违约责任的结合,能够维护作者与传播者、物权人的利益平衡。违约责任尤其是《合同法》第110条规定的继续履行责任能够保障取得著作财产权的主体对作品利用的稳定性,较之扩大法定作者定义或支持署名权转让的观点,此种解读与著作权法律体系和社会事实更加契合,亦能避免法律后果与道德伦理之间的冲突。

三、署名权行使方式的个别讨论

署名权行使方式及其限制的一般原理比较明确,但不同类型作品的具体署名方式多有争议。著作权法产生和发展过程中,署名习惯有的得到了普遍认同,有的则并未约定俗成。晚近新的作品类型和传播方式,更增加了署名的不确定性。本来应当交由社会经验积累的问题却由于署名权的规则设置和相关主体的利益诉求而必须即时作出回应,这是很多署名权争议的症结。有鉴于此,宜以事先约定预防争议,而在争议解决中,也应注重对经验共识的考察,审慎地发挥法院的能动作用。

(一)合作作品的署名

合作作品与自然人单独完成的作品相对应,其依据可以分割与否又有进一步区分。所谓"可以分割",既指性质上可分,如视听作品中的画面与音乐;也指结构上可分,如多人分别完成的同一作品的不同章节。与合作作品有关的署名争议主要是署名顺序。在事实层面,合作者的贡献大小是否可以比较取决于具体情况。相应地,合作者的署名顺序,在主观上并不一定有表明贡献大小的意图,有时亦明确表明署名先后

㉖ 参见殷泓,见前注①。

㉗ 事实上,整个著作人身权的构造与作品利用的矛盾也可依此调和。通过权利限制,大陆法系能够解决著作人身权对作品经济利用的可能妨碍,而无须从根本上转变为英美法系的立法模式。

㉘ 多数情况下具体的表明身份行为依赖物质载体,并由作品传播者完成,后者得依与作者有关署名权行使方式的合同对抗作者变更署名的主张。如作者本人以实际行动改变了约定的署名方式,合同相对方则可要求其承担违约责任。

以姓氏笔画等为据。而从客观上看,在合作者未表明署名顺序依据的情况下,公众对署名先后的理解因人而异。尽管在我国学术界有一种署名先后表明贡献大小的倾向性认识,但这种认识并不绝对。所以从主客观两方面来看,署名顺序并无固定含义。

引起争议的是,《最高人民法院关于审理著作权民事纠纷案件适用法律若干问题的解释》(以下简称《解释》)第11条规定:因作品署名顺序发生的纠纷,人民法院按照下列原则处理:有约定的按约定确定署名顺序;没有约定的,可以按照创作作品付出的劳动、作品排列、作者姓氏笔画等确定署名顺序。对于其中"创作作品付出的劳动"的依据,学界多有歧见。本文认为:

(1)署名权旨在表明创作关系的有无而非强弱。判断创作关系有无的标准是著作权法上作品和作者的定义;而创作关系的强弱,即不同合作者的具体创造性贡献,则并非署名权的内容。基于前述署名顺序在事实层面的复杂性,法律也不应和不能强制性地赋予署名顺序以权利意义。[29]

(2)合作作品可以分割的,作者对各自创作部分可单独享有署名权。在整体使用此类作品的情况下,合作者也得以适当方式主张自己对创作部分的署名权。从创作主体的角度看,电影作品属于合作作品,电影作品中有关导演、编剧、音乐作者署名权的一般规则与合作作品一致。前述"作品排列"的署名依据,即对应不同合作者的创作内容可以区分的情况。

(3)在不可分割的情况下,合作者对作品的贡献大小是否可以区别取决于具体情况。尽管署名顺序并非署名权的内容,但解释上可能构成民事"利益"。存在争议的是这种利益是否达到法律应当调整的程度,这是一个价值判断问题。除了从私权角度对作者利益的衡量,对此的态度也受到法律的社会效果的影响,主要是对理想的署名秩序的判断。对此《解释》持肯定态度,但其表述容易引起误解,考虑到作者的定义及创造性劳动的特殊性,此处"付出的劳动"应解释为对作品创造性特点的贡献。

尽管有学者主张法律对此应采克制态度[30],但如合作者对署名顺序争议不下,会影响作品的正常使用和相关争议的解决。尽管署名先后不与贡献大小完全对应,但目前在我国的背景下署名顺序利益确有可能存在。[31] 在署名顺序未作约定、合作者的创作内容不可区分而特定作者又确有证据表明贡献大小并提出相应诉求的情况下,依贡献

---

[29] 有观点认为,署名顺序是署名权的内容,参见周冕:《著作人身权的侵害与救济》,载《科技与法律》2003年第4期,页58。

[30] 参见李琛:《知识产权法关键词》,北京大学出版社2006年版,页117。

[31] 例如,中国科学技术信息研究所负责开展科技论文统计与分析项目,在科技管理部门和学术界广泛应用。该所对论文归属的统计原则是依论文发表时所标注的"第一作者的第一单位",参见张国:《学术规则这次败给了科研管理规则》,载《中国青年报》2014年6月20日,第01版。而单位在职称评定和物质奖励过程中,对署名顺序的要求更是普遍,参见柳励和:《论学术论文的署名权》,载《图书馆》2009年第2期,页48。

大小确定署名顺序是相对妥当的选择。当然，证明贡献大小的举证难度很大，在无充分证据表明贡献大小的情况下，则法律可发挥倡导功能，主张依姓氏笔画确定署名先后，或对既有署名事实予以尊重。

此外，对于合作作品、改编作品中作者身份的具体说明，宜应考虑合同约定、行业习惯与创作事实。如在前引《芈月传》编剧署名纠纷案中，在合同相对方依约为作者署名"原创编剧"的情况下，是否可将他人署名为"总编剧"，取决于后者是否实际参与编剧并在最低程度上体现总体把握编剧工作的特征。㉜ 区别在于，由于前述署名顺序不存在固定含义，所以约定优先原则应予肯定。但如果此类针对作者身份的具体说明的约定与事实显著不符，以至于在公众一般认识中造成严重混淆，则约定优先原则应不绝对。

（二）法人作品、职务作品、委托作品的署名

法人作品、职务作品、委托作品的共性在于两点：从创作过程来看，创作者系为完成特定工作任务或约定义务，一定程度上受到其他主体意志的影响，并据此获得相应对价㉝；从权利归属来看，创作完成之际著作权即基于法定或约定而部分乃至全部归于创作者之外的主体。此二点使其区别于基于作者独立意志完成的自由作品。从绝对数量来看，作者基于独立意志完成的作品仍占多数。但从社会经济效用来看，此三类作品日益占据主要地位。现行《著作权法》上三者的关系存在歧义。从定义和逻辑上看，法人作品与职务作品、委托作品不是并列的，前者属于从后二者中进一步限定出的由非创作者署名的作品。㉞

1. 法人作品及其署名

法人作品的创作者与被视为作者的法人或其他组织的关系，可能是与职务作品相同的雇佣关系，也可能是与委托作品相同的独立关系，其区别于后二者的关键在于其

㉜ 从目前报道来看，法院认为"总编剧既不是法律概念也不是合同的定名词，影视行业不存在有关总编剧署名规则的行业惯例，总编剧与剧本贡献度之间也不存在必然关系。即使为王小平署名总编剧在一定程度上挫伤了蒋胜男的感情，使其产生消极的心理感受，但也不属于著作权法意义上的署名权保护范畴"，殷泓，见前注㉑。在合同未有明确约定的情况下，法院首先考虑行业惯例的立场是可取的，作者的主观情感也确实不应成为署名权保护范畴的参考标准。但在将原告署名为"原创编剧"的情况下，增设所谓"总编剧"的称谓，其正当性却不仅应止于行业惯例的缺失。基于文意解释，从公众的朴素认识出发，所谓"总编剧"至少是参与了编剧工作并发挥总体协调等作用的，如原告对此能够充分举证否定，则被告的署名应属不当。"总编剧与剧本贡献度之间也不存在必然关系"，但肯定不应当是没有联系或联系微不足道，否则将其署名为编剧，是对真实作者与作品之间创作关系的破坏（对此参见周晓冰：《署名权本质研究：以署名权的"多重彰示"属性为重点》，载《电子知识产权》2015年第1期，页80—81），也与《著作权法》上作者和署名权的定义相悖。

㉝ See Borge Varmer, Works Made for Hire and on Commission, Copyright Law Revision Studies (Printed for the use of the Committee on the Judiciary), Washington 1960, p. 142.

㉞ 参见王迁：《论"法人作品"规定的重构》，载《法学论坛》2007年第6期，页36。

定义中的"创作意志",对此处"意志"的不同理解影响到法人作品的外延。㉟ 法人作品与其他类型尤其职务作品的区别存在模糊,完善权属制度的意见中,多有对法人作品加以改造乃至弃置者。㊱

法人作品具有与职务作品不同的调整对象和功能。法人作品并不一定都是职务作品,委托作品也存在构成法人作品的可能,所以从外延上职务作品不能涵盖法人作品。从社会事实来看,法人作品确实对应着与一般的职务作品不同的一类对象,这一点在《著作权法》最初立法时支持和反对法人作品的双方即均不反对。㊲ 如有学者所言,法人作品"基本是为企业或机关的经营活动或日常工作而创作""具有一定实用性却缺乏文化或审美意义"。㊳ 就作品功能和价值而言,其内容重于表达,体现于作品中的法人意志是此类作品的关键要素。亦因如此:(1) 以创作者与作品关系论,创作者的主要目标是妥当地传达法人意志,尽管同一意志交由不同创作者完成必然在客观上形成不同的表达,但这并非创作者所关注的内容。同时,法人作品的创作者亦多为职业性的文书工作者,其对作品的性质、用途与自己的权益有所预判,创作者一般不会也不应主张此类作品上的精神利益。(2) 以法人与作品的关系论,通过作品表达其特定意志尤其以其名义发表,是法人要求创作者完成作品的原因,也是拟制法律人格的逻辑需求。(3) 以作品与公众的关系即作品的社会意义论,作品所要传达的内容即其中的法人意志是作品社会意义的决定因素,特定的发表名义与作品的内容解读和功能发挥存在不可分割的联系,公众并不关心创作者身份,依据常识公众也知道此类作品的署名者并非创作者,由法人署名不存在违反诚实信用原则与公序良俗的问题。总之,将法人视为作者符合社会习惯,也不会影响法人与创作者的利益平衡。

在此基础上,立法固然可采德国式的严格的创作者原则,并借助前述署名限制制度认为此种情况下只是创作者不表明身份,同时将法人的署名认定为并非行使署名权的行为。㊴ 但此种解释徒增成本,对于以作品为中心的创作者、法人、社会公众的关系与现行规定相比并无区别。在承认法人的民事主体资格的前提下有限采纳拟制作者制度,既尊重经验事实,也符合立法便利。在解释论上,赋予法人的署名以权利意义,

---

㉟ 依《著作权法》第 11 条第 3 款,法人作品的构成要素中尚有由法人"主持"和"承担责任"的要素,但此二者并不构成其与职务作品和某些委托作品的区别。《送审稿》对法人作品的定义多了一个"发表名义"的要素,但这也是一个形式而非实质要素。

㊱ 参见王清:《废除法人作品规定的另外三个理由》,载《政法论丛》2011 年第 4 期,页 60—64。

㊲ 参见郑小川:《也论法人作品与职务作品——兼与李承武先生商榷》,载《知识产权》1998 年第 3 期,页 25。

㊳ 参见刘银良:《著作权归属原则之修订——比较法视野下的化繁为简》,载《政治与法律》2013 年第 11 期,页 8。

㊴ 立法设计上与此相似的观点,见王迁,前注㉞,页 36。细解"署名"的社会意义,确实可以发现法人作品的"发表名义"与署名权行使的区别:前者在于表明署名主体与意思表示之间的对应关系,后者在于表明作者与作品之间的创作关系。

能够保障其在特定情形下不经过创作者而直接制止可能的歪曲署名的行为,以保障自身意志的有效传达。另一方面,设定法人作品制度但保留其他情况下创作者的署名权,较之将署名问题完全交由合同约定的思路,也通过形式上的对部分创作者身份的掩盖,否定了单位和委托人等扩张其署名范围的行为。

特别地,对于此处"法人意志"及法人作品外延的解读,应采严格的限缩解释。事实上,前述法人作品与职务作品的区别,也只有在采限缩解释的情况下才存在。由于"法人意志"的模糊性,立法宜以列举的方式明确法人作品的外延,避免扩大解释。⑩ 进言之,在我国现行法上对法人作品外延的限缩,亦即对拟制作者制度的限缩。⑪ 支持署名权转让或作者外延扩张的观点中,多有从保护投资和促进传播的角度考量者。⑫ 采著作人身权解释,署名权作为一种精神权利,具有著作财产权不能替代的正当性基础和激励作用。⑬ 采笔者立场,则署名表明作者身份是公知公信的事实。为作品流通可限制署名方式,但以法律拟制切断创作者与作品的事实性的创作关系则需充分的理论和实证基础。这不仅是对既有理论和制度体系的兼顾,也是对作者合理诉求的保护。诚如国家版权局对设定法人作品理由的说明,"实践中确实存在需要由法人出面并且直接享有著作权的作品。尽管这类作品同个人作品相比数量不是很大,但是也有必要予以规范"⑭。法人作品的设置是基于实践需要和制度效率的考量,而非严格的价值论证与体系化的制度设计的产物,其与整个著作人身权制度的冲突必须依赖对法人作品外延的严格限制才能够缓和。

对于法人作品署名权的具体行使,《送审稿》规定了"以法人、其他组织或者其代表人名义发表"的方式,这符合法人作品的署名实际。此处"代表人"在属性上为自然人,之所以允许其在其他自然人创作的作品上署名并肯定其法律效力,乃在于其与所代表之法人的密切关系。于此亦可见限缩法人作品外延之必要,否则可能导致代表人

---

⑩ 参见郑勇、陈宗波:《我国法人作品制度的缺陷及改良》,载《江西社会科学》2014 年第 4 期,页 158。实践中多有将法人意志和法人作品的外延作不当扩大的情况,如"杨松云诉日喀则地区行署修建灵塔办公室著作权纠纷案"((1995)日中民初字第 07 号)中一审判决对"法人作品"的认定。

⑪ 我国现行法上与美国法上的"works for hire"(雇员作品)内涵最相近的概念不是职务作品,而是法人作品,因为职务作品在《著作权法》中并非拟制作者。对于精神权利与雇员作品的关系,美国有学者认为,雇员作者创作雇员作品的过程即放弃精神权利的过程,因为其放弃了主张对作品的完整控制的能力。See Henry Hansmann & Marina Santilli, Authors' and Artists' Moral Rights: A Comparative Legal and Economic analysis, The Journal of Legal Studies, Vol. 26, No. 1 (January 1997), p.134. 这种对精神权利的限缩解释与我国法上对"法人意志"的扩大解释存在相似效果,即切断作者与作品之间的联系。

⑫ 参见熊琦:《著作权法中投资者视为作者的制度安排》,载《法学》2010 年第 9 期,页 88。

⑬ 即便只考虑经济影响,也有学者认为在美国法的背景下应当区别对待精神权利的不同类型,承认作者的署名权有助于鼓励创新和提升效率。See Benjamin S. Hayes, Integrating Moral Rights into U. S. Law and the Problem of the Works for Hire Doctrine, Ohio State Law Journal, Vol. 61:1013, p. 1032.

⑭ 参见《国家版权局版权管理司关于〈快乐大本营〉一案给××市××区人民法院的答复》(权司[1999]73 号)。

与实际创作者的混淆,或假借代表人身份侵犯创作者的署名权。不过,由于法人作品在要件上已经明确了发表名义,其行使不像自然人那样多元,法人的署名权主要表现为禁止权。

2. 职务作品和委托作品的署名

除非构成法人作品,否则一般职务作品和委托作品的署名权应属于作者。单位和委托人可与作者约定署名方式。

现实中,职务作品往往又属于由多个职工共同完成的合作作品。此时除了前述署名顺序问题外,尚存在一种情况是合作职工均不单独署名,而以某概括性的名称或者其所在单位名义发表,乃至不署名。区别于法人作品的情况下署名权完全归属于法人,此处概括性署名属于职工的署名权行使问题,如职工协商一致或特定情形下存在个别认定作者的困难,此类署名有效。换言之,在限定法人作品外延的前提下,其他作品并非不能以单位名义发表,只是此时应当取得享有署名权的作者的同意。与此相关的另一个问题是,依《计算机软件保护条例》第 3 条第 3 项、第 8 条第 1 款第 2 项和第 9 条第 1 款,计算机程序和有关文档的"署名权"定义及其归属与著作权法的一般规定不同。而《送审稿》第 20 条第 2 款将此类作品作为特殊职务作品予以统一,是可取的。

另外,现《著作权法》和《送审稿》对委托作品署名权的问题避而不谈,这已经引起很大争议。[45]《送审稿》第 20 条第 1 款对职务作品著作权归属的立法模式也容易引起误解。以前述论述为基础,建议立法明确规定署名权不得约定取得或转让,而专属于作者。[46]

特别地,强调署名权归属与行使方式的不同于此存在重要意义。对法人作品而言,创作者不得主张作者身份,此种主张不具法律效力,也无诉权支持。但对依照合同或行业惯例限制署名权行使方式的作品,因为署名权的专属权性质,保障约定署名得到作者遵守的法律依据是违约责任制度,同时作者依然享有针对侵犯署名权的不特定第三人的诉权。

(三) 特定代笔作品的署名

从逻辑上,法人可以依其意志由他人执笔完成作品从而享有署名权,则特定情况下自然人亦可能有此需求并属合理。前述《解释》第 13 条规定:除《著作权法》第 11 条第 3 款规定的情形外,由他人执笔,本人审阅定稿并以本人名义发表的报告、讲话等作品,著作权归报告人或者讲话人享有。著作权人可以支付执笔人适当的报酬;第 14 条规定:当事人合意以特定人物经历为题材完成的自传体作品,当事人对著作权权属有约定的,依其约定;没有约定的,著作权归该特定人物享有,执笔人或整理人对作品完

---

[45] 参见张秀玲,见前注⑨,页 96—97。
[46] 中国社会科学院知识产权研究中心起草的著作权法专家建议稿中对此有明确规定,参见李明德等:《〈著作权法〉专家建议稿说明》,法律出版社 2012 年版,页 293。

成付出劳动的,著作权人可以向其支付适当的报酬。

对此,本文的认识是:(1)从合法性的角度看,上述《解释》的要件下,报告人、讲话人或特定人物(以下并称"授意人")至少可以构成合作作者,从而具有署名权。(2)从合理性的角度看,此类作品通常由授意人而非执笔人署名,不违背习惯和伦理。前一种情况下执笔人通常就是文书工作者,其为特定他人完成具有特定目标的报告、讲话,是符合职业道德的行为。后一种情况下由于作品内容与授意人在个人隐私和情感方面的紧密联系,由其署名也是合理的。(3)但在立法技术上需要考虑,是直接将权利完全归于授意人,还是采纳对执笔人的署名进行限制的思路。对于第13条中的作品,由于其与法人作品的相似性,将著作权归于授意人是妥当的,而且法律也强调了以授意人名义发表的要件,不存在授意人随意署名的可能。(4)对第14条则存较大争议。事实上,本条规定正是为了回应《我的前半生》著作权归属案这一争议案例。[47] 对此,最妥当的署名方式是事先约定。如未作约定,考虑到执笔人的创造性贡献可能很大,不应完全否定其署名权。[48] 即便按照《解释》的价值判断,对此类作品亦宜表述为"由特定人物署名"。这与《解释》的表述的区别是,立法并不否定执笔者的作者身份,但对其进行了法定限制。

综合(二)(三),对于法人作品和特定的报告、讲话,宜采拟制作者制度,立法技术上亦可考虑将二者一并规定[49],同时应明确限定其外延;对于前述作品之外的职务作品、委托作品和自传体作品,应以署名限制制度解决特定使用目的与作者署名选择之间的矛盾。

四、结论

在主张署名权专属于作者而不得转让的前提下,本文旨在强调署名权的多元化行使方式及其限制的解释功能,以此调整署名权专属性和作品传播利用之间的可能矛盾。有关作品的署名方式,很大程度上是一个社会习惯和行业惯例问题。但受制于事先约定的不足,产业勃兴而行业共识缺失的现实,以及定分止争的现实需要,法律的适度干预成为必需。对于署名权的范围,或者从反面看,署名权可得基于习惯或合同得以被限制的程度,笔者主张一种客观的立场:既不偏重对作者主观情感的考量,也不认为合同约定可以达至扭曲、切断作者与作品之间客观联系的程度。

署名权作为人身权,不仅表彰着作者的行为自由,也是对社会共识的塑造和凝结,

---

[47] 参见任自力、曹文泽编著:《著作权法:原理·规则·案例》,清华大学出版社2006年版,页36—39;罗东川:《参与我国重大版权案件审判工作的一些回忆》,载《中国版权》2008年第5期,页18。

[48] 参见叶海涛:《文学性传记合作作品著作权之认定》,载《知识产权》2003年第2期,页53—54。

[49] 有学者提出的"名义作品"可供参考,参见曹新明:《我国著作权归属模式的立法完善》,载《法学》2011年第6期,页88—89。当然,该文所谓"名义作品"与本文所称可采拟制作者制度的作品的外延并不完全一致。

具体问题处理过程中必须考虑对社会观念和行业秩序的影响。署名权的行使首先应当对创作实际保持最低限度的尊重,尊重证据和事实,即便合同约定也不应在客观上达至歪曲创作事实的程度。在此前提下,作者与其他主体就署名具体方式的约定当属有效。在合同约定缺失、不明,或作者与不特定第三人就署名问题发生争议的情况下,司法中则应首先考虑是否有正当、明确的行业惯例或经验共识,并强化当事人的举证,最后再兜底性地考虑特定诉求是否达至法律应予干预的程度,审慎地参与署名秩序的主动塑造。

论追续权之客体
——兼评我国《著作权法》修改草案

戴 哲[*]

【摘要】 我国《著作权法》修改草案新增了追续权条款,但其中并未指明追续权的客体。现有学说多认为追续权的客体为作品的载体,即作品原件或手稿,这属于物的范畴,但这一观点混淆了作品与作品载体间的关系,有违追续权的理论基础。追续权是对艺术作品"传播性"使用的补偿,追续权的权利与义务所共同指向的对象是作品,而非作品载体。追续权的立法目的在于赋予艺术家于艺术作品原件转售时所享有的收益权,追续权的产生的基础是艺术作品在作品载体上的不可复制性和唯一性,追续权的客体应为在载体上具备稀缺性的艺术作品。基于此,在界定追续权客体上,应当排除文字、音乐、摄影、建筑作品以及实用艺术品。在我国,追续权客体应当限于美术作品。

【关键词】 追续权;著作权;客体;作品

追续权是艺术家从作品原件的转售中分享利益的权利,我国《著作权法》第三次修订正在进行之中,其中修改草案各稿新增了追续权条款。但是,我国《著作权法》的修改草案各稿并未明确追续权的客体。博登海默认为:"没有限定严格的专门概念,我们便不能理性和清楚地思考法律问题。"[①] 由此,科学地界定追续权客体便成为研究追续权的关键点。现有主流观点多认为追续权的客体为作品的载体,即作品原件或手稿,如在立法层面,《欧盟追续权指令》中即明确指出,追续权的客体是"承载作品的有形

---

[*] 戴哲,华东政法大学知识产权学院法学博士研究生,埃克斯—马赛大学法学院法学博士研究生,研究方向:知识产权法。

[①] 〔美〕E.博登海默:《法理学、法律哲学与法律方法》,邓正来译,中国政法大学出版社2004年版,页504。

载体"②。多数学者也持相同观点,如李明德教授认为,"追续权的客体,是指艺术作品的有形载体"③。张今教授也指出,"追续权保护的客体是那些珍贵而稀有的具有创造性的艺术作品的原件或极其有限的作品复制品"④,韩国有学者也持类似观点⑤。这一观点实质上将追续权客体归入于物的范畴,考虑到"权利客体即权利主体可支配之稀缺资源,是权利性质的根据"⑥,一部分人因此认为追续权属于物权的范畴。不过,这种观点混淆了作品与作品载体间的关系,有违追续权的理论基础,本文即意在对此进行厘清,并确定追续权客体的内涵与外延。

一、追续权的客体应为作品而非载体

若单从各国立法的表述上看,艺术家通过行使追续权,能够分享艺术作品原件或手稿转售所带来的利益,人们很容易作出追续权的客体为作品原件或手稿的判断。但需要注意的是,作品与作品载体并不相同。追续权是对艺术作品"传播性"使用的补偿,这一权利的来源建立在作品的基础上,追续权的客体是作品,而非作品载体。

(一)作品不同于作品载体

即便艺术作品是不可复制的,在载体上具有单一性,艺术作品与作品载体也不能混为一谈。的确,艺术作品需要通过一定的载体获得表现,现实生活中很难将艺术作品与艺术作品载体区分开来,但从著作权法的角度分析,艺术作品的载体不等于艺术作品,应当区分艺术作品与承载艺术作品的载体。

一般而言,区分作品与作品载体,其意义在于正确认识相关权利人究竟享有何种权利,是物权还是版权,抑或其他权利,因此,通常情况下区分作品与作品的载体是有必要的。⑦ 著作权保护的是通过作品的载体所表现出来的具有独创性的智力创作形式,而不是作品的载体本事。艺术作品的载体,如某人收藏的一幅画,也是受法律保护的,不过它是作为物受物权法保护,而不是作为作品受著作权法保护。在现实生活中,人们经常将某幅画称为某画家的作品,这是语言习惯使然,从日常表达上看固然未错,但这种说法容易使人误将作品所有权与作品版权混为一谈。应当将作为作品的这幅画与作为物的这幅画区分开来,对物的这幅画享有所有权,不等于对该作品享有著作权,反之亦然。从本质上说,作品并非是以作品载体形式出现的物,而是在载体上承载着的智力成果。作为作品的这幅画,既可以画在墙壁上,也可以呈现在纸上,还可以经

---

② Recital 2, Directive 2001/84/EC of the European Parliament and of the Council of 27 September 2001 on the resale right for the benefit of the author of an original work of art.
③ 李明德、闫文军、黄晖、邰中林:《欧洲知识产权法》,法律出版社2010年版,页268。
④ 张今、孙伶俐:《追续权:艺术家的福利》,载《法学杂志》2013年第4期,页75。
⑤ 参见宋元婧、权祯珉:《追续权的理论与立法》,载《北方法学》2015年第4期,页82。
⑥ 李锡鹤:《民法哲学论稿》,复旦大学出版社2009年版,页265。
⑦ 参见李顺德、周详:《中华人民共和国著作权法修改导读》,知识产权出版社2002年版,页45—46。

特殊的数字化处理后,存储在电脑硬盘或其他载体中。

(二)追续权的客体并非为作品载体

"知识产权的本质性事实上是由知识产权客体的本质性所决定的,有关知识产权客体的认识是我们认识知识产权法律关系的基础。"[⑧]倘若认为追续权的客体是有形载体,那么,载体属于物的范畴,而非知识产权客体,不应将追续权归于知识产权范畴,追续权应当受《物权法》的规制。[⑨] 并且,主客体是相对概念,互相依存,唯主体方有客体,唯客体方有主体,客体只能是主体的客体[⑩],若认定追续权的客体为物,那么追续权的主体应为物权人,而非作品创作者。

也正是基于这一认识,北京荣宝斋拍卖总经理刘尚勇表示,"追续权并非公平,这一权利追续的是物权,而不是著作权。艺术品交易的是物权,艺术家并未在艺术品交易中转让著作权。著作权法并不涉及物权的转让,怎么能够追续物权交易的利益呢?物权上的获益与著作权是分开的"[⑪]。还有学者认为,"追续权具有物权的属性,但追续权表现出不完整性和有限性。物权一般体现为物权人对物的全面支配和管领,与之相比,追续权一般只有在作品原件转售后发生增值时才产生,并且只能对增值的部分主张权利"[⑫]。

再者,作品载体的所有权人对物享有占有、使用、处分、收益的权利[⑬],这种权利是一种对世权、绝对权、排他权,除所有权人之外的任何第三人不得干预所有权人行使所有权,若认为追续权的客体是作品载体,这意味着,在该物发生转售时,追续权人将能够对该物主张收益权,这会侵犯物的所有权人对物享有的收益权,有违物权法律现有的逻辑。由此可见,追续权的客体并非为作品的载体。

(三)追续权的客体为作品

追续权是对艺术作品"传播性"使用的补偿,这一权利源于作者对其作品"传播性"使用行为的控制。追续权的权利与义务所共同指向的对象是作品,只不过受艺术作品载体单一性的影响,艺术作品承载于艺术作品原件之上,作者依据追续权对作品"传播性"使用的控制外在表现为作者对于作品原件转售的控制权和报酬请求权,考虑到物权与著作权的平衡,作者无权逾越物权领地,控制作品原件的正常流转,但作者并未丧失对于作品原件转售的报酬请求权,这一请求权即为追续权。由此可见,追续权

---

⑧ 何敏:《知识产权客体新论》,载《中国法学》2014年第6期,页122。
⑨ 《物权法》第2条第1款:"因物的归属和利用而产生的民事关系,适用本法。"
⑩ 参见李锡鹤:《民法哲学论稿》,复旦大学出版社2009年版,页22—29。
⑪ 王林娇、段维:《矛盾利益体:中国引入艺术品"追续权"之争?》,来源:雅昌艺术网 http://news.artron.net/20151020/n786604_2.html,2016年2月5日最后访问。
⑫ 袁博:《论基于作品原件物权属性而发动的追续权》,载《电子知识产权》2014年第7期,页38。
⑬ 《物权法》第39条:"所有权人对自己的不动产或者动产,依法享有占有、使用、收益和处分的权利"。

建立在无体物——作品之上,而不是建立在有体物——作品原件之上。

根据德国学者梅克尔的"法力说",权利由"特定利益"与"法律上之力"两个因素构成,前者包含了财产利益和非财产利益两种,后者为保护前者而创设,同时还规定了相关人的义务以保障权利的实现。[14] 利益由客体而生,客体是利益的载体,要实现客体上的利益,必须针对客体实施行为,客体因此成为权利指向的对象。[15] 追续权是基于作品使用而产生的权利,只有在中间商"传播性"使用作品的情形下,即中间商转售艺术作品原件时,追续权人才能够实现追续权上的特定利益,这一特定利益承载于作品之上,因此,追续权的客体应为作品。

二、追续权的客体应为艺术作品

从各国追续权制度所适用的作品类型来看,大多数国家都将艺术作品纳入追续权的保护范围,在具体界定艺术作品的范围上,有的国家还将实用艺术品纳入保护范围,有的国家则明确排除了实用艺术品,如德国。对于我国而言,为了界定追续权客体,立法者应当结合追续权客体的基本属性与追续权设权目的进行综合考量。

(一)追续权客体应为在载体上具备稀缺性的艺术作品

追续权的客体应为艺术作品。追续权设立的立法目的在于保护艺术作品原件转售时艺术家的收益权利,追续权的产生源于艺术作品在载体上的唯一性和不可复制性,也正是这种特性决定了艺术作品与其他作品在作品使用上的区别。通常而言,对于绝大多数艺术作品而言,艺术作品与载体具有不可分性,艺术作品只能产出在唯一的载体上[16],这一载体即为作品原件。一位雕塑家或画家可能花数月甚至数年创作一个艺术作品,艺术作品正是基于其原创性和稀缺性而产生价值,而不因其演绎性使用而产生价值。[17] 这意味着,不同于小说家、作曲家和电影制片人,艺术家一般只能通过初次销售其艺术品而获得收入,艺术家一般不能通过许可他人复制作品和销售作品复制件而获得持续获利。[18] 并且,"首次销售原则"允许作品载体的合法所有人能够在不经著作权人许可的情况下展示、销售该作品载体,这将使得视觉艺术家很难利用展览权获得版权许可费。可以看出,视觉艺术家虽然享有与其他作者相同的著作权权利,

---

[14] 参见郑玉波:《民法总则》,中国政法大学出版社2003年版,页62。

[15] 参见朱谢群:《信息共享与知识产权专有》,载《中国社会科学》2003年第4期,页135。

[16] See U. S. Copyright Office, Resale Royalties: An Updated Analysis, at 10 (2013), available at http://www.copyright.gov/docs/resaleroyalty/usco-resaleroyalty.pdf. (last visited aug. 20, 2016).

[17] See VAGA, Comments Submitted in Response to U. S. Copyright Office's Sept. 19, 2012 Notice of Inquiry at 1, quated in U. S. Copyright Office, Resale Royalties: An Updated Analysis, at 11.

[18] See VAGA, Comments Submitted in Response to U. S. Copyright Office's Sept. 19, 2012 Notice of Inquiry at 1 (Dec. 1, 2012).

但从实践的角度分析,艺术家利用这些著作权权利获利的空间却是受限的。[19] 依据现有著作权法规定的作品使用模式,艺术家无法获得与其他创作者相当的利益。[20]

在法国国会讨论追续权法案时,法案报告人——法国教育与美术委员会主席阿贝尔·费里(Abel Ferry)即明确指出,"立法者在其他创作者的立法设计上是充分而完整的,而对于艺术家的立法却并不完整,在现行的文学与艺术产权法中存在着立法缺陷,文学家、音乐家、戏剧家都自发组建了势力强大的集体组织,在每一次作品出版、表演、展示中,他们都可以实施特定的权利,并从中获得非常可观的收入。然而,对于艺术家而言,他们只能依靠买家购买艺术品以维持生计,他们所创作的作品不能出版发行。但艺术家创作的作品却具有动产的特征,限于这一原因,我们在文学与艺术财产概念起源之初,将其置于文学与艺术财产法的法律原则之外。"[21]

艺术家在著作权法上处于不利地位已经为各国所普遍承认,这也成为各国创设或正在考虑创设追续权制度的一般原因。通过行使追续权,艺术家能够参与对其作品的使用,在转卖艺术作品时获得提成费,补偿艺术家无法从现有著作权中获得的收益,只有这样才能使艺术家与其他作者处于平等的地位。[22] 欧盟进行统一追续权立法,其立法的目的之一便是,"平衡艺术作品作者与其他能够持续利用作品获利的创作者之间的收入状况"[23]。澳大利亚在考虑创设追续权制度时,环境、遗产和艺术部部长皮特·加勒特(Peter Garrett)指出,"从历史上看,视觉艺术家所取得的成就并未获得同作曲家、作家和表演者相同的待遇……该法案旨在调节这一明显不公平的现象。"[24] 澳大利亚众议院备忘录中亦指出,视觉艺术家并不像其他创作者,如作家或作曲家一样,能够通过许可他人复制、公开表演、广播作品中获得报酬,视觉艺术家的主要收益源于

---

[19] See U. S. Copyright Office, Resale Royalties: An Updated Analysis, at 10 (2013), available at http://www.copyright.gov/docs/resaleroyalty/usco-resaleroyalty.pdf. (last visited aug. 20, 2016).

[20] See Liliane de Pierredon-Fawcett, Le droit de suite en propriété littéraire et artistique—Étude de droit comparé, Thèse; Université Paris-Sud(Paris 11), 1984, p.6.

[21] Journal Officiel, Parliamentary Documents, Chamber of Deputies, Ordinary Session, second sitting of January 23, 1914, Annex 3423 at 150 (1914).

[22] 参见〔美〕伦纳德·D.杜博夫:《艺术法概论》,周林、任允正、高宏微译,中国社会科学出版社 1995 年版,页 162。Also see Liliane de Pierredon-Fawcett, Le droit de suite en propriété littéraire et artistique—Étude de droit comparé, Thèse; Université Paris-Sud(Paris 11), 1984, p.156. Also see Th. DESURMONT, L'incidence des droits d'auteur sur la propriété corporelle des œuvres en droit interne français, Thèse Paris II, 1974, p. 445.

[23] Recital 3, Directive 2001/84/EC of the European Parliament and of the Council of 27 September 2001 on the resale right for the benefit of the author of an original work of art.

[24] See, e. g., Copyright Agency/Viscopy, Comments Submitted in Response to U. S. Copyright Office's Sept. 19, 2012 Notice of Inquiry at 2 (Dec. 2012).

作品原件的初次出售,这一法案会使他们受益。㉕

美国版权局也在2013年涉及追续权的报告中指出,通常而言,视觉艺术家无法分享因其作品的成功而带来的长期利益,作品转售的收益主要由第三方获得,如拍卖行、收藏家和画廊。㉖ 并且,其他作者往往通过许可他人复制或演绎作品而获利,而这一方式对于艺术家而言具有局限性。尽管互联网已经向艺术家提供更多利用作品的机会,如开发演绎图片、销售作品复制件,但对于多数视觉艺术家而言,对艺术作品进行复制或展示的数量几乎可以忽略不计。㉗ 事实上,艺术家主要或者唯一的收入源于作品的初次销售。㉘ 相较于其他作者,这些因素将使得视觉艺术家处于不利的地位。因此,美国版权局支持创设追续权制度,这将使得艺术家能够在作品转售过程中收取一定份额的追续金㉙。倘若未赋予艺术家以追续权,那么,多数视觉艺术家将无法分享因作品的成功而带来的利益㉚。

若他人可以采用类似于使用文字作品、音乐作品的方式使用艺术作品,如艺术作品可以被大量复制,那么,这将破坏该艺术作品受追续权保护的权利基础,因此追续权所保护的作品在载体上应当具备稀缺性和独一无二性。文字作品、音乐作品的著作权人可以从他人对于作品的复制性使用而获得大量的经济利益,艺术家一般只能通过出售艺术作品原件获利,立法者认识到了艺术作品在使用上的特殊性后才创设了以艺术作品为客体的追续权制度,并将其他能够通过大量复制许可获益的作品排除在外。德国的立法者之所以未将作家和作曲家的手稿列入追续权的适用范围,正是因为德国设立的追续权是为了解决艺术作品作者所遭遇的不公平待遇㉛,而这种不公正待遇在作家、作曲家身上并不存在。因此,追续权的客体应当限于具有特殊性的艺术作品,即在载体上应当具备稀缺性。根据《伯尔尼公约指南》第2条规定的"素描、颜料画、建筑、

㉕ The Parliament of the Commonwealth of Australia House of Representatives, Resale Royalty Right for Visual Artists Bill 2008 Explanatory Memorandum, available at http://parlinfo.aph.gov.au/parlInfo/download/legislation/ems/r4010_ems_8c027cd8-4378-4bc2-805a-a4faa2075297/upload_pdf/321293.pdf;fileType=application%2Fpdf (last visted jan. 28, 2017).

㉖ See Artists Rights Society ("ARS"), Comments Submitted in Response to U.S. Copyright Office's Sept. 19, 2012 Notice of Inquiry at 1 (undated) ("ARS Comments").

㉗ See Société des auteurs dans les arts graphiques et plastiques ("ADAGP"), Comments Submitted in Response to U.S. Copyright Office's Sept. 19, 2012 Notice of Inquiry at 2 (Nov. 29, 2012).

㉘ See Sotheby's, Inc. & Christie's, Inc., Comments Submitted in Response to U.S. Copyright Office's Sept. 19, 2012 Notice of Inquiry at 4 (Dec. 5, 2012).

㉙ See U.S. Copyright Office, Resale Royalties: An Updated Analysis, at 2 (2013), available at http://www.copyright.gov/docs/resaleroyalty/usco-resaleroyalty.pdf. (last visited aug. 20, 2016).

㉚ Id, at 32.

㉛ Schricker/Katzenberger, Urheberrecht, 2. A. § 26 Rdnr.19, Muenchen 1999.

雕塑、版刻和石印作品"包括了所有的平面或立体艺术作品㉜。由于我国《著作权法》将艺术作品规定为一项作品类型,因此,我国应当在现有的作品类型基础上确定追续权客体。从我国《著作权法实施条例》的规定来看,我国的美术作品指的是"为绘画、书法、雕塑等以线条、色彩或者其他方式构成的有审美意义的平面或者立体的造型艺术作品"㉝,这一规定已经基本涵盖了《伯尔尼公约》中艺术作品的范围,应将追续权客体规定为美术作品。

从历史上看,早期追续权制度中保护的作品类型只限美术作品,如法国1920年追续权法就明确规定"该法适用于能够体现艺术家个人智力创作的绘画、雕塑作品原件"㉞,1965年《德国著作权法》适用于美术作品原件㉟。随着追续权立法的发展,后来才逐步扩大至其他作品类型,如摄影作品、建筑作品、手稿等。那么,对于我国而言,除了美术作品之外,追续权客体又是否需要扩展至其他的作品类型?

(二)追续权客体不应包括实用艺术品

实用艺术作品不应纳入追续权客体范围内。从现有各国规定上看,有些追续权立法直接将实用艺术品规定为追续权客体,并对实用艺术品的具体类型进行了界定,如匈牙利规定:"艺术作品原件包括美术作品和实用艺术品和摄影作品的原件及被认为是原件的限量版复制件"㊱,有些追续权立法将实用艺术品的作品类型纳为追续权客体,如《欧盟追续权指令》将挂毯、陶瓷、玻璃制品纳入追续权客体。㊲ 还有一部分追续权立法明确将实用艺术品排除出追续权的客体范围,如《发展中国家突尼斯版权示范法》和德国、尼日利亚、菲律宾的规定。

一般而言,保护实用艺术作品的主要目的在于满足工业生产的需要,实用艺术品能够被大量复制,生产出与原件相同的复制品。世界知识产权组织与联合国教科文组织在《发展中国家突尼斯版权示范法》的说明中也指出,追续权不应当适用于实用艺术品,因为一般而言,几乎没有实用艺术品仅体现在作品原件之上,实用艺术品也体现在作品复制件之上。㊳ 基于此,实用艺术品在载体上不具有唯一性,不符合追续权客体特殊性的要求,因此,应当将实用艺术作品排除出追续权客体范围。

㉜ 参见〔法〕克洛德·马苏耶:《保护文学和艺术作品伯尔尼公约指南》,刘波林译,中国人民大学出版社2002年版,页15。

㉝ 参见《中华人民共和国著作权法实施条例》第4条(八)。

㉞ See Loi du 20 mai 1920 FRAPPANT D'UN DROIT AU PROFIT DES ARTISTES LES VENTES PUBLIQUES D'OBJET D'ART. art. 1.

㉟ Gesetzüber Urheberrecht und verwandte Schutzrechte (Urheberrechtsgesetz) vom 9. September 1965; http://lexetius.com/UrhG/26, 030614.

㊱ 1999. évi LXXVI. törvény a szerzői jogról. art. 70.

㊲ See Article 2, Directive 2001/84/EC of the European Parliament and of the Council of 27 September 2001 on the resale right for the benefit of the author of an original work of art.

㊳ See Tunis Model Law on Copyright for Developing Countries (1976), Commentary 30.

(三) 追续权客体不应包括建筑作品

根据《伯尔尼公约指南》,建筑也是立体艺术作品的一种类型[39],那么,建筑作品是否为追续权客体？从现有追续权立法上看,多数国家对此持否定态度。有些追续权立法明确将建筑作品排除在追续权客体之外,如《发展中国家突尼斯版权示范法》和德国、芬兰、丹麦、尼日利亚等国家的规定。还有些国家未在追续权客体范围中规定建筑作品,如法国规定追续权的客体为平面或立体艺术作品,其中并不含建筑作品。[40]

根据世界知识产权组织的定义,建筑作品包括:(一) 建筑设计图与模型;(二) 建筑物本身。[41] 从我国《著作权法》的规定上看,2001年修法之前的《著作权法》中,建筑作品一直属于美术作品的范畴内。《著作权法》在2001年修法后,将建筑作品与美术作品并列,列为一项独立的作品类型,该建筑作品指"以建筑物或者构筑物形式表现的有审美意义的作品"[42],而建筑设计图、模型被纳入图形作品和模型作品的范围。因此,我国现行《著作权法》中建筑作品仅指的是上述第二种类型建筑作品,即建筑物本身。

一般而言,建筑师不会参与建筑物的具体建造过程,但这一建造过程是依据建筑师的设计或者在建筑师的管理下完成的,以建筑物形式表现的建筑作品存在艺术美感,建筑物无疑是建筑师创作的作品。并且,以建筑物形式表现的建筑作品一般只存在于唯一的载体之上,即建筑物本身。就此而言,建筑作品似乎符合追续权客体的要求。

但是,基于多方面因素的考虑,追续权客体不应包括建筑作品。一方面,建筑物并不会在艺术市场上发生转售[43],追续权所适用的转售是针对艺术品的转售,另一方面,为了能够计算追续金,建筑物上所蕴含的艺术价值应当能够区分建筑物作为有形财产所体现的价值,但即便建筑物发生转售,建筑物的转售价值也极少源于其艺术价值,而是基于建筑物所处的地理位置、面积、使用年限、建筑材质等其他因素[44],在这一情况下,无法确定追续金的计量基础,围绕建筑物转售中的追续金的计量不具有可操作性,

---

[39] 参见〔法〕克洛德·马苏耶:《保护文学和艺术作品伯尔尼公约指南》,刘波林译,中国人民大学出版社2002年版,页15。

[40] See Décret n° 2007-756 du 9 mai 2007 NOR: MCCB0751269D Pris pour l'application de l'article L. 122-8 du code de la propriété intellectuelle et relatif au droit de suite. Art. R. 122-2.

[41] 参见世界知识产权组织编:《著作权与邻接权法律术语汇编》,刘波林译,北京大学出版社2007年版,第10页。

[42] 参见《中华人民共和国著作权法实施条例》第4条(九)。

[43] See Michel M Walter, Silke Von Lewinski, European copyright law: a commentary. Oxford University Press, 2010, p.859.

[44] See World Intellectual Property Organization and United Nations Educational, Scientific and Cultural Organization, "Study on Guiding Principles Concerning the Operation of 'Droit de Suite'" at 20—21 (1985).

追续权将失去意义。因此,建筑作品在我国不应纳入追续权客体范围。世界知识产权组织也指出:"追续权不适用于已建起的建筑物"[45]。

(四)追续权客体不应包括摄影作品

在此次《著作权法》修正草案中,我国立法者还将摄影作品纳入追续权保护范围。摄影作品指的是,借助器械在感光材料或者其他介质上记录客观物体形象的艺术作品。[46] 从各国立法上看,有相当数量的国家将摄影作品规定为追续权的客体,特别是在《欧盟追续权指令》对此作出规定之后[47],欧洲国家也纷纷采用这一规定,如德国之前仅规定美术作品为追续权客体,在欧盟统一追续权制度后,德国也于2006年修改本国著作权法,将摄影作品纳为追续权客体。[48]

不过,追续权客体不应包括摄影作品。就摄影技术而言,可以认为,摄影作品的原件是底片。[49] 随着数字科技的发展,底片逐渐数字化,摄影作品可以被大量复制性使用,底片对于摄影作品而言仅仅起到物质载体的作用,与其他的摄影作品复制件并没有实质上的区别。因此,摄影作品在载体上并不存在唯一性,不符合追续权客体的要求,不应纳入追续权客体范围。

(五)追续权客体不应包括文字、音乐作品

我国立法者在此次《著作权法》修正草案中还将文字、音乐作品的手稿包含在追续权保护范围内。这一规定存在类似立法先例,早在1937年,乌拉圭所创设的追续权制度适用于"文学或艺术财产的任何转让"[50],这一规定虽未明文涉及手稿的适用问题,但实质上已经将追续权的适用范围涵盖文字、音乐作品的手稿。此后,《伯尔尼公约》于1948年引入追续权,其中规定追续权适用于"作家与作曲家的手稿"[51]。

1. 追续权是否应适用于手稿的争议由来已久

事实上,围绕追续权是否应当适用于文字、音乐作品手稿的争议由来已久。1924年,英国作家约瑟夫·康拉德(Joseph Conrad)去世,他生前生活困苦,但死后,他的出

---

[45] 世界知识产权组织编:《著作权与邻接权法律术语汇编》,刘波林译,北京大学出版社2007年版,页10。

[46] 参见《中华人民共和国著作权法实施条例》第4条(十)。

[47] 《欧盟追续权指令》第2条规定追续权适用于照片(photographs)。See Directive 2001/84/EC of the European Parliament and of the Council of 27 September 2001 on the resale right for the benefit of the author of an original work of art. Art 2.

[48] 参见《德国著作权法》第26条,许超译,载《十二国著作权法》,清华大学出版社2011年版,页190。

[49] See World Intellectual Property Organization and United Nations Educational, Scientific and Cultural Organization, "Study on Guiding Principles Concerning the Operation of 'Droit de Suite'" at 21 (1985).

[50] See Uruguay Law Number 9739 Concerning Literary and Artistic Copyright of December 15—17, 1937, amended February 15—25, 1938.

[51] 《伯尔尼保护文学和艺术作品公约》,载于世界知识产权组织网站:http://www.wipo.int/wipolex/zh/treaties/text.jsp?file_id=283701,2015年12月6日最后访问。

版人将其手稿进行拍卖,并总共拍出 20000 英镑的高价。保护文学艺术作品国际联盟（伯尔尼联盟）的内部刊物《著作权》杂志于 1925 年对此评论:"在这种情况下,作者竟然无法从其手稿中获益,我们难道不应赋予作家以一项类似于法国、比利时艺术家所享有的追续权?"[52]同年,法国著名文学奖费尔南·范德汉（Fernand Vandérem）也主张赋予作家以追续权。[53] 一年之后,法国文学评论家保罗·苏台（Paul Souday）提到了法国著名作家夏尔·波德莱尔（Charles Baudelaire）与居伊·德·莫泊桑（Guy de Maupassant）等人的手稿在拍卖中,拍出了 20000 法郎至 60000 法郎的高价,他主张赋予作者以类似于画家所享有的追续权,从作品出让总价中提取一部分给予作者。[54]

在这一背景下,一些追续权法案尝试着将手稿纳入追续权的保护范围。如 1934 年葡萄牙著作权法修改草案便曾规定追续权适用于手稿。又如法国 1936 年追续权法修改草案亦曾作出规定,将追续权扩展适用于文学、戏剧、音乐作品手稿。法案的报告人法国国会议员阿尔伯特·勒拜尔（Albert Le Bail）也在报告中表示了支持,他认为,如果作者能够未参与获得与其名誉相匹配的经济回报,那么,对于那些知道作品真实价值的人而言,这一权利便具有正当性。[55] 不过,这些规定最后未获得通过。此外,在保护文学艺术作品国际联盟于 1937 年举行的巴黎会议上,围绕比利时所提出的追续权草案,奥地利、意大利、波兰都对将追续权适用至手稿的提议表示了反对。之后于瑞士萨马登（Samaden）进行审议的草案中也未将手稿纳入追续权保护范围。[56]

还有观点认为,可以通过解释将手稿纳入追续权保护范围之内,如法国 1957 年的《文学和艺术财产法》扩展了追续权的适用范围,有人认为,其中追续权所适用的平面作品原件也应包括文学、喜剧和音乐作品原件。[57] 不过,从《发展中国家突尼斯版权示

---

[52] See GRANDE-BRETAGNE. Le pain et la gloire, LE DROIT D'AUTEUR, 1925, p. 72. available at http://www.wipo.int/edocs/pubdocs/fr/copyright/120/wipo_pub_120_1925_06.pdf (last visited Dec. 20, 2016).

[53] See le Figaro, 10 Janvier 1925, quated in J. L. DUCHEMIN, LE DROIT DE SUITE DES ARTISTES, Sirey, 1948. p.221.

[54] See Le Temps, 29 Janvier 1926, quated in J. L. DUCHEMIN, LE DROIT DE SUITE DES ARTISTES, Sirey, 1948. p.222.

[55] See Report No. 3222 by Albert Le Bail to the Chamber of Deputies, sitting on 6 December 1937.

[56] See J. L. DUCHEMIN, LE DROIT DE SUITE DES ARTISTES, Sirey, 1948. p. 221.

[57] See World Intellectual Property Organization and United Nations Educational, Scientific and Cultural Organization, "Study on Guiding Principles Concerning the Operation of 'Droit de Suite'" at 22 (1985), available at http://unesdoc.unesco.org/images/0006/000660/066003eb.pdf. (last visited aug. 8, 2016).

范法》的表述上看,平面作品、三维作品原件与手稿存在并列关系[58],不应认为平面作品原件包括了手稿。《欧盟追续权指令》亦明确规定:指令"不适用于作家与作曲家的手稿原件"[59]。截至目前,只有少数国家将文字、音乐作品手稿纳入追续权保护范围,如巴西[60]、墨西哥[61]、菲律宾[62]、尼日利亚[63]。

2. 争议之厘清:手稿不需要追续权进行额外保护

通过追溯追续权的立法目的,可以厘清追续权是否适用于手稿的争议。在追续权诞生于法国之初,立法者创设追续权的重要原因在于,补偿艺术家相较于作家与作曲家的不足。法案报告人阿贝尔·费里(Abel Ferry)即指出,在现行的文学与艺术产权法中存在着立法缺陷,在每一次作品出版、表演、展示中,文学家、音乐家、戏剧家都可以从中获得非常可观的收入,但艺术家却只能依靠买家购买艺术品以维持生计,他们所创作的作品不能出版发行,立法者对于艺术家的立法并不完整。[64] 可以看出,文字作品、音乐作品本身并不是立法者创设追续权的初衷。

尽管手稿寄托了作者原始的情感,并有一定的历史价值,但对于文字作品、音乐作品而言,手稿仅仅起到有形载体的作用,在文字、音乐作品大量复制时,手稿只是生产复制件的一个环节。并且,读者阅读手稿复制件与阅读手稿原件所获得的作品内容是一致的,不论载体是书稿,还是电子设备,并未改变作品内容的质量。除收藏家之外,对于普通读者而言,相较于文字作品、音乐作品的其他复制件,手稿并不能更多地体现文学作品或音乐作品的本质价值。与之相对的是,一般而言,艺术作品原件就是艺术作品的唯一载体[65],换言之,艺术作品原件凝聚了作品的价值。即便艺术作品存在复制件,观众在看复制件与原件所获得的感受是完全不同的,复制件并不能还原艺术作品。

---

[58] 该《示范法》中规定:"平面作品、三维作品原件(和手稿)的作者可以通过公开拍卖的形式或通过某个艺术经销商转售其艺术作品原件的收入中提取一定比例的不可转让的权利,该权利不适用于建筑作品和使用艺术品,且该项权利的行使条件由主管机构通过制定具体规范来确定。" Tunis Model Law on Copyright for Developing Countries (1976), section 4, http://portal.unesco.org/culture/en/ev.php-RL_ID=31318&URL_DO=DO_TOPIC&URL_SECTION=201.html.

[59] Directive 2001/84/EC of the European Parliament and of the Council of 27 September 2001 on the resale right for the benefit of the author of an original work of art. Recital 19.

[60] 《巴西著作权法》,万勇译,载《十二国著作权法》,清华大学出版社2011年版,页13。

[61] Mexico Federal Law on Copyright (as amended up to July 14, 2014). art. 31bis, 31ter, 31quater.

[62] Intellectual Property Code of the Philippines, Rep. Act No. 8293, (Jan. 1, 1998), as amended July 23, 2012, §§ 200—201.

[63] Copyright Act (2004), Cap. (28), §13.

[64] Journal Officiel, Chembre des Députes, Documents parlementaires, Annexe 3423, Session de 1914, Séance du 23 Janvier 1914.

[65] See World Intellectual Property Organization and United Nations Educational, Scientific and Cultural Organization, "Study on Guiding Principles Concerning the Operation of 'Droit de Suite'" at 23—24 (1985), available at http://unesdoc.unesco.org/images/0006/000660/066003eb.pdf. (last visited aug. 8, 2016).

正如亨利·德波瓦（Henri Desbois）教授所说，"艺术作品本身就存在于载体之上，而手稿只是承载无形作品的载体之一"⑥⑥。

手稿的真正价值体现在作者本人亲自完成上，这更多是一种人格象征意义的特定纪念物品。以至于意大利学者阿马迪奥·贾尼尼（Amadeo Giannini）认为，"倘若将追续权扩展适用于手稿（manuscrit），那么，难道不应将追续权适用于书信（correspondance）？"⑥⑦就此而言，手稿类似于那些不存在复制件且具有纪念意义的特定物，一经损毁或灭失就不可挽回，如特定的照片、录像带等，对其侵犯涉及的是人格权的保护⑥⑧。正如法国学者利利亚纳·皮埃尔登-福塞特（Liliane de Pierredon-Fawcett）所指，"手稿体现的是作者作为人的人格表达，而不是作为创作者的人格表达"⑥⑨。

基于此，文字作品、音乐作品不符合追续权客体特殊性的要求，作者可以从他人大量复制性使用作品中获得相应利益回报，不需要追续权制度对其进行额外保护。早在1947年，意大利法学家菲利普·帕斯奎拉（Filippo Pasquera）便已经提醒道，"若将追续权扩展适用于手稿，可能会使作品原件与劳动产物混为一谈"⑦⓪。尽管如今手稿的价值也亦为人们所重视，如布鲁斯·斯普林斯汀（Bruce Springsteen）创作的音乐作品《为跑而生》（Born to Run）的手稿在拍卖中拍出197,000美元的成交价⑦①，又如钱钟书手稿拍卖案⑦②受到人们的广泛关注。但这不足将手稿纳入追续权的客体范围，文字作品、音乐作品作者对作品的利用并非建立在手稿这一特殊载体的基础上。追续权的客体应当排除文字、音乐作品。

结语

追续权是基于作品使用而产生的权利，只有在中间商"传播性"使用作品的情形下，即中间商转售艺术作品原件时，追续权人才能够实现追续权上的特定利益，这一特

---

⑥⑥ H. DESBOIS, Le droit d'auteur en France, troisième édition, Paris, Dalloz, 1978, p.383.

⑥⑦ See Amadeo Giannini, La Convenzione di Berna sulla proprietà letteraria, Roma：U. S. I. L. A. , 1933, p.343.

⑥⑧ 《关于确定民事侵权精神损害赔偿责任若干问题的解释》第4条对于这种情况做出了规定：具有人格象征意义的特定纪念物品，因侵权行为而永久性灭失或者毁损，物品所有人以侵权为由，向人民法院起诉请求赔偿精神损害的，人民法院应当依法予以受理。

⑥⑨ Liliane de Pierredon-Fawcett, Le droit de suite en propriété littéraire et artistique—Étude de droit comparé, Thèse; Université Paris-Sud(Paris 11), 1984, p.211.

⑦⓪ Le Diritto di Autore, Anno XVIII No.2, Article-Giugno,1947. Quoted in J. L. DUCHEMIN, LE DROIT DE SUITE DES ARTISTES, Sirey, 1948. p.307.

⑦① See Deborah L. Jacobs, Springsteen's Handwritten 'Born To Run' Lyrics Fetch ＄197,000 At Auction, FORBES, http://www. forbes. com/sites/deborahljacobs/2013/12/05/springsteens-handwritten-born-to-run-lyrics-fetch-160000-at-auction. (last visited nov. 2, 2015).

⑦② 参见北京市高级人民法院民事判决书(2014)高民终字第1152号。

定利益承载于作品之上。客体是利益的载体,追续权的客体应为作品。设立追续权的立法目的在于赋予艺术家于艺术作品原件转售时以特定的收益权,这种权利基于的是艺术作品在载体上的唯一性和不可复制性,追续权的客体应为在载体上具备稀缺性的艺术作品。基于此,追续权客体应当排除文字、音乐作品、摄影作品、建筑作品以及实用艺术品。在我国,追续权客体应当限于美术作品。我国立法者应当删去我国《著作权法》送审稿中将追续权适用于"摄影作品的原件或者文字、音乐作品的手稿"的规定,并明确美术作品为追续权的客体。

我国专利默示许可制度评析
——以《中国专利法修改草案(送审稿)》第85条为基础

曾 田[*]

【摘要】《中国专利法修改草案(送审稿)》第85条增设了标准必要专利的默示许可制度,该条规定参与国家标准制定的专利权人未披露其标准必要专利的,视为默示许可他人实施该专利,权利人与实施者成立许可合同关系,权利人无权提起侵权之诉。通过对该规定的全面分析,笔者认为针对未披露必要专利规定默示许可制度是必要的,可以有效遏制专利挟持行为、促进必要专利权人积极披露、促进标准化利益的实现。但是,规定必要专利权人无权提起侵权诉讼、由专利行政部门介入专利许可使用费的确定是不必要的,该规定会增加额外的行政成本和司法成本,导致解决程序过于复杂,而且还会增加反向挟持的风险,不利于激励权利人加入标准,不利于标准化利益的实现。故笔者建议修改该条款,将默示许可作为被诉侵权人的一项侵权抗辩事由,在侵权诉讼中由法院个案认定。

【关键词】 标准必要专利;披露原则;默示许可

2015年12月2日,《中国专利法修改草案(送审稿)》公布,该草案对《专利法》进行了全面性修改,其中第85条增设了标准必要专利的默示许可制度,即参与国家标准制定的专利权人未披露其标准必要专利的,视为默示许可他人实施该专利,专利权人无权提起侵权之诉,只能就许可使用费进行协商,协商不成由地方专利行政部门裁决,

---

[*] 曾田,北京大学法学院2016级硕士研究生。

对裁决不服的,向人民法院起诉。① 从该规定我们可以看出,我国增设的标准必要专利默示许可制度与国外不同,国外的专利默示许可是被诉侵权人可援引的一种侵权抗辩,而我国规定是指,一旦权利人未披露,就视为默示许可他人实施必要专利,权利人与实施者成立许可合同关系,权利人无权提起侵权之诉。可见,我国规定比国外对权利人限制更大。我们不禁疑问,这样的限制是必要的吗?笔者将对这个规定进行全面分析。

一、国外专利默示许可的司法实践

专利默示许可制度产生于英国,发展于美国,主要是衡平法上的一种规则。理论上,专利默示许可主要是源于禁反言原则,目的是为了保护专利实施者的合理信赖利益,促进专利成果的实施。另外,也有学者从防止机会主义的视角②,为默示许可制度正名。概括来说,默示许可是指一种不同于明示许可的隐含许可方式,指在一定情形下,专利权人的语言或行为使得专利使用人产生许可其使用专利的合理信赖,就推断权利人与使用者之间成立许可关系。③ 由此可见,默示许可是一种推断的意思表示,其不考虑权利人本意,只要法院能从权利人客观意思表示中合理推断出许可他人实施的意思,就认为构成一种默示许可,该制度是对专利权的一种限制。

早期英国主要是将默示许可制度运用在平行进口案例④中,如果权利人在出售专利产品的时候没有明示平行进口的限制,那么法院就视为构成了默示许可。该制度引入美国之后,形成一系列有影响力的判例。1927年,美国联邦最高法院在De Forest Radi Tel. Co. v. United States案⑤中首次引入了默示许可,在该案中,联邦最高法院认

---

① 参见《中国专利法修改草案(送审稿)》条文对照,http://www.chinalaw.gov.cn/article/cazjgg/201512/20151200479591.shtml,2016年12月17日最后访问。
参见《中华人民共和国专利法修改草案(征求意见稿)》的说明,http://www.sipo.gov.cn/tz/gz/201504/t20150401_1095939.html,2016年12月17日最后访问。《中国专利法修改草案(送审稿)》第85条规定:"参与国家标准制定的专利权人在标准制定过程中不披露其拥有的标准必要专利的,视为其许可该标准的实施者使用其专利技术。许可使用费由双方协商;双方不能达成协议的,由地方人民政府专利行政部门裁决。当事人对裁决不服的,可以自收到通知之日起3个月内向人民法院起诉";《中华人民共和国专利法修改草案(征求意见稿)》的说明中指出"在此情形下专利权人无权起诉标准实施者侵犯其标准必要专利"。

② 参见刘强、金陈力:《机会主义行为与知识产权默示许可研究》,载《知识产权》2014年第7期,页54—60。在信息不对称的情况下,权利人可能实施机会主义行为,由此带来的逆向选择、道德风险、搭便车、交易专用性资产和行为短期化等一系列问题,这些均可以用默示许可制度来加以解决。

③ 参见袁真富:《基于侵权抗辩之专利默示许可探究》,载《法学》2010第12期,页109。

④ 标志性案例是1871年Betts v. Willmott案,通说认为,该案确立了默示许可制度,并将其运用在平行进口问题中。

⑤ 参见De Forest Radio Tel. Co. v. United States, 273 U.S. 236 (1927),在该案中,原告拥有关于真空三极管的专利,原告许可被许可人向美国政府提供图纸与技术帮助等。后来原告诉联邦政府未经许可使用其专利技术,最高法院认为美国政府获得了制造、使用真空三极管的默示许可。

为,原告许可被许可方向美国政府提供与专利技术相关的图纸、技术帮助等,就可推定原告默示许可美国政府实施专利技术。法院指出"并非只有正式的授权才能达到许可的效果,对于专利权人的任何语言或任何行为,只要能够使人正当推定为专利权人已经同意其从事制造、使用或销售等实施专利的行为,则可以构成一种许可,并可以在专利侵权诉讼中以此作为抗辩,至于许可是免费还是付费的,应当取决于当时的情形"⑥。这是美国联邦最高法院第一次对专利默示许可制度进行具体说明,这段说明也成为在后来案件中不断被援引的经典。至此之后,美国法院不断扩展默示许可制度的适用范围,除了专利产品平行进口外,还适用于专利产品零部件销售⑦、实施方法专利的专用设备的使用⑧、基于委托代理、基于原许可行为、基于技术标准⑨等情形。

日本专利法中没有规定默示许可制度,但是在 1997 日本著名的"BBS 专利平行进口"一案⑩判决中,最高法院引用默示许可制度驳回了 BBS 公司的诉求。最高法院认为,在现代国际交易中,国内的专利权人应当认识到专利产品会流通至国内。"日本专利权人在国外将专利产品进行转让时,除非在专利产品上明确标示了禁止平行进口到日本的内容,否则对于该产品不得在日本行使专利权。"⑪最高法院将这种法律构成称为"不受专利权限制的对该产品进行支配的权利"的"默示性""授予"。⑫日本学者田村善之认为可将这种法律构成称为"承诺拟制"⑬。除了平行进口之外,日本法院和学

---

⑥ 同前注⑤。

⑦ 比如 United States v. Univis Lens Co. 案中,原告将透镜毛坯销售给被告,该毛坯的唯一用途就是制造镜片,法院认为,原告将透镜毛坯出售给被告时就暗含着制造专利产品的默示许可,以及对打磨、抛光的专利方法的默示许可。

⑧ 比如 Jordan Spencer Jacobs v. Nintendo of America, Inc. ,案中,法官认为,当专利权人或其被许可人销售专利产品的时候,如果该专利产品不存在非侵权使用,就可以合理推断出专利权人出售产品时放弃了方法专利的垄断权,即包含了实施方法专利的默示许可。

⑨ 比如 Wang Lab. , Inc. v. Mitsubishi Elec. Am. , Inc. ,案中,原告参与产业标准制定,但未披露自己的专利,在专利纳入标准后起诉标准实施者侵权。法院认为,被告标准实施者与原告专利权人合作了 6 年,在此期间原告并未提出权利主张而且之前也未披露其必要专利,使得被告合理地相信原告同意被告使用该技术,由此判决认为原告的行为构成专利默示许可。

⑩ 参见日本最高法院平成 9 年 7 月 1 日判决・民集 51 卷 6 号第 2299 页。在该案中,德国著名汽车轮胎制造商 BBS 公司,在日本和德国有拥有一项关于轮胎的专利,进口商与销售商未经许可将在德国生产的轮胎平行进口至日本销售,BBS 公司起诉进口商与销售商专利侵权。

⑪ 〔日〕田村善之:《日本专利案例指南》,李扬等译,知识产权出版社 2016 年版,页 594;参见日本最高法院平成 9 年 7 月 1 日判决・民集 51 卷 6 号第 2299 页。

⑫ 同上注。

⑬ 同上注。另田村善之认为,默示许可理论也有缺陷,在平行进口案件中,出于设计的考虑,直接在产品上附着标志往往是困难的,当这种"明确标志"在流通过程中被抹去也将产生其他的问题。而且当国内外专利权人不为同一人的时候,国外专利权人的"默示许可"不能视为获得了国内专利权人的承诺,上述内容参见〔日〕田村善之:《日本专利案例指南》,李扬等译,知识产权出版社 2016 年版,页 596—597。

界还在实施方法专利的专用设备的使用[14]、产品专利零部件更换[15]的情况下肯定了默示许可制度的适用。在日本最新的苹果诉三星案件[16]中法官指出,在权利人转让专利产品的专用品场合中,根据默示许可理论,法院有时可以限制权利的行使,即视为专利权人默示许可受让人使用该专用品生产专利产品。[17]

除了美国、日本之外,德国也在司法实践中适用默示许可规则。德国联邦最高法院在1979年所作的一项判决中指出"如果专利权人售出的是一个没有获得专利保护的设备,而该设备只能用于实施专利权人的方法专利,即使该方法专利未被权利穷竭,但可以认为购买者获得了实施该方法专利的默示许可,不过默示许可是双方当事人之间的协议问题"[18]。

综上,国外许多国家都有适用专利默示许可的司法实践经验,但都是在侵权诉讼中,被告将默示许可作为侵权抗辩事由使用。

二、国内专利默示许可的司法实践

事实上,在发布专利法修改草案之前,我国在司法实践中也曾提及默示许可制度,但主要针对标准必要专利的实施。代表性案例有三个。第一,2007年邕江药业有限公司诉河南天工公司和南宁神州医药公司案[19],该案中,法院否认药品纳入国家标准就构成一种默示许可,他人要实施药品专利,应取得专利权人的许可,未经许可使用他人专利的行为构成侵权。第二,2008年季强、刘辉诉朝阳市兴诺建筑工程有限公司侵犯专利权案,最高人民法院在针对该案的复函中表明"对于专利权人参与了标准的制定或者经其同意,将专利纳入国家、行业或者地方标准的,视为专利权人许可他人在实施标准的同时实施该专利,他人的有关实施行为不属于《专利法》第11条所规定的侵害专利权的行为"[20]。即最高人民法院认为,将专利纳入技术标准的行为构成一项默示许可,他人未经授权可直接实施。第三,2012年张晶廷诉衡水子牙河建筑工程有限公司

---

[14] 参见〔日〕田村善之:《修理、零部件的更换与专利侵权的判断》,李扬译,http://www.lawtime.cn/info/zhuanli/zhuanlifalunwen/20110727 73119.html,2017年2月7日最后访问。相关案例如东京地方裁判所2004年终审判决"液体收纳容器案"。

[15] 同上注。田村善之认为"当零部件是消耗品,其更换能够被预见的情况下,由于专利权人在将产品投放市场时能够预见到这种情况,只要没有反对的意思标示,原则上就应该否定专利权侵害"。

[16] 参见知财高财平成26年5月16日判决,判时2224号146页・判夕1402号166页。

[17] 同上注。

[18] 参见Krauss-Maffei AG. v. Aweco Gmbh, IIC, Vol. 11, No. 3(1980),页504;转引自袁真富,见前注③。

[19] 参见《(2007)桂民三终字第46号》。

[20] 参见《最高人民法院关于朝阳兴诺公司按照建设部颁发的行业标准〈复合载体夯扩桩设计规程〉设计、施工而实施标准中专利的行为是否构成侵犯专利权问题的函》(2008)民三他字第4号。

等侵害发明专利权案㉑,在判决中,法院否认原告加入标准后就默示许可他人实施该专利技术,而且,强调了原告已经履行标准必要专利的披露义务,被告没有产生可保护信赖利益。由此法院认定,被告未经许可实施专利技术的行为构成侵权。

从上述系列案件中,我们可以看到最高人民法院对待标准必要专利是否构成默示许可的问题上经过了几次变化。虽然2008年最高人民法院的第4号复函认为,实施标准必要专利并不需要获得权利人的许可,但结合2016年的最高人民法院司法解释㉒和相关的判决,一般认为,将专利技术纳入标准并不意味着默示许可他人实施,实施标准者仍需要获得相关专利权人的许可,否则构成侵权。

但是有例外,从张晶廷案中我们可推断出,当标准必要专利未披露的时候,实施者有可能认为该标准中不含有专利技术或者专利权人免费许可公众实施该专利,由此产生的信赖利益是值得保护的。对此,《中国专利法修改草案(送审稿)》将未披露专利的默示许可制度规定在第85条,这是国内外首次将专利默示许可制度在成文法中予以规定,而且该规定比国外通常的默示许可制度更进了一步,其规定专利权人无权提起侵权之诉。从合同的角度出发,该规定将专利权人未披露的行为视为向公众发放了许可实施专利的要约,实施者使用该专利技术构成一种承诺,双方成立许可合同关系,该合同关系无需法院确认,原权利人也无权提起侵权之诉,只能就许可使用费纠纷向专利行政部门请求裁决。

对于这样的创新规定,学界虽然有争议,但是大多持支持态度。学者们认为,该规定有利于保护标准实施者的信赖利益,有利于激励专利权人信息披露,有利于减少标准制定或实施成本。同时,因为未免除标准必要专利默示许可使用人的付费义务,所以限制专利权人许可的后果并不严重,中国率先在立法层面上承认标准必要专利的默示许可制度,可以为其他国家提供制度借鉴和立法参考。㉓ 而且,这一规定能更好地平衡专利保护与标准实施之间的关系㉔,有助于实现专利技术与市场结合,降低许可谈判成本。除此之外,也有学者对该规定持否定态度,认为"在标准制定过程中,专利权人并不承担绝对的专利信息披露义务。而且如何确定标准必要专利的范围,也往往是有争议的。将不披露专利信息的行为一律视为默示许可,实际上相当于规定了一个专利法定许可制度,很有可能违背TRIPS协议规定的专利非授权许可必须'一事一议'的要求,

---

㉑ 参见《(2012)民提字第125号》。
㉒ 参见《最高人民法院关于审理侵犯专利权纠纷案件应用法律若干问题的解释(二)》(法释[2016]1号)(简称法释[2016]1号解释)。第24条规定:"推荐性国家、行业或者地方标准明示所涉必要专利的信息,被诉侵权人以实施该标准无需专利权人许可为由抗辩不侵害该专利权的,人民法院一般不予支持。"该司法解释认为使用标准必要专利需要获得许可的。
㉓ 参见袁真富:《标准涉及的专利默示许可问题研究》,载《知识产权》2016年第9期,页84—87。
㉔ 参见朱雪忠、李闯豪:《论默示许可原则对标准必要专利的规制》,载《科技进步与对策》2016年10月26日。

并且和标准制定中专利信息披露的实际情况并不相符,对此规定的完善应当遵循个案判断的原则"[25]。另外,该规定可能导致反向劫持的问题,需进一步明确标准必要专利默示许可规制下禁令救济的适用条件[26],而且由行政机构确定许可使用费的做法也不妥。

虽然我国新增设的专利默示许可制度与国外的默示许可制度有些许不同,但是这并不能成为反对该规定的主要理由。更为重要的问题是,对于未披露的标准必要专利而言,规定这样的默示许可制度是否必要,下面笔者将对该制度进行详细的分析。

三、《中国专利法修改草案(送审稿)》第85条的必要性分析

《中国专利法修改草案(送审稿)》第85条规定,对未披露的标准必要专利,视为权利人默示许可他人实施该专利,专利权人无权提起侵权之诉,只能就许可使用费进行协商,协商不成由地方专利行政部门裁决。笔者将该规定分为:"将未披露行为视为默示许可""未披露权利人无权提起侵权诉讼""由专利行政部门介入专利许可使用费的确定"三个主要部分,并对此分别进行必要性分析。

(一)"将未披露行为视为默示许可"的必要性分析

FRAND原则和披露原则是涉及标准必要专利的两大原则,这两个原则都是为了促进标准必要专利的实施而制定。前者是指标准必要专利权人在与实施者进行许可费协商的时候,应遵循公平、合理、无歧视的许可原则。后者是指在标准的制定过程中,参与标准制定的成员、标准组织成员应将其已有或正在申请的相关专利进行披露,以明确标准中的专利权属状态,使实施者可以了解相关标准的专利信息以及实施标准的成本,可以促进标准的制定。[27] 除此之外,披露之后还能使促使必要专利权人做出FRAND许可承诺,促进专利权人与实施者达成事先协议[28],防止专利被纳入标准后,专利权人利用标准的优势地位进行垄断性要价。

学界关于FRAND原则的讨论非常多,相比之下,关于披露原则的讨论比较少。事实上,若专利权人在标准制定过程中故意不披露必要专利,在标准实施后又利用其优势地位向实施者主张侵权损害赔偿,将严重阻碍标准的实施,同时也损害实施者的利益。[29] 对此,我国针对未披露的标准必要专利规定了默示许可制度,《中国专利

---

[25] 张伟君:《默示许可抑或法定许可——论〈专利法〉修订草案有关标准必要专利披露制度的完善》,载《同济大学学报(社会科学版)》(第27卷第3期),2016年6月,页110—114。

[26] 参见朱雪忠等,见前注[24],页5。

[27] 标准制定过程中,标准组织根据披露情况,可以灵活地选择一些可替代性专利和竞争性专利。

[28] See Joseph Farrell, John Hayes, Carl Shapiro and Theresa Sullivan: "Standard Setting, Patents, and Hold-up", Antitrust Law Journal, Vol. 74, No. 3 (2007), p.624.

[29] 因为实施者在实施标准的时候付出了大量沉淀成本,若必要专利权人以专利侵权为由禁止其继续实施,实施者将被迫支付许可使用费或侵权损害赔偿,在权利人hold-up的情况下,该许可费的数额最多可等于实施者付出的沉淀成本。

法修改草案（征求意见稿）》说明中指出：为了防止参与标准制定的专利权人在标准制定过程中不披露其拥有的标准必要专利，将其拥有的专利技术纳入标准中，在标准实施后又通过专利'挟持'标准实施者，损害标准实施者和消费者利益，草案规定了标准必要专利默示许可制度。㉚ 对于未披露的标准必要专利，该规定剥夺了权利人的拒绝许可权，这将促进标准必要专利权人在标准制定过程中积极披露。但是该规定也存在一些弊端，在司法实践中，判断标准必要专利权人是否披露非常复杂：

首先，不同领域的标准组织对于披露的要求各不相同。披露的范围有好多方面，包括披露的范围、时间等。JEDEC㉛（Joint Electron Device Engineering Council 电子工程设计发展联合会议）要求参与标准制定的组织与个人披露所有与标准相关的已知专利或者专利申请㉜；IEC（International Electrotechnical Commission 国际电工委员会）、ISO（International Organization for Standardization 国际标准化组织）、ITU（International Telecommunications Union 国际电信同盟）共同制定专利政策㉝中鼓励披露精确的专利信息；W3C（World Wide Web Consortium 互联网联盟）要求披露公开的专利申请，当专利申请是基于标准组织的相关信息时，要求披露未公开的专利申请㉞；ITU 只要求披露必要的专利和专利申请。国际标准组织的规则并不要求专利权人事前说明许可的期限和许可使用费，然而，VITA（VMEbus International Trade Association 国际贸易协会）不仅要求权利人披露专利，而且还要求披露未来许可的限制条款。㉟ 除此之外，各个标准组织对于"必要专利"的定义不同，一些国际标准组织认为，标准组织并不需要对标准所涉及的专利或专利权利要求的必要性做出判断㊱，而另一些标准组织则对必要专利或必要专利权利要求进行了具体阐释。而且，各标准组织对专利权的专利检索义务要求也不同。总之，不同标准组织对专利披露的要求不同，有的要求披露范围广、有的要求披露范围窄，有的只是建议披露、有的规定强制性披露，法院在判断标准必要专利权人是否完成披露要结合特定标准组织的要求综合判断。

㉚ 《中华人民共和国专利法修改草案（征求意见稿）》的说明，http://www.sipo.gov.cn/tz/gz/201504/t20150401_1095939.html，2016 年 12 月 17 日最后访问。

㉛ Joint Electron Device Engineering Council 电子工程设计发展联合会议，为电子产业制定通用标准.

㉜ See JEDEC Solid State Tech. Ass'n, JEDEC Manual of Organization and Procedure, http://www.jedec.org/Home/manuals/JM21M.pdf，2016 年 12 月 20 日最后访问。

㉝ See《ITU/ISO/IEC, Guidelines for Implementation of the Common Patent Policy for ITU-T/ITU-R/ISO/IEC》Edition 3.0,http://www.iec.ch/members_experts/tools/patents/documents/ITU-T_ITUR_ISO_IEC_Common_Guidelines_2015-06-26.pdf，2016 年 12 月 20 日最后访问。

㉞ See W3C, W3C PATENT POLICY, http:// www.w3.org/Consortium/Patent-policy-20040205/.，2016 年 12 月 20 日最后访问。

㉟ See VITA PATANET POLICY, http://www.vita.com/disclosure/VITA% 20patent% 20policy% 20section% 2010% 20draft.pdf，2016 年 12 月 20 日最后访问。

㊱ 见前注㉝；转引自何隽：《技术标准中必要专利问题再研究》，载《知识产权》2011 年第 2 期，页 102。

其次，关于是否充分披露的判断较为复杂，各个法院对充分披露的认定标准也不同。必要专利与必要专利权利要求是两个不同的概念㊲，一个必要专利里包含了必要的权利要求和非必要的权利要求。专利权人可能只披露了标准必要专利中的非必要权利要求，而未披露必要的权利要求，是否充分披露要求法院结合具体情况进行判断。但各个法院对充分披露的认定标准不同，在 Rambus 案㊳中，美国联邦巡回上诉法院（CAFC）提出了"合理可能必要"原则，即当一个合理的竞争者预见到不获得的这个专利的许可自己就无法实施该标准时，这个专利就落入"合理可能必要"的范围之内�39，由此认定 Rambus 公司没有违反披露义务。在高通诉博通案件㊵中，法院对"合理可能必要"原则的阐释不同于 Rambus 案，法官认为"合理可能必要"的范围应当大于"实际必要专利"的范围。由此可见，各个法院对于何为充分披露意见不一。

再次，披露的精确或模糊，常常与企业自身经营策略有关。哈佛大学最新的研究㊶报告指出，拥有高质量的专利权人，往往会在标准必要专利中精确地披露自己的专利信息，以便于许可谈判和侵权诉讼。㊷ 如果必要专利权人并不需要促进许可谈判，而主要依下游专利产品获取利益，则他们往往会选择模糊的专利披露方式，因为对于他们而言，模糊性披露可以减少专利检索成本㊸，还可以减少反垄断风险㊹。低质量必要专利权人通常也选择模糊披露，使自己专利技术看起来更加重要。总之，披露的程度和范围受很多因素影响，标准组织不能要求所有的必要专利权人都精确披露。同样，法院也不能仅因为披露模糊就认为专利权人意图专利劫持。

最后，标准必要专利权人的主观心理状态可能影响未披露的责任承担。许多涉及标准必要专利权人未披露的案件中，都提到了必要专利权人是故意的。但实际上，标准必要专利权人未充分披露并不都是故意的，也可能是过失或者是无意的。标准的制定是一个漫长的过程，涉及各个提案的投票和讨论，一个最初的提案可能经过几轮讨论后变化很大。也许一开始属于非标准必要专利权利要求最后落入了标准中，必要专利权人由于过失未补充披露，或者因为必要专利权人主观上就不认为自己的专利技术落入标准中从而未披露。在这些情况下，未披露专利权人主观恶性不同可能导致最后

㊲　何隽，见前注㊱。

㊳　See Rambus Inc. v. Infineon Technologies AG,318 F.3d at 1100。

㊴　同上注；转引自张伟君，见前注㉕。

㊵　See Qualcomm Incorporated v. Broadcom Corp., 548F. 3d 1004(2008)。

㊶　See Josh Lerner、Haris Tabakovic、Jean Tirole：:"Patent Disclosures and Standard-Setting", Harvard Business School, October 12, 2016,页1—20。

㊷　在诉讼中，如果必要专利权人精确披露了专利，法院会倾向于认定侵权。

㊸　标准组织规定了申请加入标准的专利权人的专利检索义务，专利披露的程度与检索量的大小直接相关，一般来说，专利披露精确，检索的量越大，检索成本越高。

㊹　因为当专利权人精确披露专利技术的时候，通常被认为他能保证所有相关的专利都披露了，若此时有一项专利技术漏了，很有可能被认为构成垄断。

的惩罚力度不同。

综上所述,虽然将未披露标准必要专利视为默示许可能够促进标准必要专利权人积极披露,但是必要专利权人是否未披露的判断非常复杂,需要法院个案认定。考虑到必要专利的披露在整个标准实施过程中的重要作用,而标准组织往往都缺乏执行力,无论其制定的是强制性或一般性的披露规则,标准组织都不能强制要求其成员进行披露。而且并不是所有未披露主体都具有市场支配力,不是都符合反垄断法规制的门槛。所以笔者认为对未披露必要专利设定默示许可制度是必要的,一方面可以增加司法力量对未披露行为进行惩戒;另一方面也可以大大促进必要专利权人积极披露。但是不能将所有未披露行为都视为默示许可,需要法院个案认定。虽然判断未披露是一个复杂的过程,但是法院是可以胜任这样工作的。

(二)"未披露权利人无权提起侵权诉讼"的必要性分析

对于未披露的标准必要专利权人,法院剥夺其提起侵权诉讼的权利,可以有效遏制专利挟持问题。因为必要专利权人再无权以侵权为由禁止他人实施标准,只能就许可使用费与实施者进行协商,这大大降低了必要专利权人的挟持能力,即必要专利权人不能再借助自己的优势地位过度要价。而且,该规定还减少了实施者的协商成本,促进了标准的实施,还可以反过来促进标准必要专利权人积极披露。

然而另一方面,这样的规定有很大的缺陷:

首先,这会增加无谓的司法成本。虽然表面上看,规定专利权人无权提起侵权诉讼是有利于节约司法成本的。但实际上,正如上文所述,判断必要专利权人是否未披露本身就是很复杂的问题,权利人与实施者之间不免产生争议。此时,必要专利权人可能需要另外提起一个确认之诉,由法院判定权利人是否披露,确认双方是否存在默示许可合同关系,再考虑是否适用默示许可规则。这样不仅增加了司法成本还增加了权利人的诉讼成本。

其次,该规定可能会导致反向挟持问题。反向挟持是指必要专利实施者利用自己的优势地位,挟持专利权人,迫使其达成低额的许可使用费。根据《中国专利法修改草案(送审稿)》第85条规定,当标准实施者实施该标准时,就与未披露的标准必要专利权人自动达成了许可协议,此时实施者可以延迟支付或者不支付许可使用费为由挟持专利权人,而必要专利权人无权再以侵权为由禁止实施者实施,地位被动,容易被迫达成低额许可使用费协议。由于标准的实施范围广,实施者多,势必对必要专利权人造成很大损害。

最后,由于高昂的诉讼成本以及实施者的反向劫持问题,可能会损害专利权人加入标准的激励,专利权人不愿意加入标准,长此以往,不利于信息时代标准化利益的实现。

综上,虽然规定未披露必要专利权人无权提起侵权诉讼有一定积极意义,但是这样规定会有很多弊端,可能增加无谓的司法成本和当事人的诉讼成本,增加反向劫持的风险,而且由于对标准必要专利权人保护水平低,可能会对将来专利权人加入标准的激励产生消极影响,损害标准化利益的实现。由此笔者认为,该规定是不必要的。

（三）"由专利行政部门介入专利许可使用费的确定"的必要性分析

我国的知识产权纠纷行政裁决的法律规定始于《专利法》,之后《商标法》《植物新品种保护条例》等也都规定了行政裁决的处理方式,但主要针对知识产权侵权纠纷。由专利行政部门介入专利许可使用费的确定,一方面可以节约一部分司法成本,而且在某种程度上,行政部门解决纠纷的效率比法院更高。[45] 但在另一方面,由行政部门介入许可费确定也有一定缺陷。

首先,我国《专利法》修改历史表明,专利行政机关裁决专利纠纷的权限逐渐被缩小,新增专利行政部门介入许可合同纠纷处理有悖于该发展趋势。1984年《专利法》规定,对于专利侵权纠纷,"专利权人或者利害关系人可以请求专利管理机关进行处理,专利管理机关处理的时候,有权责令侵权人停止侵权行为,并赔偿损失。"[46] 2000年《专利法》第二次修改大大限制了行政机关裁决专利侵权纠纷的权限[47],根据新修改的规定,行政部门只能就侵权与否作出认定,关于赔偿损失问题,行政部门只能进行调解,调解不成的当事人可另行向人民法院提起民事诉讼。[48] 国家知识产权局在关于2000年《专利法》第二次修改的说明中指出"根据民法的一般原则,专利侵权纠纷作为民事纠纷,原则上应当通过司法程序解决"[49]。赔偿损失问题属于典型的民事纠纷,应当由司法机关进行处理。但是"考虑到专利侵权纠纷涉及比较复杂的技术问题,专利行政部门对专利侵权纠纷进行调解处理是可以的"[50]。由上述修改历史我们可得出,对于专利侵权损害赔偿、专利许可费纠纷的处理不需要较高的技术性要求,根据民法一般原则,该类民事纠纷通过司法程序解决更为妥当。

其次,在确定标准必要专利许可费问题上,专利行政部门并非更具优势。在Ericsson, Inc. v. D-Link Systems, Inc.案[51]中,法官认为标准必要专利的许可使用费只能包含

---

[45] 参见《专利行政执法办法》。行政部门处理专利纠纷需在4个月内结案,而司法部门解决民事纠纷的审限为6个月。

[46] 参见《中华人民共和国专利法》(1984年制定)第60条。该规定赋予了行政部门责任停止侵权、赔偿损失等原本属于法院的权限。

[47] 随着法院中具备技术背景的审判人员越来越多,技术鉴定越来越规范,而且比起行政部门,法院审判人员更熟悉法律规定,故《专利法》第二次修改大大限制了行政机关裁决专利侵权纠纷的权限。

[48] 参见《中华人民共和国专利法》(2000年第二次修改版)第57条;《中华人民共和国专利法》(2008年第三次修改版)第60条。

[49] 参见国家知识产权局《专利法第二次修改说明》,http://www.sipo.gov.cn/zxft/zlfdscxg/bjzl/200804/t20080419_383844.html,2017年2月7日最后访问。

[50] 同上注。

[51] 参见Ericsson Inc. v. D-Link Sys. Inc., No. 13-1625 (Fed. Cir. 2014)。

技术本身的增值价值,而不包含因为标准化而产生的增值部分。标准必要专利许可费的确定非常复杂,专利行政部门成员大多对专利市场不了解,由于信息不对称等原因可能导致行政部门确定的许可费不合理。另外,许可费的计算需要一定经济学的相关背景知识,法院在审理该类纠纷时可引入专家辅助人制度,请经济学专家帮助确立合理的许可费数额。由此可见,行政部门确定许可费并不比司法机关处理更具有优势。

另外,行政裁决不是终局裁决,当事人不服还可以向人民法院提起行政诉讼,由此行政介入不但没有减少司法成本,反而会增加额外的行政成本和司法成本,导致案件的重复处理。在涉及行政机关对民事争议所作的裁决的行政诉讼中,当事人可申请一并解决相关民事争议[52],即对于该类纠纷,当事人在提起行政诉讼的同时可附带民事诉讼,由法院一并审理。比起直接由法院确认,行政部门的介入导致程序更加复杂,不利于争议的高效解决。

综上,笔者认为由专利行政部门介入许可使用费的确定是不必要的。

四、结论和建议

上文通过详细分析,笔者认为,《中国专利法修改草案(送审稿)》第85条针对未披露必要专利规定默示许可制度是必要的,可以有效遏制专利挟持行为、促进必要专利权人积极披露、促进标准化利益的实现。但是,规定必要专利权人无权提起侵权诉讼是不必要的,因为是否披露是一个很复杂的问题,需要法院个案认定。权利人无权提起侵权之诉的规定将使权利人被迫先提起一个确认之诉,由法院判定权利人是否披露,确认双方是否存在默示许可合同关系。这将导致司法成本和诉讼成本浪费,而且还会增加反向挟持的风险,不利于激励权利人加入标准,不利于标准化利益的实现。另外,由专利行政部门介入专利许可使用费的确定有悖于历史发展趋势,可能会增加额外的行政成本和司法成本,导致解决程序过于复杂,导致重复处理等,笔者认为也是不必要的。

由此,笔者建议可以借鉴国外,将默示许可作为被诉侵权人的一项侵权抗辩事由,将《中国专利法修改草案(送审稿)》第85条修订为"在标准必要专利侵权诉讼中,若原告故意未披露其必要技术专利信息,被告抗辩构成默示许可的,人民法院应予支持,免除被告的侵权责任,由双方协商许可使用费数额,协商不成的,由人民法院判决"。这样一来,关于必要专利权人是否披露、如何确定许可使用费等问题都可在一次侵权诉讼中得以解决,该修改免除了复杂的程序,有利于保护标准必要专利权人利益,激励权利人加入标准,同时促进标准的实施。

---

[52] 参见《行政诉讼法》第61条。

搜索引擎网页快照法律问题研究

崔若男[*]

【摘要】 网页快照是搜索引擎提供的一种专项技术服务,制作并提供网页快照的行为构成对作品复制权和信息网络传播权的侵犯,不能以"避风港原则"和合理使用作为合法免责事由。我国相关法律法规虽然对网页快照行为的侵权性质进行了规定,但是实务界和学术界对此仍持有不同意见,默示许可制度的引进不失为解决网页快照侵权认定问题的良方。

【关键词】 网页快照;避风港原则;合理使用;默示许可

引言

在互联网信息时代,由于法律规制不健全,法律中对于搜索引擎服务商提供网页快照服务是否构成对原网页著作权人或原作品著作权人复制权、信息网络传播权的侵犯、适用何种免责事由,以及需要承担何种侵权责任都没有规制,这给司法裁判以及搜索引擎服务商规避侵权风险都带来了相当大的难度。因此,本文旨在通过对网页快照的著作权侵权行为及其所涉抗辩免责事由进行分析探讨,以期明确该行为责任承担及免责事由的相关问题。

一、搜索引擎网页快照概述

网页快照是搜索引擎提供的一种专项技术服务,搜索引擎在收录网页过程中,根据技术安排自动将被索引网站网页的 HTML 编码备份到缓存中。当用户点击搜索结果的"网页快照"或"快照"链接进行访问时,实际上访问的就是缓存页面。网页快

---

[*] 崔若男,北京大学法学院 2015 级知识产权法硕士。

照中通常有标题信息说明其存档时间,并提示用户这只是原网页页面的存档资料,是搜索引擎自动从原网站上抓取的快照。① 在出现网络拥堵等情况导致原网页无法正常访问时,用户可以使用网页快照来查看网页的主要内容。搜索引擎将根据原网站的更新速度设置网页快照更新周期,定期对网页快照进行更新。②

由此可知,网页快照技术的特征如下:

1. 网页快照是存储在搜索引擎服务器中的,而非像系统缓存一样存储在用户计算机中。

2. 网页快照中,搜索的关键词用亮色显示,以提高搜索效率。

3. 网页快照能够迅速打开那些无法打开的搜索结果。

4. 网页快照存储的不仅有纯文本的备份,也会有一些静态图片。③

网页快照的内容主要涉及纯文本和图片内容,对于原始网页中的音频或者视频内容则无法进行快照,因此,网页快照实际上可分为三类,一类就是单独包含作品的纯文字类网页进行的快照,一类是图片缩略图快照(可参考完美十诉亚马逊案件④),还有一类则是歌词类网页快照(可参考泛亚诉百度案件⑤)。

二、制作并提供网页快照行为的性质认定

本节主要涉及搜索引擎制作并提供网页快照的行为是否构成对于复制权和信息网络传播权的侵犯。《最高人民法院关于审理侵害信息网络传播权民事纠纷案件适用法律若干问题的规定》第5条认定构成实质性替代的网页快照属提供行为,同时也对不构成侵权的例外情形做出了规定。⑥ 如何认定实质替代、何种情况构成侵权的例外,在司法实践当中仍存有较大争议。

(一)网页快照是对复制权的直接侵犯

传统的复制仅限于印刷、拓印等以有形方式再现作品的方式。如今,随着互联网技术的发展,复制的含义已经远远超出"copy"的范畴,并开始体现为以无形方式(照相、扫描等方式)对作品进行再现。《美国版权法》第101条关于复制品的定义是,以现在已知或者未知的方式,将作品固定在有形的物质媒介上,使得作品可以被他人感知、

---

① 北京市高级人民法院(2007)高民终字第1729号判决书,王路与雅虎公司侵犯著作权纠纷上诉案。
② 参见张晰昕:《涉及网页快照的著作权侵权构成》,载《人民司法》2009年第20期。
③ 参见任利光:《网页快照的法律问题分析》,载《法制与社会》2010年第14期。
④ Perfect 10, Inc. v. Amazon.com, Inc., 508 F.3d 1146 (9th Cir. 2007). 完美十诉亚马逊案件主要涉及的是完美十网站所为的快照构成上述的转化性使用。
⑤ 最高人民法院(2009)民三终字第2号。
⑥ 《最高人民法院关于审理侵害信息网络传播权民事纠纷案件适用法律若干问题的规定》第5条第2款规定,前款规定的提供行为不影响相关作品的正常使用,且未不合理损害权利人对该作品的合法权益,网络服务提供者主张其未侵害信息网络传播权的,人民法院应予支持。

传播、复制。鉴于复制权是一项范围十分广阔的排他权，他人未经权利人许可而为的、对作品的复制行为都是对于复制权的侵害。但是总体来说，无论是传统复制还是信息时代的复制，并没有根本性的实质差异。所谓复制应当包括以下几个基本特点：一是对作品内容的再现性，二是作品表达形式的重复性，三是作品复制行为的非创造性。⑦

在王路诉雅虎侵权⑧的纠纷案件中，法院认定雅虎制作的、包含涉案作品的网页快照的行为不是侵权行为，并就其认定理由做出论述。法院认为，在原告起诉之前被告并不知晓其为载有涉案作品的网页设置了快照，也不知晓所涉网页快照是否包含涉案三部作品，并由此认定被告并没有侵犯原告著作权的主观故意。基于法院对于雅虎行为的主观过错进行的分析，并结合我国对于著作权直接侵权行为的认定往往适用的是无过错责任原则⑨，法院将雅虎是否存在侵权的主观过错作为直接侵权认定因素较为不当。或者，我们从另外一个角度考虑，顺应法院对于网络著作权侵权主观意图的认定思路，雅虎主张并不知晓其为载有涉案作品的网页设置了快照，但是实际上，只要目标网页存在访问的可能，那么该网页快照的形成是迟早的事情。并且我们可以推论，被告雅虎（其实也代表了提供网页快照服务的所有搜索引擎服务商）是应当知道其自行设置网页快照的行为的。按照我们经常使用的复印机比喻，搜索引擎服务商的行为并不是他人使用复印机进行复印而复印机所有人不知情的情形，反而是复印机所有人将所有可能涉及的作品通过复印机复印出来，并准备随时供给所有可能的使用者。该行为虽然是复印机"做出"，但是实际上是复印机所有人的行为，此行为显然是对权利人复制权的直接侵犯。

（二）网页快照是对信息网络传播权的直接侵犯

《世界知识产权组织版权条约》（以下称《版权公约》）中规定了向公众传播的权利，即文学和艺术作品的作者应享有将其作品以有线或无线方式向公众传播的权利，包括将其作品向公众提供，使公众在其选定的地点和时间获得这些作品的专有权。此即为《版权公约》对于信息网络传播权的定义。

按照信息网络传播权的相关定义，该网页快照的传播行为实质上构成提供作品使网络用户在选定的时间和地点通过互联网对选定的作品进行欣赏的行为。搜索引擎

---

⑦ 参见吴汉东：《著作权合理使用制度研究》，中国人民大学出版社2013年版，页145—146。

⑧ 参见北京市高级人民法院/(2006)高民终字第1365号判决。

⑨ 虽然国内很多学者主张知识产权侵权主要采取的归责原则是过错责任原则加过错推定原则，但是其实为针对侵权范围的归责原则，其所能决定的应当仅仅是侵权之后需要承担的责任范围问题。并且从知识产权民事救济以及行政救济的途径可以看出，在发生侵权之后，权利人要求停止侵权的主张并不受到侵权人的主观状态的影响，由此我们可以看出，我国对于著作权直接侵权行为的认定实际适用的是无过错责任原则。该原则主要是基于知识产权客体以及权利内容的特殊性产生的，原告主张被告侵权行为的主观过错十分困难，而被告想要证明自己无过错又十分容易，如果对网络著作权侵权行为的认定采取过错原则的话，无疑是为原告或者权利人的维权之路增加了重重阻力。

将包含作品的网页通过互联网(满足有线或无线的方式)提供给广大网络用户,构成将作品的复制件在网络中进行未经许可的传播行为。因此搜索引擎服务商提供包含作品的网页快照的行为,实际上构成了未经许可将包含作品内容的网页进行信息网络传播行为,是对该权利的直接侵犯。

北京市高级人民法院第2010年5月颁布的《关于审理涉及网络环境下著作权纠纷案件若干问题的指导意见(一)》(试行)第11条规定,网络服务提供者在提供搜索服务时以"快照"形式在其服务器上生成作品、表演、录音录像制品的复制件并通过信息网络向公众提供,使得公众能够在选定的时间和地点获得作品的,构成信息网络的传播行为。虽然在实际网页快照的传播过程中,有关快照和第三方原始网页可能会存在一定的延迟,但是鉴于所有快照更新的时间都是可以搜集到的,所以又实质上满足了"在选定的时间和地点获得作品"的要件。由此我们也可以看出,上述行为是对信息网络传播权的直接侵权,在司法实践中,法院对此予以认定。

三、免责事由分析

(一) 避风港原则

《数字千年版权法案》(NMCA)中确立了"避风港规则":在发生著作权侵权案件时,当ISP只提供空间服务,并不制作网页内容时,如果ISP被告知侵权,则有删除的义务,否则就被视为侵权。如果侵权内容既不在ISP服务器上存储,ISP又没有被告知哪些内容应当删除,则ISP不承担侵权责任。[⑩]

我国的《信息网络传播权保护条例》中主要规定了四种适用避风港的情况:(1) ISP提供自动接入服务、自动传输服务的,只要按照服务对象的指令提供服务,不对传输的作品、表演、录音录像制品进行修改,不向规定之外的人传输,此种情况下ISP发生侵权,ISP免责;(2) ISP为了提高网络传输效率,自动存储信息向服务对象提供的,只要不改变存储的作品、表演、录音录像制品,不影响原提供该作品、表演、录音录像制品网站对其使用的监控,并根据该网站对其的处置而做相应的处置,不承担赔偿责任;(3) ISP向服务对象提供信息存储空间服务的,只要标明是提供服务、并公开ISP的名称、联系人、网络地址、不改变存储的作品、表演、录音录像制品,不是明知或者应知存储作品、表演、录音录像制品侵权,没有从侵权中直接获得经济利益,接到权利人的侵权通知后采取了删除措施,那么ISP免责;(4) 网络服务提供者为服务对象提供搜索和链接服务,在接到权利人的通知书后,根据本《条例》规定断开与侵权的作品、表演、录音录像制品的链接的,不承担赔偿责任;但是,如果明知或者应知链接作品、表演、录音录像制品侵权仍链接的,应承担共同侵权责任。[⑪]

---

⑩ Digital Millennium Copyright Act. §512. Limitations on liability relating to material online.
⑪ 《信息网络传播权保护条例》第20—23条。

在王路诉雅虎案件中,雅虎主张其实质为系统缓存网站,属于 ISP 网络服务中"系统缓存"提供者,因此应当适用《信息网络传播条例》中第 20 条、第 21 条所针对的"系统缓存"避风港,将避风港原则直接指向其系统缓存行为。并且在类似案件中,搜索引擎的服务商往往以此主张免除其侵权赔偿责任。但是,根据上述分析,制作并提供网页快照的行为涉及的并不是网络服务提供者的帮助侵权行为,而是直接提供作品内容的侵权行为,该行为和系统缓存的行为存在本质上的区别。通过对上述提供网页快照的搜索引擎服务商的行为分析,其行为已经构成将某类包含作品内容的网页上传至互联网、供用户访问的内容提供行为。从这个角度来讲,其扮演了 ICP(Internet Content Provider 互联网内容提供者)的角色而并非 ISP。

系统缓存是在网络传输过程中产生的技术现象。当用户在浏览器中输入目标网站的网址的时候,此时往往需要一个或者多个中转服务器通过该用户的指令而对目标网站的内容进行传播。但是鉴于有时存在大量用户同时访问某一网站或者同一用户频繁访问某一目标网站而导致的网络拥堵等情形,此时中转服务器为提高传输效率,从而将目标网站的对应内容缓存在其内存当中,当下一个用户或者是同一个用户再次访问目标网站的时候,中转服务器无需再按照用户指令调取目标网站内容,而是转而将缓存在系统当中的内容发送给用户,高效的满足用户获取信息的需求,并且此种缓存往往可以通过关闭目标网页或者关闭计算机的方式进行清除。[12]

还有一种缓存叫做"流媒体"缓存,主要发生在对于视频、音频网站的浏览过程中,我们作为普通用户在日常观赏中也有所体会。当我们访问某一音频视频网站并观赏其提供的音像作品时,会看到进度条中的白色缓冲线条,这其实就是网站在我们的获取信息的过程中,按照我们的指令,通过对相应的视频信号进行抓取,以降低用户在观赏过程中所耗费的时间、提高服务效率,而该缓存内容就储存在中转服务器的内存中。由此可知,系统缓存发生在"用户—中转服务器—目标网站"之间,并且该缓存行为仅发生在用户下达访问指令之时。只要用户没有通过点击传达访问要求,则该缓存行为就不会发生,并且用户往往在表面上无法意识到该缓存行为的存在。

但是搜索引擎制作并提供网页快照的行为并非如此。首先,网页快照并不是由用户在访问目标网站时促使搜索引擎服务商通过"网络爬虫(Web Spider)"程序抓取即时产生的。"爬虫"抓取互联网网页中的内容,并将其存在搜索引擎的服务器内,这是搜索引擎服务商为了防止网络拥堵的情况而采取的主动的、无差别的、扫描所有网站而形成的页面。其次,该行为并非是为了提供访问服务而必需的技术服务。在实际使用过程中,网页快照并非目标网站的必经之路,用户既可以选择继续访问目标网站也可以选择点击"快照"链接从而进入到网页快照界面。再次,即便是系统将目标网页的

---

[12] 参见王迁:《搜索引擎提供"快照"服务的著作权侵权问题研究(一)》,载《东方法学》2010 年第 3 期。

内容进行缓存、保留在中转服务器中,用户所获取的信息仍然应当停留在目标网页上,即当用户点击搜索引擎提供的网页链接之后,其离开搜索引擎从而进入到目标网站中。然而网页快照并非如此,当用户点击快照网页链接的时候,用户并没有离开搜索引擎,其打开的往往是"http://cache.baiducontent.com/c?m="打头的网址,并且用户也很容易辨知该网页快照来源于搜索引擎而不是目标网站,其点击行为增加的是搜索引擎的点击率,由此可将该网页快照视为对目标网页的"复制"。

网页快照服务旨在使用户有意不去访问目标网站获取信息,而是直接从搜索引擎提供的网页快照中获取信息,尤其在目标网站所涉主要内容为文字和图片的时候,网页快照的内容基本就是对包含作品的目标网站的直接复制。用户为了快捷方便地获取目标网页内容转而点击网页快照,从而放弃了对目标网页的浏览。搜索引擎凭此在一定程度上截取目标网站的流量。对于以提高访问量而获得更多广告收入为主要盈利模式的网络运营商来说,网页快照是对其经济利益的赤裸掠夺。[13]

避风港原则仅适用于网络服务提供商的间接侵权行为,并依照通知删除规则免除网络服务提供商的侵权赔偿责任。制作并提供网页快照的行为不是系统缓存行为,是直接侵犯著作权人的复制权和信息网络传播权的行为,因此不应当适用避风港原则,否则就违背了避风港原则的宗旨。

(二)合理使用或者限制性例外

合理使用原则(或者是限制性例外)是避风港条件之外的又一免责事由。

Field v. Google,Inc.[14]案是美国首个对网页快照的法律性质进行认定的案件。该案涉及的一个焦点问题在于,上述侵犯著作权的行为能否以合理使用制度进行抗辩。

美国法院在认定合理使用时采取的是"四要素"分析法,即分别对使用作品的目的和性质、使用的数量和程度、对该作品的使用对作品潜在市场的影响进行分析,来确定是否构成合理使用并免除侵权人的赔偿责任。

首先,Google公司的使用行为必定充满了商业性质,但是这并不构成否定合理使用的必然因素。其次,就作品的性质来讲,美国法院基本形成一致看法,即被告的使用行为一旦存在转化性使用,该因素对于合理使用的认定的影响就显得微乎其微了。[15]"转化性使用"是指,"该作品仅仅是替代了原有的独创性内容,或是增加了新的用途或特色"。[16] 本案法官Jones对Google公司的网页快照行为是否具备转化性提出了以下几点理由:

---

[13] 参见王迁:《网络环境中的著作权保护研究》,法律出版社2012年版,页388。
[14] Blake A. Field v. Google,Inc.,412F. Supp.2d 1106(D. Nev.2006)。
[15] 参见詹毅:《论网页快照的转化性使用价值——以泛亚诉百度一审判决为视角》,载《法治论丛》2010年第25卷第2期。
[16] 武钥:《浅析百度快照侵权的免责事由》,载《法制与社会》2014年第14期。

一是,Google 公司能使用户在无法连接原始网页时获得网页内容,而且它能使用户发现特定页面随着时间的推移发生了变化;

二是,能够使用户比较快的找出了网页中关键字出现的位置;

三是,Google 网页快照的功能设计很清楚地表明其没有替代原始网页的意图,因为快照页面清楚的标识出本页面只是快照页面并非原始网页,并且一并提出了原始网页的链接地址;

四是,Google 允许网页所有人可以简单地利用网页标签(meta-tags)或者机器人文档(robots.txt),避免自己的网页被快照。⑰

Field v. Google Inc. 案涉及的主要是对于目标网页文字内容的快照。⑱ 法院认为 Field 的作品是基于信息传播的目的而向公众免费提供的,从这角度来说符合合理使用的要求。其中涉及争议最大的一项应当是是否会对作品的潜在市场产生影响。Google 的快照同样是基于提高信息传输效率为公共提供方便并兼具盈利的目的。但是,就举证方面而言,原告存在较大的举证难题。并且,鉴于当今网站主要的盈利模式,搜索引擎的网页快照服务肯定是存在截取目标网页流量的嫌疑。与此同时,搜索引擎也往往会主张网页快照为网络用户提供了一定的自主选择性,因为按照一般的浏览习惯,网络用户只有在网络拥堵、网速不畅的情况下才会点击网页快照进行浏览,因此对权利人作品的潜在市场的影响微乎其微。但是,就该点而言,还是应当遵循个案认定原则,不能因此就盲目地遵守司法一致原则。甚至在 Google 之后的案件中,有的法官因此而形成了搜索引擎制作并提供网页快照的行为均不构成侵权的观念,这就是对于在先判例的曲解了。网页快照服务的便捷会"诱使"用户放弃点击目标网页而选择查看网页快照,因此仍然威胁到了一些免费网站的潜在市场。例如,案件涉及的是依靠点击率获取流量而向广告商收取费用的网站,Google 网页快照对于网络用户的任何一次点击的引导都会使得原告的网站点击率下降并进而影响其收益,对其造成实质性的损害。实际上,对于网页快照行为的认定主要还是对上述第一点和第四点内容的确定。

不同于以美国为代表的要素主义立法,中国作为典型的作者权体系国家,采用的是"著作权例外"(exception of copyright)模式,即著作权的例外是一种非常态,因此应该受到严格的限制,在立法方面主要体现为封闭性、穷尽式列举的方式。因此"限制性例外"的立法模式要求在认定是否构成例外的时候,只需直接按照法条进行判定即可,在解释上也只能采取狭义解释的原则。如果法律没有明确规定,法官不得认为属于权

---

⑰ Blake A. Field v. Google Inc. ,412F. Supp. 2d 1106(D. Nev. 2006).

⑱ 其他快照形式还包括对于歌词的快照、以及缩略图快照等,可以参考音著协诉百度、完美十诉谷歌等案件。其中谷歌对于完美十网站的照片所为的缩略图快照即主要起到了信息定位的作用而不再是欣赏的作用,并且并不会对原始图片产生市场替代性,因为其并不具备原始图片所具有的美学性。

利限制的例外。但是在实际司法实践中,法院可以做出一定的解释和突破。⑲

《最高人民法院关于审理侵害信息网络传播权民事纠纷案件适用法律若干问题的规定》第 5 条第 2 款规定,前款规定的提供行为不影响相关作品的正常使用,且未不合理损害权利人对该作品的合法权益,网络服务提供者主张其未侵害信息网络传播权的,人民法院应予支持。北京市高级人民法院颁布的《关于审理涉及网络环境下著作权纠纷案件若干问题的指导意见(一)》(试行)第 13 条规定:网络服务提供者以提供网页"快照"的形式使用他人网站上传播的作品,未影响他人网站对作品的正常使用,亦未不合理地损害他人网站对于作品的合法权益,从而未实质性代替用户对他人网站的访问,并符合法律规定的其他条件的,可以认定构成合理使用。

由此可以看出,除了"不影响相关作品的正常使用""未不合理损害权利人对该作品的合法权益"之外,"实质替代"的认定对于网页快照是否构成侵权尤为重要。

在泛亚公司诉百度案件⑳中,法院则认为,由于歌词全文置于歌词出处之前,大多数用户在一般情况下仍然会首先选择在百度网站页面上而不是点击最初提供歌词的第三方网站的网址去获得歌词。因此,歌词"快照"显示方式上的变化,并没有改变用户直接从百度网站页面获取歌词的方式,其完全起到了替代第三方网站提供歌词的作用。由此我们可以看出,歌词快照案件中搜索引擎提供的快照对于原始网站的市场替代性是十分明显的,涉案搜索引擎所主张的歌词提供方式非合理使用范畴内的搜索引擎服务㉑,也不符合免责条款,是对涉案歌词的信息网络传播权的直接侵权行为。

在司法实务中还有一个引起比较大的争议的问题就是,当原始网页被删除而快照依然存在的情况下,该快照是否对原始网页所包含的作品构成实质替代。在三面向版权代理有限公司诉人民网㉒二审案件中,法院判决认定,无论原始网页和网页快照都可以正常访问或者原始网页已经不可访问,网页快照都实质性代替了原网页。有人对此提出质疑,认为在信息更新速度如此之快的时代,考虑到成本或者是技术,要求网页快照保持与原始网页的一致性极为困难。对搜索引擎服务商苛以如此重责十分不公平。换一个角度来讲,也正是因为网页快照在时效性方面的瑕疵(用户也都知晓),所以用户只有在有关键词显示或者了解原始网站更新历史等需求的时候,才会点击网页快照,因此原始网页被删除的网页快照不会对原网站产生实质性的替代作用。这一观

---

⑲ 《著作权法实施条例》第 21 条规定:依照著作权法有关规定,使用可以不经著作权人许可的已经发表的作品的,不得影响该作品的正常使用,不得影响该作品的正常使用,也不得不合理地损害著作权人的合法利益。

⑳ 最高人民法院(2009)民三终字第 2 号,泛亚公司与百度网讯、百度在线著作权纠纷二审案件。

㉑ 我国法院在进行合理适用判定的时候,采取的是穷尽式列举以及概括式说明进行辅助的制度,这并不意味着我国在立法上对《伯尔尼公约》规定"三步骤"认定方法进行了确认。

㉒ 参见北京市第二中级人民法院/(2013)二中民终字第 15446 号。

点在北京市高级人民法院审理的丛文辉诉搜狗公司案件[23]中也得到验证。但是，这并不意味着所有制作并提供网页快照的行为都应当认定为合理使用，我们仍然需要在司法实践中进行个案认定，并灵活放开合理使用的范围，避免对合理使用进行过于刚性和封闭的立法，采取"概括加列举"的方式限定合理使用范围，以弥补"限制与例外"立法模式的弊端。

四、默示许可制度的引入

国际上针对何时成立默示许可存在通行惯例：来源网站可以通过写入 Robots 协议（robots.txt）这种业内通行的技术协议来防止自己的网页被设置快照。机器人协议（robots 协议）是指互联网站所有者使用 robots.txt 文件，向网络机器人（Web Robots）给出网站指令的协议。[24] 假如来源网站在明知这一行业惯例的情况下仍拒绝使用该协议，则默认该网站同意对其网页设置快照。假如搜索引擎公司在明知来源网站设置禁止抓取协议的情况下仍然对其网页设置快照，那么就可以推定其侵权的主观故意。当前，我国《著作权法》甚至是整个知识产权法体系都缺乏对于默示许可制度的规定。

国内 12 家搜索引擎服务企业签署的《互联网搜索引擎服务自律公约》第 7 条规定，遵循国际通行的行业惯例与商业规则，遵守机器人协议（robots.txt）。在泛亚公司诉百度在线公司、北京百度网讯公司侵犯著作权纠纷一案中，北京市第一中级人民法院认为明示禁止收录与书面通知都属于权利人针对搜索引擎服务的维权途径。同时在明示禁止收录中，明确举例网站创建 robots.txt 文件拒绝搜索引擎收录全部或者部分内容为途径之一。[25]

相对于搜索引擎逐个审查网站自行判断该网站是否作出禁止抓取的声明来讲，使用机器人协议较为简单，并且是目前最为经济的声明途径。如果搜索引擎服务商在抓取相关信息之前，需要审查所有网站是否做出禁止抓取声明，这不仅需要较高的技术手段、同时也需要相当高的人力、物力、财力，这就在一定程度上阻碍网页快照服务的发展。以上分析不仅是出于对信息网络传播流畅性的考虑，同时也是对设置 Robots 协议的肯定，因为禁止抓取声明的做出旨在为抓取程序所识别，而不是为人所识别。从这个角度来讲，如果搜索引擎违背了该声明，由此也就可以主张搜索引擎制作并提供百度快照的行为具有主观故意，从而认定其直接侵权行为的成立。

综上，采用默示许可制度目前较为可行。一方面，搜索引擎服务商因此可以避免通过人力对来源网站是否做出禁止快照声明进行确认，从而提高效率、降低成本、节省资源。在另一方面，假如搜索引擎对已经写入协议的网站情形设置快照，在司法实践

---

[23] 北京市高级人民法院（2014）高民申字第 1783 号民事裁定。

[24] http://www.isc.org.cn/hyzl/hyzl/listinfo-25501.html，2016 年 9 月 21 日最后访问。

[25] 参见杨华权：《3B 大战中强制网页快照的法律分析》，载《电子知识产权》2012 年第 11 期。

中认定其具备侵权主观过错也就十分便利。

我国《著作权法》没有对相关默示许可制度进行明确规定,司法实践中便不得将之视为默示许可。鉴于该协议的非强制性,如果搜索引擎辨识到适当的明示和通知,而不采取任何救济措施,此时其行为无法想当然认定为明知或者应知。

我们应当承认上述公约对于默示许可的推动作用。毕竟,按照现有的网络技术发展水平,如果搜索引擎服务商在索引网站内容的时候征求所有网站经营者的同意,这将是一项成本巨大的工程,如此倒不如直接让相关网站自行做出是否拒绝网页快照的声明。否则,网页快照这样一种便利信息交流与传播的方式很可能在此压力之下逐渐消失。

由此看来,在著作权法立法层面上,将默示许可方式合法化,通过立法的方式将Robots协议中的排除规则在法律上进行确定并加以适用,是目前较为现实的一种方式,同时也将推动中国知识产权法领域默示许可制度的建立。

五、结论

对于网页快照侵权问题的,无论是在实务领域还是学术领域都依旧争论不休。针对如何解决搜索引擎快照问题,本文主要从避风港原则、合理使用、默示许可等角度进行了分析。本文认为网页快照与"系统缓存"服务存在实质性的差别,因此不应当适用避风港原则。美国的合理使用制度主要采取合理使用四要素认定标准,具备其独特的自由性、灵活性特点。但是这样的制度同时也存在着法律不确定性等问题,需要法院进行个案认定。我国采用的"限制及例外"制度的特点在于,对于适用例外的情形进行了明确的列举,最大限度地降低司法的不确定性,但是也难免落入"百密一疏"的窠臼,从而导致立法、司法落后于社会的发展脚步。因此,应当采取"概括+列举"的立法模式,设置处理类似案件相对灵活的标准,对于互联网时代出现的新型著作权侵权行为进行合法性认定。同时,网页快照应当采用默示许可制度,也即网站如果没有设置Robots协议即视为允许快照,并将之上升至法律层面,成为搜索引擎服务商的法定免责事由,这也是规范以网页快照为代表的互联网服务的有效方式。

网页快照是互联网信息时代的产物,顺应了时代发展、信息传播的需求,因此,传统的著作权法侵权认定的观点也应当与时俱进、变革更新。随着信息技术的不断发展,也许正义的天平会在网络用户、网站经营者、搜索引擎服务商之间重新摇摆,这一制度又将出现新的变化,今天所面临的困难到明日或许不再是难题。

商业方法专利保护的风险分析与建议
——从商业方法与商业方法专利的界定出发

郑淑凤[*]

【摘要】 2016年国家知识产权局发布关于就《专利审查指南修改草案(征求意见稿)》公开征求意见通知,该修改草案将商业方法逐渐纳入了专利保护的客体范围,解决了我国关于商业方法专利问题的争议。但商业方法本身具有巨大的模糊性,与专利法保护具体技术方案的初衷并不相符。从美国商业方法专利保护的历史发展来看,可以发现将商业方法纳入专利主题可能存在导致垃圾专利、提高界权成本等一系列问题,具有一定风险。对此,建议在商业方法专利审查实践中坚持具体发明的技术标准;同时针对商业方法专利在特定产业的集中性,建议探索审理严格、授权保护期短的快专利制度以满足特定产业发展的特殊需要。

【关键词】 商业方法;商业方法专利;决策成本;技术要求

问题的提出

早期商业方法并未在商事活动中存在巨大影响,纯粹的商业方法被视为类似于运算法则、管理方法的抽象的方法、规则,最初并不在专利法客体范围内。随着网络的发展,在电子商务、金融等领域,商事主体通过计算机软件等技术实现特定的商业行为与方法获得成功,为促进这些领域的发展,美国首先逐渐放开了对商业方法专利的保护,日本、欧盟也随之改变了原商业方法例外,我国也开始修改《专利审查指南》,肯定了商业方法在满足技术要求等条件下可以获得专利保护。但应当注意到这些商业方法具有模糊性与抽象性,对其授予专利保护可能存在诸多风险,本文拟从对商业方法界定

---

[*] 郑淑凤,北京大学法学院2016级硕士生。

以及美国保护经验的分析出发,分析我国商业方法专利保护可能存在的风险并提出相应建议。

一、商业方法专利的诞生:商业方法与商业方法专利

在讨论商业方法专利问题时,首先要厘清商业方法专利的概念,商业方法专利并不等同于商业方法,认清这一点尤为重要。关于商业方法的定义,目前学界没有统一的概念。有学者指出,商业方法是指从事商业活动的方法,可涉及金融、保险、银行、税收、电子商务等多个领域。[1] 在传统语境下,商业方法是为了处理或者解决商业经济活动或事物,通过人的智力创造的方法或规则[2],如拍卖的方法、旅游路线的安排、商场促销活动的规则与安排等。在这一语境下,商业方法本质是作为一种方法实质是人类智力活动的规则,因而具有相当的抽象性与概括性,在界定的层面上具有巨大的困难,这也是早期专利法规定"商业方法例外",对商业方法类申请不授予专利的原因。[3]

而随着技术的不断演进,新商业模式的出现,尤其是电子商务的出现与迅速扩张,促使产品的买卖、信息提供、金融服务、中介服务等都可以通过网络实现。[4] 在这一背景下,越来越多的商业方法需要通过计算机软件等特定技术形式得以实施,出现了商业方法与计算机软件的结合。在道富银行案件中法官认为:"涉案发明通过数据的转换,即通过机器的一系列数学计算,从而构成了有关数学计算等的实际运用,产生了有用、具体且有形的结果。"[5]这表明,商业方法与计算机软件算法等技术相结合实现一定目的,这种结合有助于商业方法获得专利保护。实践中,大量的与商业管理有关的方法和计算机程序结合后,被描述成能够实现特定功能的管理系统以申请专利[6],如瑞典爱立信公司"软件容错管理系统"专利、亚马逊书店在线购物一次点击专利、花旗银行系列商业方法专利、美国美林证券公司"证券现金管理系统"专利等。

当然,在不承认商业方法可专利性的国家,商业方法仍难以凭借与计算机软件的结合获得专利授权,如曾在中国引起广泛关注的花旗银行系列商业方法专利问题。自1992年起,花旗银行将其金融行业的运作方法与计算机软件相结合向我国提出了19

---

[1] 参见刘银良:《美国商业方法专利的十年扩张与轮回:从道富案到 Bilski 案的历史考察》,载《知识产权》2010 年第 6 期,页 92。
[2] 引自 MBA 智库百科,http://wiki.mbalib.com/wiki/%E5%95%86%E4%B8%9A%E6%96%B9%E6%B3%95,2016 年 12 月 28 日最后访问。
[3] 1908 年的旅馆案件(Hotel Security Checking Co v. Lorraine Co., 160 F.467(2nd Cir. 1908))中法院认为商业方法不属于专利法保护的客体,进而第一次确定了商业方法例外。
[4] IBM 公司提出的 E-Business(电子商务)概念即是指利用网络实现所有商务活动业务流程的电子化。
[5] State Street Bank & Trust v. Signature Financial Group, 149 F. 3d 1368 (Fed. Cir. 1998)
[6] 参见崔国斌:《专利法:原理与案例》,北京大学出版社 2016 年版,页 130。

项专利申请,引发了一系列关于金融行业的商业方法专利的讨论研究。⑦ 而我们在调查花旗银行在中国提起的专利效力后发现,当时花旗银行在中国申请的专利现多数都处于无效状态,当时的中国并未赋予多数申请以专利权保护⑧,计算机软件的结合并不能当然赋予商业方法以可专利性。

由上述分析可知,商业方法与计算机软件结合是实践中常有发生的行为。抽象的方法与具体技术相结合确实有助于提高申请的技术含量,增加获得专利保护的机会。但也需要看到,商业方法与计算机软件的结合并不当然会产生获得专利保护的效果。事实上,这种帮助也并不显著,尤其是在较为保守的国家,商业方法与软件结合而获得专利保护的成功几率并不大。

需要认识到与计算机软件相联系的商业方法对于新兴电子商务、金融等行业有重要的帮助,故美国基于产业发展的目的突破了商业方法例外原则,规定商业方法专利。日本、欧洲也受其影响,先后规定了商业方法专利。但在各国界定下的商业方法专利与商业方法仍存在很大的不同。

美国将商业方法专利规定在第 705 项予以承认。⑨ 美国议员 Rick Boucher 与 Howard Berman 在《2000 年商业方法专利促进法》对商业方法专利进行解释,认为商业方法专利是指下列方法之一:(1)一种经营、管理或其他操作某一企业或组织,包括适用于财经信息处理过程的技术方法;(2)应用于经济、训练或个人技巧的技术方法;(3)上述二者所描述的由计算机辅助实施的技术或方法。⑩ 在这一论述中可看出,美国强调商业方法专利需服务于特定用途且通过计算机软件实施的要求。

欧盟主要依据《欧洲专利公约》(EPC)第 52 条规定认定一项发明是否具有可专利性⑪,即发明必须属于一个特定的技术领域,具有技术特征,符合新颖性、创造性、实用性时,才授予专利。尽管 EPC 排除了纯粹商业方法的专利性,但一项发明具有技术特征且满足"三性"的要求就不再是纯粹的商业方法,从而可以获得专利。在 2011 年 11 月 2 日欧盟新的《专利审查指南》规定"一项有技术特性的产品或者方法,即使主张专利的主题定义了或至少包括有一项商业方法,仍然具有可专利性",进一步为商业方法

---

⑦ 如雷志卫、刘柏荣:《警惕花旗银行申请商业方法专利》,载《经济导刊》2003 年第 8 期;刘景明:《论商业方法、商业方法软件及系统的可专利性——以花旗银行的专利申请为例》,载《电子知识产权》2003 年第 12 期;沙海涛:《电子商务商业方法软件的专利保护》,载《研究与讨论》2003 年第 2、3 期等。

⑧ 通过对涉案专利的检索发现,在花旗银行的 19 个专利申请中,有 11 个发明专利申请公布后视为撤回,4 个发明申请公布后驳回,2 个授权,1 个未缴纳年费导致专利权终止,1 个专利权视为放弃。

⑨ 规定商业方法专利是指用于商业运作、行政、企业管理或财务资料报表的产生、用来决定货物和服务费用的资料处理和运算操作所对应的方法。

⑩ See Business Method Patent Improvement Act of 2000, H. R. 5364, 106th Cong (2000)

⑪ 第 52 条规定:"对于任何有创造性并且能够工业中应用的新发明,授予欧洲专利。发明科学理论和数学方法;执行智力行为、进行比赛游戏或经营业务的计划、规则和方法;计算机程序不属于发明。只有在涉及前款规定所述的主题或活动的限度内,才排除上述主题或活动取得专利的条件。"

获得专利保护打开大门。

日本对商业方法专利问题的解释则更为明了。日本特许厅第四审查部部长井上正先生认为:"单纯的商业方法由于缺少技术特征被排除在专利保护之外,尽管我们现在称之为商业方法专利,但这并不意味着我们突然开始保护那些传统专利法不保护的纯粹的商业方法和商业模式。'思想'(Idea)可以通过计算机系统以一个有形的方式加以解决从而可以获得专利,这就是那些极具吸引力的所谓的商业方法专利。可以说,商业方法专利是一项通过计算机系统完成创造的发明。"[12]对于纯粹商业方法与商业方法专利做出明确的划分。

从各国的规定可以看出,商业方法专利早已脱离了商业方法这一概念,商业方法与商业方法专利是两个不同的概念,二者并不能等同。进行商业方法专利保护的国家都对此类专利进行了技术或实用性等要求,即商业方法添加一定技术、实现特定效果后方可构成商业方法专利。无论是美国实现特定目的的规定,还是欧盟技术性要求,抑或日本计算机系统的要求,都是强调商业方法专利与纯粹商业方法的分离。

二、模糊与争议——商业方法的可专利性争议及我国的立法选择

从前述分析可知,商业方法本身具有较强的模糊性与抽象性,其外延非常广泛,往往很难从其他"方法"或者"工序""制程"中加以区分,这与专利法保护技术发明与创新的具体发明创造的初衷并不相符。而从商业方法专利产生的历史来看,近代对于商业方法进行专利保护往往是发达国家基于产业发展尤其是互联网带动下的电子金融、电子商务等行业发展的需要,是一种政策性质的体现。事实上这种将商业方法纳入专利范畴的做法也带来一定的争议,即使是在最早规定商业方法专利的美国也存在对于商业方法是否具有可专利性问题存在不同意见:部分人认为专利应当强调技术特征,认为基础思想与可专利发明之间的区别随着商业方法专利的兴起而变得愈加模糊[13];而部分人则认为将商业方法纳入专利范畴是专利法适应社会发展需要的体现,专利法应当适时将信息技术纳入保护的范围,而不应当固守在传统的藩篱之中。[14] 在 Bilski 案件中,Stevens 法官即对商业方法专利保护表达了强烈的反对,我国学界也对于商业方法是否具有可专利性存在诸多争论。

尽管学界对于商业方法是否具有可专利性问题一直存有争议,但可以看到的是当下多个国家已经规定了商业方法专利,原采取保守态度的欧盟也在 2011 年新《专利审

---

[12] 张平:《商业方法软件专利保护:美国的实践及其启示》,载《商法研究》2005 年第 4 期(总第 108 期),页 139。

[13] 〔美〕威廉·M. 兰德斯、理查德·A. 波斯纳:《知识产权的经济结构》,金海军译,北京大学出版社 2005 年版,页 390。

[14] 李明德:《美国知识产权法》,法律出版社 2014 年版,页 967。

查指南》中放开了对商业方法类专利申请的授权。[15] 在 WIPO 公布的国际专利分类表（IPC）新版（第 8 版）中也将商业方法作为一类加以规定。[16] 在各国对商业方法打开专利大门的背景下，商业方法的可专利性已经是大势所趋。

长久以来，我国实践中对于商业方法是否具有可专利性存在争论。2016 年国家知识产权局《关于修改〈专利审查指南〉的决定（征求意见稿）》中规定："涉及商业模式的权利要求，如果既包含商业规则和方法的内容，又包含技术特征，则不应当依据专利法第 25 条排除其获得专利权的可能"，结束了长期对于商业方法可专利性的讨论，认为商业方法在包含技术特征的情况下是可以作为专利法保护客体的。从征求意见草案对该规定的背景及原因进一步进行解释可以看出，我国规定赋予商业方法可专利性，是基于产业发展的需要，尤其是互联网电子商务的发展需要。[17]

既然我国立法已经对商业方法专利问题作出了回答，则当下的讨论应当从商业方法是否具有可专利性转向商业方法专利保护的具体标准及规则制定上来。进一步客观分析我国商业方法专利保护可能带来的影响，以对商业方法专利的审查标准进行合理安排。

三、经验与教训——美国商业方法专利保护的历史

在探讨将商业方法纳入专利主题保护可能对专利法产生的影响时，可以采用金字塔的分析方法。即将知识进行抽象化的概念分析到一个金字塔中，抽象的想法（如自然规律、发现等）在最顶端，具体适用性知识则在最低端，对越靠近金字塔顶端的知识，即越具有抽象性、模糊性的发明授予专利权，则其专利保护的社会成本就越大，对后续发明的阻碍就越严重。[18] 前面已经论及，商业方法具有较大的模糊性，对其进行界定区分往往要求较大的成本，应当处于金字塔的上层，故对于商业方法以专利权可能会产生众多风险与问题，美国即是一个典例。

---

[15] 2011 年 11 月 2 日欧盟新的《专利审查指南》中指出"一项有技术特性的产品或者方法，即使主张专利的主题定义了或至少包括有一项商业方法，仍然具有可专利性"，确定了商业方法在满足特定条件下具有可专利性。

[16] WIPO 将"特别适用于管理、商业、金融、监管或预测用途的数据处理设备或方法"即商业方法专利进行单独分类，分类号为 G06Q。

[17] 《专利审查指南修改草案（征求意见稿）的说明》指出："随着互联网技术的发展，涉及金融、保险、证券、租赁、拍卖、投资、营销、广告、经营管理等领域的商业模式创新不断涌现，这些新商业模式市场运行效果好、用户体验佳，提升了资源配置和流动效率，节约了社会成本，增进了社会福利。因此应当对此类商业模式创新中的技术方案给予积极鼓励和恰当保护，不能仅仅因为技术方案包含商业规则和方法就不授予专利权。"

[18] See Bilski v. Kappos, 561 U.S. (Supreme Court 2010) 561 U.S. 593, 130 S. Ct. 3218, dissenting by Judge Stevens, Breyer.

（一）美国商业方法专利的扩张与限缩

美国最早也将商业方法视为抽象的思维概念而排除专利法保护,由于当时商业方法并不具有较大的经济价值,其专利性问题也并未引起重视。随着技术的发展,电子商务与金融业迅速崛起,这些领域内涌现出大量具有创新性的商业方法,并为其主体带来巨大的经济收入。美国为保障本国该产业的发展,从道富银行案件开始突破了商业方法例外规则,将商业方法逐渐纳入到专利主题。在道富银行案中,法官认为"一项发明是否属于专利保护客体,不在于其属于四种法定客体中的哪一种,而在于它是否具有法定客体的基本特征,尤其是是否具有实用性",随后的美国电话电报公司案件[19]进一步确认了商业方法在满足特定条件下属于《专利法》第101条规定的专利保护客体,进一步打开了美国商业方法专利的大门。

随着商业方法例外的突破,上述案件发生后出现了商业方法专利的泛滥。据统计,在1997年商业方法专利的申请数目尚不足1000件,到2007年则达到了11000件多,其中很多申请实际上并不能满足专利法创造性要求,授予专利在某种程度上是荒谬的。[20] 在实务中,也出现了不少反对意见,如亚马逊公司关于其"一次点击"专利的诉讼案件,亚马逊公司利用其对通过一次点击即可快捷下单网购的商业方法的专利权起诉其他电子商务公司类似的商事行为,随即引起了多方对亚马逊企图利用一个简单专利进行行业垄断的不满抗议。

对此,国会与美国专利商标局采取措施对商业方法的可专利性做出限制。国会于1999年通过"先发明人抗辩法案",在《专利法》第273条第2款中添加规定:"在商业方法专利的侵权案件中,如果被控侵权人在相关专利提出申请以前一年就商业性地使用了相关发明,可以提出不侵权的抗辩"[21]。美国专利商标局从2000年3月29日起也开始使用"二道审查"(如果某一位审查员认为申请案中的商业方法应当授予专利,则该决定应当由第二位审查员重新审查)的特殊方法详细审查有关电子商务方法的专利申请。

（二）变化中的司法标准

在美国的司法实践中,对于商业方法的检验标准处于不断的变化之中。最早进行商业方法专利保护的道富银行案件要求商业方法申请需产生"实用、具体和有形的结果"方可授予专利。而在Bilski案中,CAFC则否定了这一标准,确立"机器或转换标准"(machine-or-transformation)为唯一的判断标准,即一项发明只有在下列情形下才是所谓的"方法",得以授予专利权:"(1)它与特定的机器或装置结合在一起,或者(2)

---

[19] AT&T v. Excel Communications, 172 F. 3d 1352 (Fed. Cir. 1999).
[20] See In re Bilski, 545 F. 3d 943 (Fed. Cir. 2008), dissenting by Judge Mayer.
[21] Business Method Patent Initiative: An Action Plan (2000) (www.uspto.gov).

它将特定物体转变到不同的状态或转变成不同的物(thing)。"㉒随后的最高法院法官尽管承认了机器或转换标准的适用性,但认为这并不是判断商业方法是否具有可专利性的唯一标准,最高法院的法官也未能提出其他潜在标准。商业方法专利的判断标准处于不确定状态。在随后受众注目的 Alice 案件中,法院同样没有给出商业方法可专利性的判断标准,通过放松了美国法上的"抽象思想"例外的适用进行判决。㉓尽管法院并未就商业方法的判断标准给出明确的回应,但从 Bilski 及 Alice 案的判决结果中可以看出,法院对于涉及商业方法的案件态度趋向审慎。㉔

四、我国商业方法专利保护的风险分析

结合商业方法的模糊性以及我国的专利实践,本文认为进行商业方法保护可能存在以下风险:

(一)对专利制度体系的影响——标准混乱与垃圾专利

商业方法本身具有极大的模糊性与抽象性,对其进行界定尤为困难,尤其是随着技术的发达与进步,与其他装置如计算机、机器等结合在一起的商业方法的种类繁多,更加难以识别。㉕这也导致了商业方法的判定标准并不明晰,进而极容易出现专利审查标准混乱的问题,像美国历史上对于商业方法的判断标准不断变化,至今仍未有明确的回答。

判断标准的混乱易进一步导致垃圾专利问题,出现像如美国道富银行案后大量商业方法专利涌现的现象。这一问题对我国而言尤为重要,我国本就存在严重的垃圾专利问题,商业方法专利保护可能会加剧垃圾专利现象,进而导致无谓的专利纠纷增加、行政审查混乱,增加司法、行政成本。

(二)市场决策成本的提高

实践中商事主体在进行新商业活动时可以通过专利检索的方法了解相关技术是否受到专利保护,从而避免专利侵权行为。但商业方法本身具有的抽象性、模糊性使得其权利范围难以明确,潜在方法使用者即使通过检索获得相关的专利信息,但鉴于其模糊性可能仍无法确定自身方法是否落入了现有专利范围。在此情况下,谨慎的商业活动主体为保障其行为免受侵权责任,在每次做出商业决定时,都需要聘请专门人员分析使用某种商业方法构成侵权的概率。这些调查分析都会产生大量的时间、金钱成本,使得现实中商事活动的成本大大提高。㉖

㉒ 崔国斌:《专利法:原理与案例》,北京大学出版社 2016 年版,页 117。
㉓ 参见同上书,页 102。
㉔ 两个案件结果法院均以涉案发明属于抽象概念为由,拒绝了可专利性。
㉕ 参见李晓秋:《析商业方法的可专利性》,载《政法论坛》第 29 卷第 2 期,页 155。
㉖ See Mazzoleni, Nelson: Economic Theories about the Benefits and Cost of the Patent.

而更为严重的是,部分商事主体面临侵权调查检索的高成本时,可能会选择放弃进行商业活动方法的创新,遵循原有模式因循守旧。这是因为商业活动的发展尤其是新商业模式的成长多伴随一些突破与冒险的决定。为促进新商业模式的产生与商业发展,法律在这一层面上需要提供尽可能宽松的决策环境,减少对商业决策的介入,通过减少商事主体冒险决策可能产生的侵权风险来促进商业创新。但由于商业方法专利的巨大模糊性,其保护范围很容易扩张进而导致不当的垄断,由于同一行业内的盈利模式本就存在很大相似性,而商业方法进一步强化了这种模糊性,则新方法、新突破决策侵权的风险更大。商业方法专利的保护最终可能导致决策者决策更为保守,客观上遏制了商业创新与新商业模式的产生。故对抽象商业方法或商业模式的垄断将会极大阻碍相关产业的发展进步。

(三)估价困难、协商成本提高,对商业方法专利的市场流转与后续创新的阻碍

不同于有形财产,知识产品往往缺乏客观的市场价格,对智力产品进行估价往往较为困难,产品越抽象模糊,估价越困难。[27] 商业方法本身的模糊性、抽象性使得其价格评估较为困难,进一步会加剧专利许可使用时双方对价格协商达成一致的难度,不利于专利的使用传播,为社会福利做出贡献。

相似道理,商业方法专利权的高议价成本还会导致后续创新的成本提高。商业方法专利保护范围较广,对于建立在前一商业方法专利基础上的方法创新,其实施需要征得基础专利人的许可,基础专利越多,则后续创新专利实施的成本就越高。这种商业方法专利的高许可成本会进一步提高再创新实施的经济成本(许可费),减少后续创新的经济动力,给累积性研究带来巨大阻碍,使站在巨人肩膀上的再创新更加困难。[28]

五、模糊性之清除——坚持商业方法专利标准的技术要求

由于我国缺乏商业方法专利的相关经验,故在标准选择与规则制定上可以参考借鉴国外的相关经验。

从美国的商业方法标准来看,无论是否产生"实用、具体和有形"结果标准还是机器或转换标准,其对商业方法专利的要求相对宽松,但这也导致实践中大量问题的出现。如在道富银行案中确立"实用、有形、具体结果"的标准后,促使美国审查员将更多的注意力放到发明本身是否具有功能性,特别是实用性,而不再只是注重系争发明属于哪一类,进而导致商业方法专利数量不断飙升,出现垃圾专利问题。[29] 从美国的历史中可以看到,过于宽泛的标准并不适宜专利法,需要明确、具体的标准对商业方法本身的模糊性、抽象性进行具体化要求。

---

[27] See Merges: Of Property Rules, Coase, and Intellectual Property.
[28] See Scotchmer: Standing on the Shoulders of Giants: Cumulative Research and the Patent Law.
[29] 参见李晓秋,见前注[25],页157。

在这一点上值得借鉴的是欧盟的技术性标准。欧盟原对商业方法专利采取较为保守的态度,随着美国与日本对商业方法专利的放开,欧盟也逐渐在立法与司法实践中允许部分商业方法类发明获得专利授权。2000年欧洲专利局对商业方法专利申请发表声明:(1)区分抽象意义上的商业方法和由电脑或其他设备实施的商业方法;(2)抽象意义上的商业方法,属于商业方法本身,不授予专利;(3)由电脑或其他设备实施的商业方法应和其他与电脑相关发明同等对待。2002年欧盟委员会《计算机程序可专利性指令》规定:以计算机实施的发明要获得专利保护必须属于一个技术领域,并且对该领域作出技术上的贡献,如果一项发明没有对所属领域作出技术上的贡献,也就是说它的独特贡献丧失技术特征,该发明就不具有创造性,因此不具有专利性。

从上述规定可以看出,欧盟在新颖性、创造性、实用性标准下,对于商业方法类申请要求在与特定设备相联的基础上要求发明需属于特定技术领域,且对所属领域作出技术上的贡献。通过这类技术上的要求对抗商业方法的模糊性与抽象性,避免带来实践审查标准的混乱。有人认为,强调技术特征与技术贡献可能会导致对商业方法发明实施效果的关注,尤其是考虑到商业方法专利的设立初衷是为了实现促进特定行业发展的政策目标。[30] 本文认为,采取何种商业方法专利标准是取决于对商业方法发明的商业价值与技术价值的取舍,尽管商业方法设立初衷在于充分发挥商业方法发明的经济价值,促进行业发展,但从美国的历史中可以看出,经济价值的判断仍是一种价值判断,并不能削减商业方法本身的模糊性与抽象性,过分依赖这一标准容易导致审查标准过于宽松,垃圾专利丛生,而标准模糊导致法律状态的不确定性,更加不利于企业制定商业策略,实现发展。故对于价值的考量应当偏向技术价值。

六、快专利制度——商业方法专利保护的新途径

在关于商业方法可专利性的讨论中,就有学者指出,即使没有专利法保护,新型商业方法的发明人仍然可以通过率先投入市场获得时间利益,这在商业方法集中的计算机、金融领域尤为明显。[31]

商业方法专利多集中于互联网电子商务领域,而这一领域往往以发展迅速,更新换代迅速为特点,在该类领域内对专利权给予20年的垄断期保护看起来并无必要,尤其是在该商业方法被淘汰不具备市场利益时,其仍处于专利有效期内反而有造成对后续创新的垄断阻碍影响。亚马逊CEO也曾建议实行"快专利"制度,即通过实施较为严格的授权标准和规定较短的专利保护期(由于互联网传播的广泛性和快速,赋予商业方法专利3—5年的独占期就能够让权利人获得足够回报),达到"更少、更好、更短"

---

[30] 参见郭林将、张永亮:《欧盟商业方法专利保护的模式与启示》,载《学术界》2008年第6期,页275。
[31] 参见刘银良,见前注①,页97。

的理想境地。[32] 因此应当探索对商业方法类发明授予快专利的制度,在实行针对性审查标准的同时,缩短专利保护期限,既能够保障发明人获得足够的经济回报,同时也适应该行业迅速发展的需要,避免不经济的无谓垄断。

七、结语

随着国家知识产权局《关于修改〈专利审查指南〉的决定(征求意见稿)》的发布,我国关于商业方法是否可以受专利保护的问题得到了回答。但无论是从美国商业方法专利保护的历史发展,还是从商业方法本身的模糊性来看,将商业方法纳入专利主体可能存在导致垃圾专利、提高界权成本等系列问题,具有一定风险。对此,在接下来关于商业方法专利相关规则构建中,应当坚持商业方法专利的技术性标准,通过严格商业方法专利的权利要求,明确各个专利的保护范围减少商业方法专利的模糊性以避免前述问题的发生。同时,针对商业方法专利在特定产业的集中性,建议探索审理严格、授权保护期短的快专利制度建设,以满足该产业发展的特殊需要。

---

[32] 参见刘银良,见前注①,页96。

《马拉喀什条约》为视障者获取作品适用著作权限制制度的启示

龙明明[*]

【摘要】 书是人类进步的阶梯,而阅读主要依靠人的视觉系统。对于盲残、部分低视力者和其他阅读障碍人士,他们要浏览依靠视觉的作品须将其转换成为特定的版式。转换作品及复制、传播转换后的作品往往受到各国法律的限制。我国《著作权法》对视障者的保护以及相关法律制度的研究较发达国家有一定差距,尤其较2013年缔约的《关于盲人、视觉障碍者和其他印刷品阅读障碍获得已出版作品提供便利的马拉喀什条约》(简称《马拉喀什条约》)对视力障碍者的保护程度有较大的差距。为了弥补我国相关制度的空白,为了保障我国视障者获取相关信息的权益,为了我国能早日批准加入《马拉喀什条约》、享受作品无障碍版跨境分享的便利,我国《著作权法》修订时有必要考虑吸收《马拉喀什条约》中关于扩大受益人范围、明确授权实体等相关缔约条款的规定。

【关键词】 视力障碍者;被授权实体;无障碍版;《马拉喀什条约》;著作权限制

全球约有2.85亿视觉障碍人士[①],他们感知影视图文等依靠视觉的作品需要将其转换为盲文、大字版、有声读物等特殊格式版(一般称之为无障碍版)。但无障碍版的作品资源十分有限:据世界盲人协会统计,全世界每年出版大约一百万册左右书籍,其

---

[*] 龙明明,贵州大学硕士,民商法学专业,知识产权方向。

[①] See The Marrakesh Treaty and the Future of Literacy for the Blind and Print Disabled: International Literacy Day 2016, WBU News: http://www.worldblindunion.org/English/news/Pages/International-Literacy-Day-2016.aspx,2016年9月15日最后访问。

中只有不到5%的出版物被转换成无障碍版。② 为了改善此状况,一些国际组织开展了针对盲残人士无障碍版的调查研究,如国际图联通过调查研究形成了《针对盲残人士版权的限制和例外研究报告》③,世界盲人联盟(WBU)形成了《2002—2005年联合国教科文组织关于数字环境下合法使用著作权和邻接权限制和例外的研究》等,但这些国际组织只取得了阶段性成果,并未达成双边或多边的实质性协议。直到2013年6月,世界知识产权组织才通过世界上著作权领域的第一部人权条约——《马拉喀什条约》。这为我国改善视障者获取无障碍版作品的状况和制定相应的法律法规提供契机。

一、为便利视障者而进行著作权限制的必要性分析

若要将我国法律对视力障碍者的保护程度提高到《马拉喀什条约》的水准,首先需要将条约内容本土化,而本土化的前提是了解我国国情,因此有必要考察我国视障者的生存现状。

视觉障碍者又称视障者。在世界卫生组织所制定的标准中,是指盲人、严重视力受损者和中度视力受损者。总体上,世界各国和组织中对于视力障碍者(Visually impaired persons)的定义为两类:视力障碍者和阅读性障碍者(Persons with print disabilities)。在我国的各类统计中,视力障碍者一般不包括阅读障碍者,尽管如此,视力障碍者的数量仍然可观。根据第二次全国残疾人抽样调查,我国的视力残疾人数达1230万人④,其中全盲约500万人,低视力710万人,约占我国人口的1%。他们罹患盲残或其他眼疾后在获取信息、享受教育、与他人交流等方面存在劣势。最明显的表现是该群体整体经济收入低下、受教育程度不高、极少从事复杂劳动或脑力劳动。据调查,15岁以上的视力障碍人士(包括盲残和低视力)中约有545万人为文盲⑤,在接收过教育的视障者中本科普及率只有8.51%⑥,而18—24岁的健全人为13.84%⑦。主要的原因在于社会观念先入为主地将视觉障碍人群排除在复杂劳动和脑力劳动外,制作的无障碍版作品内容更多是职业培训,而科普读物、文化娱乐作品的无障碍版稀缺。在就业方面,视障者对岗位没有太多的选择余地,有调查显示74%的视障者从事按摩师之

---

② See World Braille Day 2014, WBU News: http://www.worldblindunion.org/English/news/Pages/World-Braille-Day-2014.aspx,2016年9月15日最后访问。
③ See WIPO, Doc SCCR/15/7.
④ 参见国家统计局,《第二次全国残疾人抽样调查主要数据公报》,〈http://www.stats.gov.cn/tjsj/ndsj/shehui/2006/html/fu3.htm〉,2016年8月15日最后访问。
⑤ 同上。
⑥ 参见国家手语和盲文研究中心:《中国手语和盲文适用状况》,商务印书馆2014年版,页10。
⑦ 参见国家统计局人口和就业统计司,《2010年第六次人口普查主要数据公报(3-1)》,〈http://www.stats.gov.cn/tjsj/pcsj/rkpc/6rp/indexch.htm〉,2016年8月15日最后访问。

类的服务性行业。⑧

以上考察显示,我国视障者的生存现状与常人有较大差距。由此该群体在我国可以被认为是弱势群体。而著作权限制制度目的之一就是保障社会中的弱势群体能便捷地获取信息资源⑨,所以为便利视障者,有必要对于著作权加以限制。

二、作品无障碍化的必要性分析

(一)作品无障碍化的内涵

媒介即是人的延伸⑩。文字和图形符号作为视觉的延伸,它是最直观和最有表现力的。但对于盲残和一些视障者,他们难以感知光媒介的信息,因此需转化为依靠其他感官媒介的信息。阅读障碍人士由于不能持书、目光无法集中,因此需要将印刷品无障碍化。对于获得性阅读障碍者,由于不能抽象地认知符号,因此需要将抽象的文字转换成非文字符号的方式来表达。由此可见,对于不同的视障者无障碍化的形式也是不同的。

广义上作品无障碍化是指将视觉媒介的信息转化为视障者能感知的其他方式。《马拉喀什条约》中对其表述为"便于视障者和阅读障碍者使用作品而采用的替代方式或形式,包括让受益人可以与正常人一样切实可行、舒适地使用作品的版本"⑪。条约中采取此种概念可以增加缔约国家国内立法的灵活性和无障碍版多种形式存在的可能性,让缔约方可以依照本国的国情来确定无障碍版的具体形式。而狭义上无障碍版指的就是作品根据法律最终呈现的形式,尽管每个国家列举的无障碍版种类略有区别,但都可以称之为狭义的无障碍版式(Accessible Format),被广泛接受的形式包括:点状盲文、大字版和有声读物等。

(二)无障碍化作品的获取情况

据统计,我国约有盲文图书 2367 种,共 1000 万册左右,被授权的有声演播作品约 6058 种。⑫ 但我国的无障碍版的印刷品和有声电子版往往只关注书籍,对报纸、杂志类的无障碍版制作甚少。这种情况导致视障者长期处于信息匮乏的状态。此外,有调

---

⑧ 参见国家手语和盲文研究中心,见前注③,页 12。
⑨ 参见朱理:《著作权的边界——信息社会著作权的限制与例外研究》,北京大学出版社 2011 年版,页 37。
⑩ 参见[加]洛根:《理解新媒介——延伸麦克卢汉》,何道宽译,复旦大学出版社 2012 年版,页 72—73。
⑪ 参见《马拉喀什条约》第二条(二)。
⑫ 黄亮:《〈马拉喀什条约〉视阈下著作权限制于例外制度的重构》,载《电子知识产权》2014 年第 5 期,页 64—70。

查显示获取无障碍版时存在着渠道过于分散的问题。⑬ 我国现今的无障碍版作品发行机构主要有三：(1)中国盲文图书馆，建立于1994年，由中国盲文出版社负责成立，提供盲文书刊和有声读物。(2)中国盲人数字图书馆，于2008年开通，是为了方便盲人获取相关电子资源建立的无障碍图书馆。(3)中国盲人协会盲人有声数字图书馆，于2007年开通，主要提供有声书和电子书。以上三方机构相对独立，自行决定选定何种作品制成无障碍版，且不同种类的无障碍版不能跨站获取，需要跳转其他索引再次查找，这对视障者十分不便。最后，这三方无障碍版传播机构基本处于单方信息输出的状态，没有相关收集反馈机制，这使得经过辛苦制作的无障碍版很少得到视障者认可。由此，借鉴《马拉喀什条约》相关规范对无障碍版作品发行机构加以资源整合、制度化是很有必要的。

三、《马拉喀什条约》的主要内容

缔结该条约的目的是为了使各国的视障者能更方便地获取信息资源。其重要意义在于，将保护弱势群体利益的重要性和机会均等的人道主义理念贯穿到各缔约方的国家立法的层面，在国内立法时对某些专有权进行例外或限制的要求。该条约序言中用了五个"意识到"反复强调了视障者身处的劣势和提高他们文化水平的急迫性、重要性。条约主要从三个方面来规制各缔约方为视力障碍者获取作品而为的例外与限制：

第一，例外与限制涉及的主体。首先，条约规定了受益人和"被授权实体"是相关主体。享受条约便利的主体被称为"受益人"，包括：(1)盲残；(2)视觉缺陷，即无法改善到同无障碍者基本相同的程度的人群；(3)其他因身体残疾而不能持书或翻书，或者不能集中目光进行正常阅读的人。⑭ 其次，条约构建了以"被授权实体"为核心的主体制度。性质上"被授权实体"是得到政府授权或承认的非盈利性机构，旨在向受益人提供教育、指导培训服务和提供信息。条约总结各国立法经验认为，"被授权实体"是连接受益人和权利人的理想主体，可以对双方利益冲突进行缓冲。因此，可以由"被授权实体"来确定受益人的范围。⑮ 此规定极大地方便了如德国这样在法律中统一规定为便利残疾人而限制专有权的国家。服务内容上，"被授权实体"需要向受益人提供、维护并管理无障碍版作品，劝阻非授权复制行为，保护受益人的隐私。⑯

第二，权利客体。对于可以制成无障碍版的作品范围，《马拉喀什条约》第2条1款直接援引了《伯尔尼公约》中对作品的定义。但为了避免对一些缔约国国内已经存

---

⑬ 参见徐振云：《中国大陆地区无障碍版作品制作及传播现存问题与对策》，载《出版科学》2015年第1期，页67—71。

⑭ See WIPO, Marrakesh Treaty, Article 3.

⑮ See WIPO, Marrakesh Treaty, Article 2(c)(i).

⑯ See WIPO, Marrakesh Treaty, Article 2(c)(ii)(iii)(iv).

在的商业性无障碍版造成影响,条约规定,能被制成无障碍版的作品需是无法通过商业渠道获得的。⑰ 此外,缔约各方博弈时,发达国家为了避免对电影和传媒行业造成影响,将电影作品排除在外,只允对非电影类的有声作品进行加工制成无障碍版。而在无障碍版的表现形式问题上,各缔约国态度较为开放的,因此条约并没有列举和强制性的规范。但在制作时须尊重原作品的完整性,且无论何种形式的无障碍版只能由受益人使用。

第三,限制的权利和例外允许的行为。首先,条约中确定了无论何种例外行为都不能是盈利性的,这也是《马拉喀什条约》第4条所规定的底线。其次,条约列举了三种强制性规范(shall provide)的限制与例外情况,包括复制权、发行权和为公众提供权,以及任意性规范(may also provide)的公开表演权。对于复制行为,被授权实体可以在没有获得权利人授权的情况下自行制作该作品的无障碍版或从其他被授权主体获取该作品的无障碍版,但应当满足合法拥有该作品、尊重原作品表达和专为受益人使用等条件。⑱ 而受益人及辅助人(otherwise may assist the beneficiary person)为其个人使用进行复制则无以上要求。⑲ 其中,条约强制性地规定了向公众提供的权利(Right of making available to the public),这意味着国内法应当允许无障碍版作品通过有线或无线方式向受益人提供。同时,在制作和传播无障碍版作品时若受到著作权人的技术措施限制,法律应当允许"被授权实体"进行规避,对此《马拉喀什条约》第7条予以确认。作为缔约方之一美国也因此于2015年修改DMCA以满足要求。但是,对受益人是否应有偿获取无障碍版和专有权限制程度的问题上,条约并未做出强制性规定,由各缔约方自行决定。

四、保护视障者的著作权限制制度的完善

(一)保护视障者的著作权限制制度的特殊性

首先,从我国现有法律规定来看,三步测试法中的"某些特殊情形(Certain Special Case)"包含着两个层次。第一,"某些情形"采用封闭性的描述对已经类型化的情形进行规制,"某些"来抽象地概括例外的适用范围但不需要规定该例外在适用中产生的其他可能情形。第二,"特殊情形",此种规范就要求准确地描述例外情况的所有可能涉及的内容,包括何种主体可以适用例外规定、例外的目的、利用的方式、利用作品的数量。但以上两个层次在实体法中并不一定兼具⑳,例如我国《著作权法》第22条第1款规定"为个人学习、研究或者欣赏,使用他人已经发表的作品",该规范就包含了三种

---

⑰ See WIPO, Marrakesh Treaty, Article 4-4.
⑱ See WIPO, Marrakesh Treaty, Article 4-2(a).
⑲ See WIPO, Marrakesh Treaty, Article 4-2(b).
⑳ 参见王清:《著作权限制制度比较研究》,人民出版社2007年版,页85。

明示的例外情形,但并未对利用作品的具体方式、利用作品的数量直接规定。简言之,实体法只描述了"某些特殊情形"的第一层次。目前我国对视障者的规定亦采取上述方式,未详细地规定盲文作品的利用主体、利用方式、利用数量,这一方面是因为盲文受众较小,另一方面我国并不存在商业性的盲文出版物,因此采取合理使用的限制不会"妨碍作品的正常使用"。但是当受益人范围扩大、丰富无障碍版类型之后采用"为便利视障者获取作品"类似的表述就有可能对权利人造成影响,其原因在于"为便利视障者获取作品"之类的表述中适用范围远不如为"教学目的""研究目的"好界定,而过于严格地限制适用范围则会违背扩大受益人范围的立法初衷,这是视障者获取作品无障碍版的特殊性之一。

其次,结合我国《著作权法》第22条第11款和第12款来看,我国著作权限制与例外规定中允许将中文翻译为少数民族文字,也允许将该少数民族文字的出版物制成盲文版。但我国是个多民族国家,我国少数民族的文字有可能是其他国家的通用文字,由此在缔结《马拉喀什条约》时就有可能突破《伯尔尼公约》中对翻译权例外的规定。这是视障者获取作品无障碍版的特殊性之二。

最后,由于无障碍版可能涉及的种类众多,因此在判定"不与权利人正常使用相冲突""不得不合理地损害权利人的合法利益"的要求时也是不易通过的,尤其是有声读物、数字信息无障碍系统(简称DAISY,可将文本转化为听觉信息的数字副本)应用、现场表演的录音制品、解说版电影都比较容易对权利人潜在市场造成影响。这是视障者获取作品无障碍版的特殊性之三。

(二) 我国保护视障者的著作权限制制度之不足

我国在《著作权法》第22条第12款、《信息网络传播保护条例》(下简称《条例》)第6条6款和第12条对视障者获取无障碍版的进行规定。此外还有《残疾人保障法》,但此部法律只有一些任意性的规范且没有可操作性的规定,因此不予讨论。

具体来看,在受益人范围上,无论是《著作权法》还是《条例》都规定了盲残人士为单一的受益人而没有考虑到低视力和其他阅读障碍人士需要。客体方面,我国承认的可制作成无障碍版的作品类型比较广泛,包括了《著作权法》第3条规定的所有类型。而输出的无障碍版类型就要少很多,仅限于印刷品而不包括其他国家普遍承认的大字版、有声读物等(如《美国版权法》承认非商业性大字版作品和有声读物[21]、《日本著作权法》中承认放大图书和有声读物为无障碍版[22]、《德国著作权法》允许透过非自愿许可方式制作任何形式的无障碍版[23])。对专有权限制方面,我国采用"出版"的表述方式,其包含了对无障碍版进行复制,并将其提供给受益人的发行行为。此外,《条例》第

---

[21] See Copyright law of United States, §121 (b)-(2).
[22] 参见《十二国著作权法》翻译组:《十二国著作权法》,清华大学出版社2011年版,页379。
[23] 参见上书,页160。

12条为信息网络传播权的例外规定提供依据。再结合《著作权法》第22条第11款和第12款规定,也可以认为是对翻译权例外的间接规定。此外,《条例》中还规定了盲人可以避开权利人的技术措施。

总而言之,我国对视障者获取作品无障碍版保护不到位之处有:第一,受益人范围过于狭窄,将很多需要无障碍版的人群排除在外。第二,允许的无障碍版形式也过于单一,只允许盲文的形式,而盲文的制作和发行又十分不便利。

(三) 保护视障者权益的著作权限制制度完善

1. 受益人范围

由于我国对视障者或其他残疾人士保护的欠缺,首要考虑的是扩大受益人范围,而后是尽量减小对权利人经济权利造成影响。我国现行《著作权法》第22条第12款只规定了能接受盲文的人群为受益群体,而没有考虑到有一定视觉的人群需要。据前揭资料统计,我国视障者中有很大比例是低视力者,他们其中一部分人也无法正常浏览印刷品和荧幕显示内容。以何种标准来确定"受益者"的范围将直接影响到"三步检验法"对某些特殊情况的判断。具体而言:

首先,规则主义的描述中以"为保障视障者获取信息的利益"之类的表述方式来限制适用例外的范围比较困难,情形边界是非常模糊。其需要界定视障者的概念,对于此种概念无非是依据纯医学上标准进行定量分析,但此种立法方式就无法将有阅读障碍和其他视觉障碍的人士纳入其中。此外,采用"保障该群体获取信息的利益"的表述,对不同类型作品涉及的专有权限制内容和限制程度也难以抽象和高度概括。因此折中的办法是根据所允许的无障碍版种类反推出受益人的范围。

其次,应当考虑将受益人范围扩大到弱视的视障者、阅读障碍者时,采取何种措施使无障碍版制品尽可能不被非受益人利用,例如对有声读物的录制品或大字版中使用"仅供视障者使用"之类的警告标识。

再次,应当具体界定"使用医学或技术上的措施难以达到一般的阅读体验"的标准。需要界定医学或技术手段的最低及最高标准。一方面不能让使用视力矫正镜片即可进行阅读的主体进入受益人的范围,另一方面不能苛求视障者采取手术或其他成本过高的方式来改善其阅读能力。

最后,虽然受益人的范围涉及适用例外情况的合理性判断,但是考虑到我国该群体获取信息的现状和其他国家法律及国际条约的规定,受益人范围至少要包括盲人和弱视患者。

2. 合适的"被授权实体"

一般来说,依照著作权限制与例外规定,实施例外行为的主体和享受例外便利的主体相统一,但现实中由于视障者行动不便,更多时候实施主体和受益主体是分开的。在《马拉喀什条约》中规定了三类主体可以依据规定实行例外允许的行为,包括受益人、受益人的辅助人(包括监护人和看护人)以及"被授权实体"。

其中"被授权实体"被允许实施的例外行为最多,不但可在国内出版无障碍版作品,还可以进行跨境交流。从《马拉喀什条约》的规定来看,我国可能成为"被授权实体"的类型有:盲人学校、中国盲人协会以及盲文图书馆。例外允许的行为主要是复制和发行,而我国的盲文图书馆的主要工作就是将作品转换成为某些特定格式的版本并提供给视障者。随着技术的发展,以往不具备制作特定格式版能力的主体如盲人学校、盲人互助组织也可以制作一些无障碍版作品,但将他们作为"被授权实体"的做法值得商榷,这不仅是因为"被授权实体"进行跨境交流对权利人的影响更大,更是因为被授权实体需要承担管理和监督无障碍版作品的发行和使用,以及保护受益人隐私的义务。因此,在我国较理想的"被授权实体"类型是从事盲文出版与制作工作的图书馆和出版社。

我国目前在履行"被授权实体"主要义务的主体有三,包括中国盲文图书馆、中国盲人数字图书馆和中国盲人协会盲人有声数字图书馆,这三方机构彼此平行,且在制作无障碍版方面相对独立,从我国现有资源来看,盲文图书馆是作为"被授权实体"比较理想的对象。首先,中国盲文图书馆有其自己的盲文出版社,可以很便捷地进行转制、编辑、复制、发行作品。其次,中国盲文图书馆与其他各市的盲文图书馆、盲人教育机构有长期的合作关系,当"授权实体"制度化后可以较好地同其他机构进行协作。从我国现行法律制度来看,我国承认的以大规模复制方式向公众发行的主体只有"经国家出版行政机关审批登记,规定了出书范围,发给了统一编号的图书出版单位",个人无法进行出版活动。因此我国只需对于盲文图书馆进行规范化、层级化的改制就可以满足《马拉喀什条约》的相应要求,为我国视障者更好地提供服务。

3. 无障碍版适用的作品范围

首先,从适用例外的作品性质上看,各国一般要求是作品已出版,这是为了不侵犯著作权人的发表权和其他的精神权利。一些国家法律和《马拉喀什条约》中还规定,被用于制作无障碍版的作品需要在市场中没有已出版的无障碍版(《英国版权法》31条[24]、《马拉喀什条约》中第4条第4款等)。此项是为了避免对权利人现实或潜在的经济或实用价值产生影响的要求。但此规定的负面影响在于,它禁止了该作品以其他形式的无障碍版出现,这对于扩大"受益人"范围后的无障碍版利用十分不利。例如,对于弱视群体来说点状盲文形式的无障碍版需要进行预先的学习才可理解。他们更易接受有声读物或大字版,但是由于上述规定,有声读物或大字版无法制作。这显然有悖于扩大受益人范围的立法本意,因此我国在制定相关法律条文时可以对《马拉喀什条约》第4条4款予以保留,且该条款本身就是任意性规范,为我国作出保留提供了

---

[24] See Copyrigh, Disigns and Patents Act 1988, 31A-(2)(c).

条件。

其次,从适用例外规定的作品具体类型来看,我国《著作权法》和《著作权法施行条例》规定的作品包括"文字作品;口述作品;音乐、戏剧、曲艺、舞蹈、杂技艺术作品;美术、建筑作品;摄影作品;电影作品和以类似摄制电影;工程设计图、产品设计图、地图、示意图等图形作品和模型作品;计算机软件",其中可分为视觉感官接受、听觉感官接受和混合感官接受信息的作品。文字作品、美术作品等主要依赖视觉感官接受信息,须将其转化为触感或听觉的无障碍版,我国现采用的盲文可以解决部分需要,但对于戏剧、曲艺作品,单纯的文字性描述就无法满足视障者的需要,因此有必要允许对其进行有声描述,包括语言、音乐等方式。其中较有争议的是对电影、舞台剧制成无障碍版的规定,包括美国在内的很多版权法系国家由于对作品的传播者和演绎者的保护程度较高,赋予他们等同于著作权人的地位[25],因而对电影、舞台剧的录制、复制行为有着严格的限制,因此在其国内法律版权的例外情况中排除了将电影作品、戏剧作品制成无障碍版的可能性。这也是在缔结《马拉喀什条约》时,发展中国家与美国等版权体系国家分歧较大的一点。对于我国,《著作权法》中规定的作品包括了电影和类似摄制电影的方法创作的作品,将其制成针对盲人甚至是弱视者的无障碍版的解说版并不完全等同于电影原作或是电影、舞台戏剧的有声广播剧形式的作品。在无障碍版中加入了解说内容,实际上削弱了在视觉和听觉上的连贯性、观赏性,由此也削弱了正常人浏览该无障碍版的体验,但却增强了视障者的使用体验。最后,对于工程设计图等以实用为目的的作品,一般并不能带给人们感官上的享受,视觉只是作为理解其设计或概念的工具,因此可以使用盲文对其描述或是通过3D打印技术帮助视障者理解图纸所传达的信息,由此也可以纳入适用著作权限制与例外的作品类型范围。综上,除了美术画作和类似以视觉静态欣赏价值为主的作品,我国可以将《著作权法》第3条规定的大部分作品纳入和制作无障碍版的范围。

4. 无障碍版的类型范围

所谓无障碍版的类型即是最终呈现在视障者面前作品的形式。前文介绍了无障碍版制品的一些基本类型,包括点状盲文、大字版、有声读物、读屏/书软件、3D模型等。并且根据前揭讨论,比较理想的限制"某些特殊情况"是采用受益人范围加无障碍版类型的方式。在《马拉喀什条约》中已经确定的受益人有盲人、低视力障碍者、由于知觉障碍和肢体障碍而不能持/注视书的人群。这三类人群共同能接受的作品类型是点状盲文,因此可以确定点状盲文应当作为无障碍版的基本形式,这也是最低的标准。然而盲文有其局限性,受益人必须经过前期学习才能识别。另外我国专门从事盲文转制工作的人员不超过100名[26],而转制盲文的工作量又十分繁重,导致我国的盲文无障

---

[25] 参见李玉香:《知识产权法学概论》,知识产权出版社2009年版,页85。

[26] 参见王迁:《论〈马拉喀什条约〉及对我国著作权立法的影响》,载《法学》2013年第10期,页51—63。

碍版制作难、更新慢、不易传播,由此在盲文图书馆更广泛的采取大字版读物可谓折衷的办法。首先,由于个人和特殊的教育机构并不具有发行印刷品的资格,制成品比较容易控制在管理者的范围内;其次,对于弱视人群也比较容易接受。对于权利人比较有风险的是有声读物和数字化的无障碍版,由于技术的发展使得传播更加便捷,因此受益人范围外的群体也比较容易接触到该类无障碍版作品并对其利用,典型的就是对有声小说作品的非授权使用。采用数字化的无障碍版作品和传播方式将在很大程度上考验我国的"被授权实体"的管理和组织能力。更难以避免的情形是非授权主体主动地寻获可供正常人利用的有声小说、讲解版电影等作品的无障碍版。此外,我国现行《著作权法》虽然只允许制为盲文的自由无偿使用,但在《信息网络传播保护条例》中相关表述是"以盲人能够感知的独特方式",这暗示了制作其他无障碍版形式的可能性。这里存在的矛盾是,如果严格依照三步检验法的要求,采用受益人主体加无障碍版种类来描述限定的情形,可能会无法符合"不得不合理损害权利人专有权"的判断,主要的原因是有声读物、解说版电影或 DAISY 应用对作品利用的程度和数量很难控制,可能会对专有权人潜在市场产生影响,而立法的目的则是尽可能扩大受益范围。比较折衷的方法是在法律中规定受益人的范围加可以使用、复制(或其他例外行为)由"被授权实体"发行的无障碍版,且该无障碍版只能供其个人使用,限制程度上也应该包括程度比较轻的非自愿许可。

5. 限制专有权的内容和程度

无论是版权体系还是作者权体系,各国实体法中多是对专有权的经济权利进行限制而不涉及精神权利。㉗ 下文将讨论我国《著作权法》的第 10 条第 5 款到第 16 款。此外著作权的例外与限制制度对不同的主体所允许的行为也不同。受益人要感知作品中的信息,就需对作品进行无障碍化处理。转化过程中的使用、复制行为无可避免。因此《马拉喀什条约》中规定只要受益人对作品是有权使用,那么他(包括其权利辅助人)就可以制作无障碍版供其个人使用,此外还应该允许受益人将已制成的无障碍版转换为其他形式供其个人使用。而基于权利和义务相对等的原则,受益人作为弱势群体不应当也无法承担保证无障碍版不被受益范围以外的人利用的义务,因此该群体不享有传播无障碍版的权利。需要明确的是,将作品转制成无障碍版的行为是否构成了改编行为,在缔约《马拉喀什条约》时有缔约方提出相同的问题,最后各方达成共识,认为允许在盲文中对作品"难以通过触摸理解的图形"可以用点状盲文予以解释,但本文认为这种解释更多是基于"被授权实体"制作的无障碍版可能会进行跨境交流的考虑。对于受益人来说,个人制作的无障碍版仅为小范围使用,因此对作品中相应内容进行必要的缩写改编也是合理的,甚至对转制内容进行必要的删改也不会影响原作作者的

㉗ 参见吴汉东:《著作权合理使用制度研究》,中国政法大学出版社 2005 年版,页 130—131。

个人风格表达,且转制后的制品并不具有独特的思想表达,不能体现受益人的思想,所以也不能作为独立的作品予以保护。综上所述,受益人为满足个人使用而制作无障碍版没有必要对改编权进行限制。

对于"被授权实体"而言,在制作盲文版时,点状盲文实质上是对原作品文字的注音进行触感表示。有学者认为单纯将普通文字转制成点状盲文就构成了翻译行为。[28] 按照《著作权法》第 10 条第 15 款的规定,翻译是指将"一种语言文字转换为另一种语言文字",而由于盲文不能脱离原语言注音自成体系,因此也不能作为"另一种语言文字"存在,所以本文认为不构成翻译行为。在制作盲文过程中只是对使用行为、复制行为进行了例外。在制作有声读物的无障碍版时,不仅涉及原作作品权利人的利益,还涉及邻接权人的利益,为避免产生纠纷,表演作品的人员可以采取协议放弃的形式,自愿为"被授权实体"提供服务以录制新的专为受益人使用的无障碍版。但为了减少重复劳动,受益人也可以对于市场中已经存在的商业性有声读物进行利用,但相关权利限制在程度上也应该有所减弱。虽然视障者可以和常人一样的去听书,但就我国现状而言,要求该群体和正常人一样有偿地使用不合情理,而采用合理使用的限制方式则会违反"三步检验法"中"不得与作品的正常利用相冲突"。因此"被授权实体"对已出版发行的有声作品进行大规模复制需要"支付公平补偿"[29]。综上,为便利制作有声形式的无障碍版,需要对改编权、表演权进行例外的限制。最后,从发行过程来看,发行不但可以对实体制品进行发售、出借、赠与,还应当允许以无线、有线的方式进行传播,以扩大被授权实体的服务范围、提高服务效率,因此法律也应当允许对信息网络传播权的例外。

五、结论

综上所述,本文认为:首先,现行《著作权法》中为便利视障者适用著作权限制制度的规定只有一条,远不能满足现实需要。其次,实体法中的相关规定分布在《著作权法》《著作权法实施条例》和《信息网络传播保护条例》中,对于不同方面的权益保护各有侧重,体系性不强。

为切实保障视障者的合法权益,应当完善相关立法,具体而言,(1) 对于适用著作权限制制度的弱势群体应统一调整。将视障者、听觉障碍者和其他残疾者在获取不同类型的作品时的不利因素予以考虑,在立法中采用更广泛的无障碍化概念。(2) "为视障者获取作品提供便利"时,应当从受益人和被授权主体两方面列举允许例外利用的专有权的内容和利用的质与量。(3) 在限制程度上,应当根据不同类型无障碍版对专有权造成潜在影响的可能性大小及影响程度采用不同强度的专有权限制。

---

[28] 参见汤宗舜:《著作权法原理》,知识产权出版社 2005 年版,页 100。
[29] 王清,见前注③,页 93。

编 后 记

《北大知识产权评论》2001年问世至今已经16载过去,算上本卷共计出版五卷,创刊时计划每年一卷,而实际出版平均下来是三年一卷,所以,从2013年开始,本《评论》不再以第×卷为出版顺序,而代之以出版年度为编,本卷即为2016年卷。以知识产权事业蒸蒸日上之势,这样的出版速度似有"蜗牛爬行"。但是,她留下的痕迹却记录了北大知识产权学科发展的一段历程。

一个在北大最小的学院,最多时任职教师也未超过6个,却承担每年近20门的课程,培养近50人的博士、硕士研究生同学,还承载着"国家知识产权战略研究基地""最高人民法院理论研究基地""国家数字版权研究基地""科技法研究中心""互联网法律研究中心""知识产权国际保护研究中心"的科研任务。"两岸四地著作权制度发展研讨会"已经召开了九届,北大—斯坦福—牛津三校"互联网法律与公共政策研讨会"已经召开了六届,"北京大学知识产权与科技法博士生论坛"每年在进行。《网络法律评论》《私法》两本期刊书都走进了核心期刊扩展版之列,学院现任的老师不足5人,却承担着诸多的教学与科研任务,我们在为自己点赞和自豪的同时,也在思考"知止有定"。

想到知止,也还有另一个原因,那就是在互联网时代,传统纸媒的稿源严重受到冲击。自媒体的诞生彻底颠覆了"发表"的概念,从早期的微博、开放式论坛到后来的数字"出版",无论是短小的三言五语,还是长篇的高谈阔论,都可以从网络上搜索到。早先还有学术期刊排斥网上文章的引注,以为不够严谨可靠,随着知网将学术期刊一网打尽后,论文写作的资料收集和引注再也离不开网络资源了。难怪在2017年北大知识产权硕士面试中出现这样一幕:老师要求同学回答"你读过的一本知识产权专著并加以评论",一位同学说,我没有读过知识产权专著,可以谈一下某学术公众号上的文章吗?可见,现在的同学不仅获得一般信息来源于网络,专业知识的获取也来源于网络。上学期,我在给博士生上专著阅读课程时,刚刚列出书单,就有同学找到电子版发给大家,人们已经习惯于电子阅读和电子发表。有些学者为了尽快传播自己的学术观点,也不再寻找所谓的学术期刊发表论文,直接将观点放在微信公众号上传播。可见,网络时代的电子发表已经是必然趋势。未来,活下去的学术纸媒大概只有两类:一类是为了"展示"而出版，不为阅读只为成果。另一类就是那些在所谓的 C 刊之上列出的核心期刊，借助权威的地位，依然会趋之若鹜，持续火热。而像《北大知识产权评论》这样的学术坚守还真是要有一点不入俗流的奉献精神，而要维持一个学术期刊的生命，也必须要时时新陈代谢，本卷主编知止而退，希望学院其他同仁继续《北大知识产权评论》的主旨，为传统学术媒介保留一片天地。

《北大知识产权评论》承蒙曾经在学院任教和现在依然执教的全体老师多年的支持与奉献、诸多博士生编辑们的辛勤工作，校外学者们的厚爱与真情，在此一并致谢。

告别，亦为祝福。

张 平
2017 年 8 月

《北大知识产权评论》征稿启事

《北大知识产权评论》是由北京大学知识产权学院主办的以研究知识产权法学理论、法律制度和有关案例为主的专业性学术刊物。

《北大知识产权评论》秉承北大"学术自由,兼容并包"的学术传统,融批判的精神于学术争鸣之中。但凡有新理论、新见地、言之成理、自圆其说者,均欢迎赐稿。

来稿请遵从如下要求:

1. 作者应保证所投稿件为原创,所投稿件不侵犯他人的合法权利。

2. 除正文外,投稿人应提供稿件的中英文标题、内容摘要、关键词,并另文撰写作者简介(包括作者姓名、所在单位、通讯地址、邮编、手机号码、电子邮箱等信息)。

3. 来稿请用页内连续注释。有关中文文献的注释规范请参照附件《中文文献引征体例》,有关英文文献的注释规范请参照美国法学院通用的《篮皮书——统一引证体例》(The Bluebook—A Uniform System of Citation(19th ed. 2010))。

4. 来稿和作者简介请采用 MS Word 格式编排,分别以电子邮件附件方式发送至 pkuipreview@163.com。邮件标题格式为:"投稿 + 作者姓名 + 稿件中文标题"。

5. 每位作者限投稿一篇,每篇稿件正文字数应在 8000 字以上。

6. 来稿一般不退,请作者自留底稿。本刊编辑部对来稿的审读期限为两个月,逾期未收到用稿通知的,作者可自行处理。

7. 下年卷预计于 2018 年 10 月出版,由于编辑需要,请于 2018 年 6 月 30 日前投送稿件。

《北大知识产权评论》编辑部
二○一七年十月

附：

中文文献引征体例

一、一般规定

1. 注释为脚注,每篇文章的全部注释编号连续排列。文中及页下脚注均用圈码,通常应在句中标点之内,句末标点之外。
2. 正文引文超过150字者,应缩格并变换字体排版。
3. 文献的信息顺序:作者,文献名,卷次(如有),出版者、出版时间及版次,页码。
4. 定期出版物的信息顺序:作者,文章名,出版物名称、年份及卷次,页码。
5. 报纸的信息顺序:作者,文章名,报纸名称、日期,版别。
6. 译作的信息顺序:国籍(外加六角括号),作者,文献名,译者,出版者、出版时间及版次,页码。
7. 网上资料的信息顺序:作者,文章名,网址(外加尖括号),最后访问日期。
8. 引用学术集刊时,应首先注明特定文章作者,然后依次为文章名,收入该文之文集编者名,文集名,出版者、出版时间及版次,页码。
9. 引用之作品,书、刊物、报纸及法律文件,用书名号;文章篇名用引号。
10. 页码使用"页 N"或"页 N—N"。
11. 编辑或整理之作品,编者名之后加注"主编"或"整理"字样。
12. 同一文献两次或两次以上引用,第二次引用时,若紧接第一次引用注文,所引非同页,注"同上注,页 N";所引为同页,则径注"同上"。若第二次与第一次引用之间有其他注释,则在作者名之后,注明"作者姓名,见前注 N,页 N"。
13. 作者为两人或更多的文献,在第一次引用时应显示全部作者,第二次引用时可只注第一作者,但其名后应加"等"字。
14. 非引用原文者,注释前加"参见";非引自原始出处者,注释前加"转引自"。
15. 引用古籍的,参照有关专业部门发布之规范;引用外文的,遵循该语种的通常注释习惯。
16. 引用中国台湾、香港、澳门地区出版或发行的文献,可在出版或发行机构前加注地区名。
17. 原则上不引用未公开出版物。

二、引用例证

1. 著作

梁慧星:《民法总论》,法律出版社 2001 年版,页 101—102。

再次引用,如中间无间隔所引不同页:同上注,页 65。

如中间无间隔所引同页:同上。

如中间有间隔:梁慧星,见前注①,页 78-80。

李双元、徐国建主编:《国际民商新秩序的理论构建》,武汉大学出版社 2003 年版,页 75。

2. 定期出版物

苏号朋:"论信用权",载《法律科学》1995 年第 2 期,页 12。

3. 报纸

梁慧星:"医疗损害赔偿案件的法律适用",载《人民法院报》2005 年 7 月 13 日,第 5 版。

4. 译作

〔美〕亚历山大·米克尔约翰:《表达自由的法律限度》,侯健译,贵州人民出版社 2003 年版,页 1。

5. 网上资料

李扬:"技术措施权及其反思",http://www.chinalawedu.com/news/2004_10/8/1803452391.htm,2010 年 7 月 23 日最后访问。

6. 学术集刊

尹田:"论动产善意取得的理论基础及相关问题",载梁慧星主编:《民商法论丛》(第 29 卷),法律出版社 2004 年版,页 206-207。

7. 港台文献

胡鸿烈、钟期业:《香港的婚姻与继承法》,香港南天书业公司 1957 年版,页 115。

Call for papers

Peking University Intellectual Property Review is edited by the editorial board of the Review, and published by Peking University Press, under the auspices of Peking University Intellectual Property School. The Review invites the submission of papers on the study of Intellectual Property Law, Policy and Cases. Papers can be written in Chinese or English. Please send your Papers topkuipreview@ 163. com.